조 직 행 동

인간 · 조직의 이론과 문제

오 세 철

博 英 社

글 머리에

나는 그 동안 인간·조직·사회·문화의 문제를 폭넓게 보려는 자세를 항상 지녀왔다. 그러는 가운데 논문집으로서 「문화와 사회심리이론」이라는 책과 실증연구의 묶음으로서 「한국인의 사회심리」라는 책을 발표할 수 있었다. 그것은 결코 나 개인의 노력 때문뿐만 아니라 나의 그러한 입장을 이해하고 지원하던 주위 사람들의 덕분이었다. 조직행동론을 우리 나라에 소개하고 7년 동안 가르쳐 오면서 나는 나 자신과 부단한 투쟁을 하지 않을 수 없었다. 내 자신이 내가 전공한 과목을 전혀 다르게 해석할 수 있었다는 점을 느끼고 있는 사람은 7년전 처음 내 강의를 들은 학생들이라기보다 바로 이 글을 쓰고 있는 나 자신이다.

나는 이 책이 단순히 조직행동론의 과목을 위해서가 아니라 인간과 조직에 관심이 있는 모든 사람들이 꼭 읽어야 할 책으로 쓰려고 하였다. 그러한 점에서 나는 '이론'과 '문제'를 모두 중요하게 다루었다. 또한 이 책을 적어도 심리학과 사회학의 입문서를 넘어서는 수준에서 다루었기 때문에 읽는 사람은 어렵게 느낄 수도 있겠으나 누구나 쉽게 이해할 수 있도록 쓰려고 노력하였다.

나는 이 책을 10년전 공부하던 에반스톤의 연구실에서 쓰는 동안 그 당시 학생생활을 모든 면에서 격려해 주던 반려 원영을 잠시도 잊을 수 없었다. 지금은 가고 없는 그녀에게 이 책을 바친다.

1982년 6월

에반스톤에서 오 세철

차　　례

제 1 편　머리말—나는 이 책을 왜 쓰는가

제 2 편　조직행동이론의 틀

제 1 편

머리말——나는 이 책을 왜 쓰는가

1. 머리말

1·1 두 가지의 학문적 관심에서 본 조직문제

사람이나 사회현상에 대해서 궁금하게 생각하는 사람들은 두 가지의 중요한 질문을 스스로 던져보고 스스로 답해야 하는 갈림길에 서게 될 때가 있다. 하나는 자기가 연구하려는 현상과 문제가 인간의 직접적인 생활을 설명하고 보다 나은 생활을 하는 데 도움을 주는 것인가, 아니면 그러한 생활이 어떻게 짜여져 있고 그 짜임새를 움직이는 법칙이 무엇인가를 깊게 알아보려는 것인가 하는 문제이다. 이 문제는 흔히들 순수학문과 응용학문의 관심이라고 한다. 우리가 대체로 동의하는 것은 학문의 체계에서 볼 때 순수과학이 응용과학보다 앞서 짜여져 있고 응용과학의 기술적 문제는 순수과학의 이론적인 밑받침이 없이는 해결하기가 어렵다는 점이다. 그런데 요즈음의 학문적 흐름은 순수와 응용의 경계가 점차 없어져 가면서 두 가지를 한 틀에 넣고 한꺼번에 생각하자는 비판적인 생각이 나오게 되었다. 보기를 들어 인간의 행동에 대한 연구가 대학의 실험실 안에서 이루어졌다고 하여 순수이론이고 공장 안에서 연구되었다고 하여 응용연구라고 부를 수는 없는 것이다. 현실의 생활과 삶이 담겨져 있는 이 세상의 문제는 진공상태의 순수이론만으로 또는 지엽적인 현상의 관찰만으로 접근하기가 어렵기 때문이다. 이러한 생각을 '조직'이라는 현상에 맞추어 자세히 설명하기로 하자.

조직이라는 말을 쓰게 된 것은 근대사회의 출현과 관련을 맺고 있는 것 같으나 고대나 중세에서도 조직은 있었다. 그리고 조직현상을 분석의 단위로 삼고 연구하기 시작한 학문은 사회학이라고 볼 수 있다. 사회체계를 쪼개진 사회조직으로 보았을 때 기능적으로 부분기능을 담당하고 있다고 보는 단위들, 즉 정부, 기업, 학교, 병원, 군대, 법기관 등으로 나누고 이와 비슷한 기능의 구분으로는 정치, 경제, 사회, 문화로 나누는 방법이 있다.

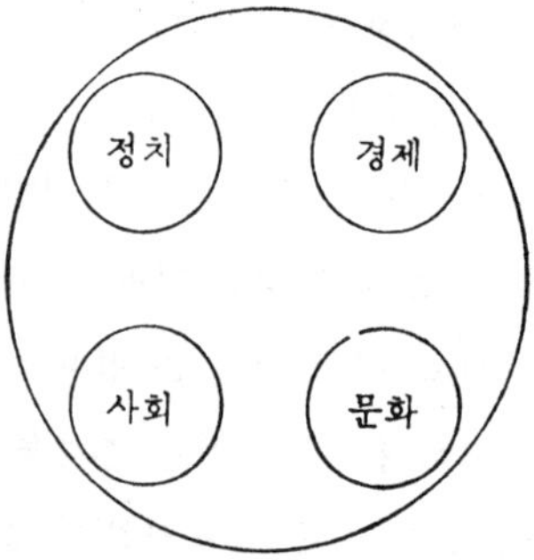

〈그림 1—1〉

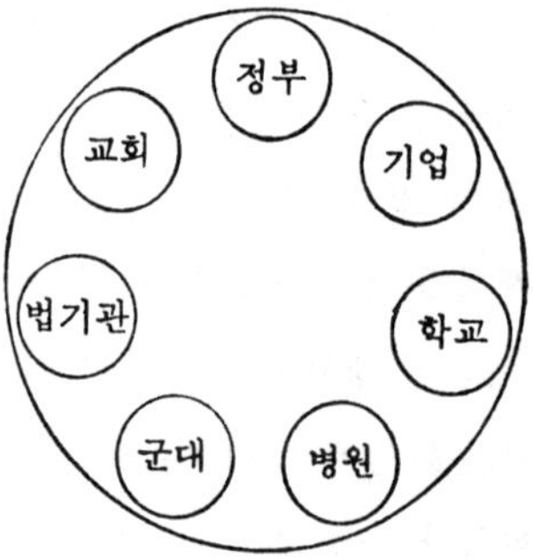

〈그림 1—2〉

조직의 문제가 응용과학의 영역으로 확산되기 시작한 것은 바로 이러한 기능주의적 사회조직의 분화를 전제로 하기 때문에 사회체계의 구조적 특징을 바라보는 관점이 항상 밝혀져야 한다. 따라서 서로 다른 기능을 수행한다고 보는 조직(정부는 집행기능, 학교와 병원은 유지기능, 기업은 생산기능, 군대는 방위기능 등)에 대한 연구가 극히 응용적 차원에서 수행되고 그 조직에 대한 이론이 마치 그 기능을 설명하는 응용과학(기업은 경영학, 정부는 행정학, 학교는 학교행정, 병원은 병원행정 등)에 종속되는 것처럼 취급되는 경우를 우리는 줄곧 보아왔다.

그러면 나는 왜 이러한 기능주의적 학문체계의 분화와 사회체계의 분화에 반기를 드는가? 이것이 바로 이 책을 쓰게된 학문적 관심의 첫번째 표명인 것이다. 조직에 대해 관심이 있는 사람 모두에게 조직을 알게 하는 길은 무엇인가? 기업을 조금 안다고 기업을 그 기능으로 설명하고 정부를 조금 안다고 정부를 그 기능으로 설명한다면 그 사람은 기업이나 정부라는 조직을 아는 것인가 아니면 그들의 기능을 아는 것인가? 우리가 몸담고 있고 일상생활에서 피부로 느끼는 조직의 현상은 그 조직이 어떠한 기능을 하고 있든 간에 깊숙한 곳에 그 본질적 구조를 가지고 있는 것이다. 현대사회를 구성하고 있는 조직들 가운데서 단순한 기능만을 담당하고 있는 조직은 하나도 없다. 기업이 사회기능 가운데서 단순히 생산기능만을 담당한다거나, 학교나 병원이 유지기능만을 담당한다거나, 군대가 방위기능만을 담당한다고 보는 단순기능분화의 입장은 현대사회에 있어서의 조직의 문제를 그 피상적 기능에 종속시키는 어리석음을 범하고 있고 현대 사회조직이 지니는 본질적 특징, 즉 사회의 총체적 기능을 동시에 담당하는 사회의 축소판(microcosm)으로서의 구조를 들여다 보지 못하게 한다. 이는 또한 정치, 경제, 사회, 문화의 기능적 분화도 정치조직, 경제조직, 사회조직, 문화조직으로 분리시켜 공통구조의 의미를 잃게 됨을 뜻한다. 따라서 사회조직의 기능분화를 전제로 하는 사회학의 사회조직론이나, 형식적 구조를 강조하는 공식조직론은 조직의 순수이론으로 보기가 어려우며 각각의 사회조직의 기능에 종속되는 응용분야의 조직론(경영조직론, 정부조직론 등)도 조직의 보편적인 깊은 구조를 설명하지 못한다. 흔히 조직을 연구한다고 하면 응용과학의 범주에서 특정의 조직을 연구대상으로 한다고 여기기 때문에 순수이론과 조직의 실제가 서로 겉돌게 된다. 이 책은 바로 이러한 문제를 극복하려는 노력을 담은 것이다.

나는 지금까지 학문하는 사람이 지니는 첫번째 질문(순수와 응용의 갈림길)을 조직현상에 맞추어 설명함으로써 이 책이 바라는 방향을 설명하였다. 또 하나의 중요한 질문은 연구대상 또는 관심분야의 크기와 연관되어 있다. 이 문제는 학문체계의 분화과정에서 '작은 것'(micro)과 '큰 것'(macro)의 관심이 분리되는 경향을 낳았다. 사회과학에 있어서 작은 것이라면 한 사람의 개인을 의미한다. 이는 분명히 심리학의 관심이다. 큰 것이 있다면 아마 문화를 들 수 있다. 이는 인류학의 관심이다. 작은 것에 관심이 있는 사람은 물론 큰 것의 틀 속에서 작은 것을 생각하겠지만 대체로 작은 것에 집착하게 마련이다. 이러한 현상은 큰 것에 관심을 가진 사람에게도 같이 적용된다. 작은 것과 큰 것의 관심이 조직을 연구하는 데 있어서 합쳐져야 한다는 점을 좀더 자세히 설명하기로 하자. 우선 전통적인 입장을 가질 때 조직에 대한 연구는 개인, 소집단, 조직, 사회, 문화 그리고 역사에 대한 이론을 모두 포함해야 한다. 말하자면 조직은 중간범위의 개념인 것이다. 조직의 하부구조는 개인과 소집단이며 조직은 동시에 사회와 문화의 하부구조이다. 조직의 하부구조에 초점을 맞추면 미시적인 조직이론, 즉 조직심리학이 되며 조직의 구조 자체나 상부구조에 초점을 맞추면 거시적 조직이론, 즉 조직사회학 또는 거시 정치사회학이 된다. 또한 조직은 이들의 역사적 구조와 깊은 연관을 맺고 있기 때문에 하부구조나 상부구조의 역사를 포함해야 한다. 이

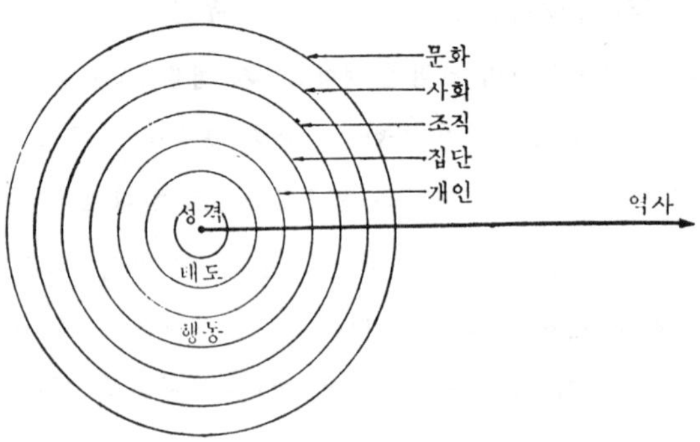

〈그림 1—3〉 조직행동의 연구대상

를 그림으로 그리면 다음과 같다.

조직을 사회 분석 단위의 중간범위로 보는 입장과는 조금 다르게 구조(structure)나 체계(system)의 개념으로 해석할 수도 있다. 이럴 때에는 하부구조와 상부구조와는 크기의 구분보다 작은 것과 큰 것의 공통적 구조의 특징을 살피게 되고 이 특징은 첫번째 설명한 순수와 응용의 통합적 관점과 만나게 된다.

이 책은 조직의 문제를 '작은 것'이나 또는 '큰 것'의 어느 한쪽에 치우치게 하는 접근을 극복하면서 미시적 접근과 거시적 접근을 통합하는 입장을 취하게 될 것이다. 다시 말하면 조직심리학과 조직사회학의 입장을 연결시키려 한다. 왜 이러한 입장이 조직을 이해하는 데 절대적으로 필요한가는 다음 절에서 보다 자세히 밝힐 것이다.

1·2 학문체계의 흐름에서 본 조직문제

나는 앞 절에서 조직의 문제를 이해하는 데 극단적으로 단절된 관심이 불러 일으키는 위험을 지적하였다. 순수와 응용의 단절, 미시와 거시의 단절은 현대사회의 조직의 본질과 문제를 올바로 인식하는 데 도움을 주고 있지 못하기 때문이다. 또한 나는 사회 및 조직의 변동이 학문의 변동과 끊을 수 없는 관계를 맺고 있음을 설명하였다. 이 관계를 학문체계의 입장에서 자세히 설명함으로써 이 책을 쓰는 입장을 보다 뚜렷하게 하고 싶다.

이 책은 학문체계의 흐름의 입장에서 볼 때 학문과 학문 사이의 엇물리는 구조를 발견하려는 뜻과 그 뜻이 현대사회 조직문제를 이해하는 방향과 궤를 같이 한다는 점을 밝히려는 것이다.

학문체계에 있어서 첫번째의 뚜렷한 흐름은 엇물림의 공통구조를 발견하려는 것이다.[1] 자연과학에서는 학문 사이의 엇물림이 자연스러운 환원(reduction)에 의하여 가능하였다. 물리학과 화학의 엇물림은 물리화학으로 화학이 더 기본적인 구조를 가지고 있는 물리학에 환원되는 것이다. 이것이 더욱 환원되면 수학의 기본구조가 된다. 이처럼 자연과학에 있어서는 학문 사이의 서열체계가 분명하나 사회과학에서는 환원이 오히려 진정한 엇물림을 방해하는 현상으로 나타난다. 보기를 들어 조직을 연구할 때 조직 안에 있는 사람들의 심리적 요인만을 강조한다면 이는 심리학적 환원이 되고, 만일 조직의 구조적 특징만을 강조한다면 이는 사회학적 환원이 되기 때문이다. 따라서 문제는 엇물리는 두 개 이상의 학문이 어떻게 독자적으로 이론의 틀을 지키면서 다른 학문의 틀과 만날 수 있는가 하는 점이다. 이를 위하여 공통적 매카니즘의 발견이 필수적인 것이 되며 그것을 찾는 현장은 바로 모든 사회과학이 연관되어 있는 중심의 단위인 조직이라고 볼 수 있다.

학문 세계에 있어서 두번째의 흐름은 가치 또는 이념의 문제, 이론의 문제, 방법론의 문제를 분리시킬 것인가 아니면 연결시킬 것인가 하는 갈림길에서 연결시킬 수밖에 없다는 쪽으로 기울고 있다는 것이다.[2] 이 문제는 가치판단논쟁과 연관되어 있는데 여기서 나는 이 책이 지향하는 입장을 분명히 밝히고자 한다.

나는 보다 나은 가치를 전제로 하는 이론과 방법론을 찾아야 한다는 입장을 가지면서 현실적으로 존재하는 모든 이론과 방법론을 비판적으로 재구성해야 한다고 주장한다. 그럼 사회과학 전반의 이념·이론·방법론의 역사적 발전과 조직문제와를 연관시켜 왜 이념·이론·방법론이 연결체로서의 기본구조를 지니는가를 살펴보자.

---

1) 쟝 피아제 지음, 오세철 옮김, 「현대 학문체계와 그 엇물림」, 연세대 출판부, 1980.
2) 오세철, 사회과학이론 및 방법의 통합과 행동과학의 역할, 「문화와 사회심리이론」, 박영사, 1981, 9~28쪽.

1. 이 념

사회과학에 있어서 이념의 문제가 인간을 보는 눈(인간관)과 사회를 보는 눈(세계관)의 문제인 것과 마찬가지로 조직에서의 이념문제는 조직구성원을 보는 눈과 조직 자체를 보는 눈과 연관되어 있다. 따라서 사회과학의 이념적 추이가 조직의 이념과 부단히 상호작용하고 있음을 알 수 있다. 사회과학이 철학으로부터 분리되어 독자적인 과학적 모형을 가지기 시작했을 때(19세기 중엽이라고 하자) 더 오랜 과학의 역사를 지니고 있는 자연과학의 모형을 모방하지 않을 수 없었고 그 당시 자연과학이 지니고 있던 인간관(고전물리학, Newtonian Paradigm)의 모형인 기계론과 진화론(Darwinism 또는 Social Darwinism)의 영향을 강하게 받았다. 인간을 피동적인 동물로 여기는 사회과학 전반의 생각은 자연히 조직과 사회를 보는 눈과 어깨를 나란히 하면서 폐쇄주의적 기계모형을 형성하였다.

조직의 이념적 특징이 비인간주의적이며, 착취적이며, 압제적인 것과 관련되어 있다면 이는 바로 이러한 20세기 중엽까지에 걸친 자연과학적 모형을 전제로 한 인간관의 문제를 이야기하고 있는 것이다. 그러나 이와 같은 이념적 세력에 대한 대항이 1920년대의 실용주의 철학을 위시하여 1950년대의 인본주의 세력, 1960년대의 비판이론 세력, 현상학과 구조주의의 세력들이 능동적이고 창조적이며, 비판적인 인간상을 제창함으로써 강력한 도전세력으로 등장하게 되었다. 이들은 인간을 위한 조직, 조직의 인간화, 착취적이고 압제적인 구조(조직 또는 사회)의 재구성을 내세우게 되고 이를 바탕으로 한 사회이론과 조직이론을 전개하게 된다.

행동의 주체인 인간을 어떻게 보는가, 사물과 객체의 질서를 어떻게 보는가 그리고 이들의 관계를 어떻게 보는가에 따라 사회과학의 이념적 유형을 네 가지로 구분하고 있는 깁슨 윈터는 전통적인 세력으로서 행동주의와 기능주의를, 근대적인 세력으로서 자원주의(voluntarism)와 의도주의(intentionalism)를 구분하면서 보다 근대적인 인간관으로의 지향을 권유하고 있다.[3] 우리가 조직의 문제에 관심이 있다면 우선 이러한 이념적 문제에 대한 지각 있는 의식을 가지고 자신의 가치적 관심을 밝히는 작업을 먼저 수행해야만 할 것이다. 이러한 뜻에서 나는 이 책이 지향하는 이념적 태도를 분명히 하겠다. 현대조직이 지니는 본질적인 구조의 문제를 해결하고 그 속에 사는 인간의 문제를 해결하기 위하여 분명히 근대적 인간관과 조직관(사회관)을 이념의 기본적 토대로 삼아야 할 것이다. 또한 현대사회의 인간과 조직이 실제로 지니고 있는 다원적 구조(설사 그것이 이상적인 것이 아니라 할지라도)의 존재를 인정함과 동시에 이념의 일원주의를 극복하면서 비판적 다원주의(critical pluralism)를 채택해야 할 것이다.

2. 이 론

이제는 눈을 돌려 이론적 문제를 따져보기로 하자. 나는 앞서 조직 문제를 다루는 이론적 입장은 학문 사이를 엇물리게 하는 흐름을 적극적으로 받아들이는 것이라고 주장하였다. 그러나 사회과학에 있어서 서로 엇물리는 경향을 가로막고 있었던 고집은 바로 분석단위의 집착에 있었다고 볼 수 있다.

조직이론이 기본으로 해야 하는 사회과학은 분석 단위의 크기의 측면에서 보았을 때 가장 작은 단위를 대상으로 하는 심리학, 큰 단위인 사회학과 인류학이다. 물론 기능적 측면에서는 정치학, 경제학이 포함

3) Gibson Winter, *Elements for a Social Ethic: Scientific Perspectives on Social Process*, New York: Macmillan Co., 1968, 114쪽.

되지만 그 기본적 연구핵심은 역시 인간과 사회에 있기 때문에 세 가지 기본 사회과학(심리학, 사회학, 인류학)을 중심으로 한다. 이러한 세 가지 사회과학은 각자의 독자적 영역을 지키면서 130여년 동안 꾸준히 발전해 왔다. 조직이론이 이 세 가지 이론을 기반으로 한다고 하여 분리되어 있는 독자적 영역을 모자이크식으로 얽어 놓는다고 되는 것도 아니기 때문에 결국 이들의 엇물리는 구조를 발견할 때에만 어느 한 가지 학문에 환원되는 위험을 막으면서 통합적 조직이론을 형성할 수 있는 것이다. 따라서 우리가 관심이 있는 것은 심리학, 사회학, 인류학의 엇물리는 부분에 대한 흐름이다.

첫째, 심리학과 사회학의 관계이다. 개인에 초점을 맞추는 심리학은 거시적 입장에서 볼 때 진공 속에서의 개인만을 다룬다는 심리학주의가 갖는 비판을 면하기 어려웠고 사회학은 거시적 구조에 집착함으로써 개인을 무시한다는 사회학주의가 갖는 비판을 면하기 힘들었다. 이 두 학문의 대화는 이의 교량역할을 하는 사회심리학이었다. 우리는 학문의 표제에서 벌써 학문의 주체성의 면모를 찾아볼 수 있는데 사회(social)가 심리학(psychology)을 수식하기 때문에 심리학이 주도권을 갖는다는 인상을 받는다. 어쨌든 사회심리학은 최근까지 두 개의 사회심리학으로 갈라져서 서로 다른 사회심리학의 벽을 쌓고 있었다. 하나는 심리학적 사회심리학(Psychological Social Psychology)으로 사회적 맥락 속에 있는 개인에 관심을 가지며(그래서 사회구조에는 관심이 없다), 다른 하나는 사회학적 사회심리학(Sociological Social Psychology)으로 인간의 상징적 상호작용에 관심을 가진다(그래서 심리적 요인을 고려하지 않는다). 이러한 두 개의 사회심리학이 최근에 반성을 하고 발전적 대화를 하고 있음은 다행스러운 일이다. 이는 조직이론의 입장에서 보았을 때에도 극히 바람직한 현상인 것이다.

두번째는 심리학과 인류학의 관계를 보자. 이 둘이 엇물리는 분야는 심리학적 인류학(Psychological Anthropology), 문화심리학(Cultural Psychology), 또는 문화와 인성이론(Culture and Personality Theories)으로 불리워지는데 옛날부터 지금까지 가장 사이좋게 엇물리는 분야로 발전하고 있음을 볼 수 있다. 특히 이 분야는 조직과 문화가 연결되는 분야이기 때문에 비교문화적 틀을 조직이론에 제공해 주고 있는 것이다.

세번째로 사회학과 인류학의 관계이다. 이 분야는 사회인류학(Social Anthropology)으로 불리워지는데 20세기 초엽까지 대부분의 사회학자와 인류학자가 엇물리는 위치에 있었으나 사회학과 문화인류학이 독자적 영역을 구축함으로써 그 연계성이 퇴색해 버렸다. 그러나 최근에 와서 이 분야를 사회학과 인류학의 양쪽에서 관심을 가지게 됨으로써 발전적 대화를 진행시키고 있는 것이다.

이와 같은 연계학문의 발전은 조직이론의 기반을 풍요하게 만드는 데 바람직한 풍토를 마련해 주고 있다. 그러나 역시 문제는 분석단위가 다른 이들 세 학문이 어떤 언어를 공통적 메카니즘으로 사용하여 만날 수 있는가 하는 점이다. 나는 바로 공통언어의 발견이 조직이론의 공통적 틀이 될 수 있다고 보기 때문에 이 부분을 더욱 자세히 설명할 필요를 느낀다.

사회과학의 통합적 연계성을 찾는 데 공헌하고 있는 몇 가지 흐름을 언급하기로 한다. 첫번째는 극히 실용적이고 정책적인 목적을 위하여 형성된 학문 사이의 협력이다. 우리가 행동과학[4]이라고 부르는 1950년대의 흐름은 Ford재단이 내세운 커다란 연구사업을 수행하기 위하여 행동과학자들이 함께 모여 문제해결을 위한 정책적 대안들을 마련하게 된 것으로 시작된다. 인간행동을 연구하는 학자들의 모임은 분명히 실용적

4) 행동과학은 행동주의와 구별되며 사회과학과도 구별된다. 물질인류학을 제외한 인류학, 생리심리학을 제외한 심리학, 기타 사회과학의 행동적 측면을 포함하며 1950년도 포드재단의 5대 연구의 결과로 나타났다.

측면에서 시작된 것이지만 학문 사이의 벽을 허물어 가는 계기를 마련하였다는 점에서는 중요한 사건이었다. 그러나 연구분석단위가 인간의 행동에 있었기 때문에 자연히 심리학자가 중심을 이루게 되었고 구체적 정책을 위하여 인간의 객관화가 불가피했기 때문에 행동주의적이라는 이념적 비난을 면하기 어려웠다. 이러한 결함은 1960년대 중반 이후부터 자체 반성을 통하여 다분히 이론적 입장(특히 체계이론)을 강화시키면서 후기 행동과학의 면모를 갖추게 된다. 말하자면 인간행동이라는 미시적 단위에 집착하는 것을 극복했을 때 거시이론들이 받아들여지며 탈가치적 객관주의를 극복했을 때 근대적 인간관을 수용할 수 있기 때문에 행동과학의 시대적 반성은 당연한 것이라고 볼 수 있다. 흔히 조직문제의 행동과학적 접근이라는 것을 행동주의적 접근(behavioral approach)으로 간주하는 경향과 행동과학의 지식과 기법을 이용한다는 것으로 해석하는 경향이 있는데 이는 피상적인 관찰에 불과하며 사회과학의 연계적 구조속에서 조직을 투시한다는 근원적 입장을 간과하고 있는 것이다.

사회과학의 공통적 언어를 만들어 주는 데 공헌한 두번째의 흐름은 철학에서 비롯되었다. 역사주의에 반기를 들고 나타난 구조주의(structuralism)가 바로 그것이다. 구조라는 개념은 사회과학에서 널리 사용하고 있는데(보기를 들어 인류학에서는 문화구조, 사회학에서는 사회구조, 심리학에서는 성격구조를 들 수 있다) 구조가 지니는 보편적 메카니즘을 보다 뚜렷하고 선명하게 정립하였기 때문에 사회과학의 공통적 언어로서의 역할을 담당할 수 있게 된 것이다. 따라서 미시적 인간의 현상이건 거시적 사회의 현상이건 구조의 개념으로서 파악할 때 그들을 수평으로 꿰뚫는 공통개념을 만들 수 있게 된다. 피아제[5]는 구조의 개념을 다음과 같

5) 구조주의가 수학과 논리학, 심리학, 언어학, 철학에서 각각 논의되고 있는데 이에 대하여는 Jean Piaget, *Structuralism*, Harper Torch Book, 1971을 참조할 것.

이 세 가지로 구분하고 있는데 이 개념들은 조직현상을 이해하는 데 필수적인 틀이 될 수 있다. 첫번째는 전체성(wholeness)의 개념으로서 전체는 부분의 합 이상의 것이라는 의미이다. 보기를 들어 인간들이 모여 조직이나 사회를 구성하였다면 그 조직이나 사회는 인간을 다 합쳐 놓은 것 이상의 조직 자체 또는 사회 자체의 특성을 갖는다는 것이다. 두번째 개념은 변환(transformation)으로서 구조가 재생산되고 있음을 말해주고 있다. 구조는 단면을 잘라보면 고정되어 있는 것 같지만 그것을 연속적으로 잘라보면 계속해서 구조를 만들고 있음을 발견하게 된다. 이처럼 양면성을 가지고 형태를 변환시키는 것이 바로 구조가 지니는 특징인 것이다. 세번째의 특징은 자기규제(self-regulation)이다. 이는 구조가 자기의 경계 내에서 독자적인 리듬과 운동법칙을 가지고 스스로 규제하고 있음을 뜻한다. 이는 구조의 자율성을 의미하며 다른 구조와는 폐쇄적 경계를 유지하려는 특징을 나타낸다. 우리는 이 세 가지 기본 개념이 미시적인 인간을 이해할 때나 거시적인 사회를 이해할 때에나 함께 적용될 수 있음을 깨달아야 한다. 그런데 흔히들 구조주의가 지니는 문제로서 역사, 즉 행동의 인식론적 주체인 기원(origin)을 무시할 가능성과 극단적인 구조결정론에 빠질 위험을 지적할 수 있는데 이를 극복하기 위하여 주체로서의 인간을 중요시하는 발생적 구조주의(genetic structuralism)[6]가 보완하고 있는 것이다.

세번째는 사회과학 내에서 공통적 언어를 찾으려는 이론적인 흐름이 있다. 그 하나는 체계이론(system theory)이며 다른 하나는 역할이론(role theory)이다. 체계이론은 사회과학 안에서 뿐만 아니라 자연과학과의 연계성을 찾는 데도 공헌하고 있는데 구조주의에서의 구조(structure)의 개

6) 이 개념 역시 장 삐아제의 구조주의 개념으로 인식론적 주체의 중요성을 인정하는 구조주의의 경향을 의미한다.

념과 매우 흡사하다는 것을 발견하게 된다. 베르탈란피는 일반 체계이론[7]을 지금까지의 결정론적 사조에 대한 반격이라고 규정하면서 극히 능동적인 인간관을 바탕으로 하고 있음을 이야기하고 있다. 이를 흔히 우리가 자연과학에로의 사회과학의 환원이라는 우려를 할 수 있는 것을 미리 해결해주는 선명한 입장이라고 볼 수 있다. 폐쇄적 체계에 대립되는 개방체계는 우리가 연구대상으로 하고 있는 모든 현상에 적용된다. 인간, 집단, 조직, 사회, 문화가 모두 개방체계로서 인식되기 때문에 체계라는 개념이 역시 사회현상을 수평으로 꿰뚫는 공통언어일 수가 있는 것이다.

그러면 개방체계가 지니는 속성은 무엇인가? 카츠와 칸[8]은 이를 아홉 가지로 정리하고 있다. 우선 체계는 밖으로부터 에너지를 안으로 끌어들인다(input : 사람은 공기와 음식 그리고 조직은 사람, 돈, 원료, 기술 등을 끌어들인다). 그리고 그것을 체계 안에서 변환시켜 형태를 바꾼다(throughput : 사람이 움직이고 조직이 움직인다). 그 다음 산출물을 체계 밖으로 내보낸다(output : 인간의 창조가 있고, 조직의 생산물이 있다) 이러한 순환적 과정은 한번으로 끝나는 것이 아니라 체계가 존재하는 한 계속된다(system as cycles of events). 또한 체계는 환경과의 상호작용에서 내면적인 균형상태를 유지하려고 하며(dynamic homeostasis : 더울 때 땀을 많이 흘리면 자동적으로 이뇨작용이 억제되고 수분의 양을 유지한다), 파괴되어 무(無)의 상태로 돌아가는 것을 막으려 하고(negative entropy : 삶의 본능), 체계 내의 문제의 발생을 즉각 알리고 그 문제를 교정하는 장치를 가진다(feedback : 위험신호가 두뇌에 전달되고 방어태세를 갖춘다). 또한 체계는 그 규모가 커질수록 자율적인 단위로 세분된다(differentiation : 지

7) Ludwig von Bertalanffy, *General System Theory: Foundations, Development, Applications*, Rev. ed., New York: George Braziller, 1968, 187쪽.

8) Daniel Katz and Robert L. Kahn, *The Social Psychology of Organizations*, New York: John Wiley, 1966(Rev, 1978).

방자치제, 사업부제). 끝으로 모든 체계는 종말로 가는 과정이 다양하며 획일적 과정을 밟지 않는다. 그러나 그 종말은 같다(equifinality : 죽음, 멸망).

이상과 같은 체계의 개념은 자칫하면 보수주의적 색채를 갖는 균형론으로 해석되는 경향이 있는데, 이 문제는 이 책의 제3편(현대사회 및 조직의 구조와 변동의 문제)에서 자세히 논의할 것이다.

사회과학에서 사용할 수 있는 공통적 언어로서 요즈음 빠른 속도로 발전하고 있는 분야는 역할이론[9]이다. 역할의 문제는 거시적인 입장에서 뿐만 아니라 미시적 입장에서도 모두 관심을 가지는 분야였다. 거시적 입장에서는 역할을 이미 주어진 것(특히 사회구조로부터 결정된)으로 보고 그 주어진 역할을 얼마나 개인이 내면화시켜 역할수행을 잘 하는가 하는 데 관심을 가졌다. 그 내면화가 잘 되었을 때 그 인간은 사회화가 잘 된 것으로 보기 때문에 역할수행자인 인간 스스로를 피동적으로 보는 낡은 관점을 지니고 있었다. 미시적 입장에서는 역할을 수행하는 사람들이 어떻게 하여 역할성과(role performance)를 올리는가에 관심을 가지고 영향을 주는 변수를 독립변수로 놓고 인과관계를 구명하려 하였다. 따라서 거시적 입장이나 미시적 입장이나 모두 역할 수행자의 능동적 과정을 소홀히 다루었고 역할이 창조되는 과정(role taking, role making)을 무시하였다. 그러나 1970년대 이후에 역할이론이 반성적으로 재구성되면서 역할과 인간의 상호작용에 초점을 맞추는 경향을 지니게 된다. 역할이라는 개념 속에 미시적 입장과 거시적 입장을 동시에 포용하게 된다는 점에서 공통언어로서의 구실을 제대로 담당할 수 있을 것이다.

지금까지 나는 분화된 사회과학들이 횡적인 연계성을 찾는 방향에서

---

9) 초기 심리학과 인류학에서 말한 구조적 영향으로서의 역할개념이 아닌 개념을 말한다. Merton, Shibutani, Banton, Hunt 등에 의해 발전되었으며 요즈음은 상징적 상호작용 이론가들에 의하여 다루어지고 있다.

어떠한 노력들을 경주하고 있는가를 개략적으로 설명하였다. 이러한 흐름들의 발전이 곧 조직문제를 보는 흐름의 발전이라는 것을 다시 한번 강조하고 싶다.

3. 방 법 론

이제는 끝으로 사회과학의 방법론의 입장에서 그 흐름을 분석하여 보자. 우선 방법론(methodology)과 방법(method)의 개념구분을 분명히 할 필요가 있다. 방법론은 인식론적 배경을 지닌다. 즉 지식이 어디로부터 오는가 하는 문제를 다루게 된다. 방법은 특정한 방법론을 전제로 한 다음에 사용하는 구체적 연구기법을 의미한다. 오늘날 사회과학도들은 바로 이 점에 혼동을 일으키고 있는 것이다. 인식론에 대한 이해와 비판적 인식을 결여한 채 구체적 방법에 매달림으로써 정교한 기술자가 된다. 사회과학의 방법론은 그 이념의 추이와 마찬가지로 준 자연과학의 모형을 강하게 닮아 왔다. 즉 자연과학의 인식론의 배경은 인과론(causality)에 근거하고 있다. y=f(x)의 관계를 구명하려고 한다. 사회과학이 이러한 인과론을 인식론의 배경으로 하여 취한 방법론을 우리는 논리실증주의(logico-positivism)라고 부른다. 논리실증주의는 사실에 대한 과학자들의 합의가 이루어지지 않을 때 그것을 진리로 받아들이지 않는다. 감각자료(sense data)로부터 나오는 사실에 근거한 지식을 진리의 근거로 삼는다. 사회과학이 과학주의를 표방하고 논리실증주의를 그의 방법론으로 택한 것은 인간과 사회현상의 인과적 관계를 전제로 한 것이었다. 여기서의 기본적인 문제는 과연 사회현상에 인과적 관계가 존재하는가 하는 것이다. 오래 전에 흄은 이러한 인과현상에 의문을 제기하고 사회현상의 엇물림(conjoined)을 주장한 바 있다. 논리실증주의는 이념적인 면에서 살필 때 폐쇄적 인간관과 관련되어 있다는 비판을 받는다. 과연 진리는 감각자료로부터 나오는가? 여기에 사회과학 방법론의 비판적 자세가 필요해지는 것이다. 이 문제에 답하기 전에 우리는 기초사회과학으로서의 심리학, 사회학, 인류학의 방법론적 추이를 먼저 살펴보자.

심리학의 경우는 논리실증주의를 강하게 고수하고 있는 분야이다. 특히 자연과학의 방법인 실험을 중심적인 방법으로 채택하고 인간행동의 인과론적 법칙을 발견하려고 하였다. 그러나 1950년대 이후에 이에 반기를 든 것이 인본주의·실존주의·현상학이다. 심리학의 방법론을 목적론(teleology)에 두는 경향을 강조하게 됨에 따라 방법론은 양면성을 띠게 되었다. 또한 심리학은 귀납(induction)을 강하게 하는 방법론적 특징을 지니고 있다. 그러나 요즈음 연역적인 메타이론(metatheory)을 구성하는 움직임이 강하게 나타나고 있다.

사회학의 방법론은 전통적으로 연역적이며 이론적이었으나 점차 자연과학모형을 강하게 취하게 되어 얼마전까지 통계적 조사(statistical survey)에 의한 귀납을 강조하였다. 그러나 최근에 이르러 이론을 강조하는 고전사회학의 경향이 부활되고 질적인 방법론(qualitative methodology)을 강조하는 경향이 두드러지게 나타나고 있다.

문화인류학의 경우는 초창기에 하나의 문화, 커뮤니티 등을 오랜 기간 동안 참여관찰(participant observation)에 의해 연구하는 질적 연구방법을 사용하다가 비교문화 연구의 확산으로 역시 계량적인 통계조사 방법을 집중적으로 쓰게 되었다. 이는 etic approach에 대한 반성이 emic approach로 향하는 경향과 연관되어 있다. 이는 또한 인류학의 연구대상이 미개문화에 국한되어 있었던 것이 현대사회의 문화에까지 확산되는 경향과 인류학 연구에 개제되어 있는 윤리적 문제(보기를 들어 남미를 연구하는 Camelot project는 미국의 CIA가 개입되어 있어 인류학이 제국주의의 첨병으로 이용될 수 있다는 점 등)가 심각하게 논의되는 경향도 요즈음에 나타나는 두드러진 특징이라고 볼 수 있다.

위의 세 학문의 방법론의 추이를 종합적으로 검토하면 논리실증주의에 대한 반성이 심각하게 거론되어 새로운 방법론으로의 전환을 모색하고 있다는 점일 것이다. 이 문제를 하버마스[10]의 분류를 이용하여 정리해 보기로 한다. 논리실증주의에 입각한 사회과학의 방법론은 두 단계의 발전적 지향을 할 필요가 있다. 감각자료에 근거한 사실은 그것과 연관을 맺고 있는 맥락들(역사, 사회구조 등)과의 관계에서 의미가 있는 것이며 그 의미는 그러한 맥락 속에서 해석되어야만 한다. 이를 해석학적 사회과학이라고 부른다. 그 다음에는 의미의 해석을 근거로 하여 비판적 인식이 있어야 한다. 이는 곧 바람직한 것에의 지향을 뜻한다. 이를 비판적 사회과학이라고 부른다. 참지식(진리)은 사실을 넘어선 해석과 비판으로부터 나온다는 인식론의 반성이 바로 오늘날 사회과학이 당면한 중요한 문제인 것이다.

조직문제에 대한 방법론적 문제도 지금까지 논의한 사회과학 방법론이 흐름과 직결되어 있다. 보기를 들어 기업조직에 대한 실증적 연구를 했다고 한다면 그러한 사실의 발견만으로 조직연구가 끝난 것이 아니다. 그러한 사실이 나타나게 된 구조적 맥락을 철저하게 해석해야 하며 그러한 해석의 바탕 위에서 바람직한 조직의 방향이 설정되어야 하기 때문이다.

이제는 조금 더 구체적으로 오늘날 사회과학 방법론이 지니는 문제를 살피고 그 해결방안을 모색해 보기로 하자. 첫번째로 논리실증주의의 영향을 받아 대부분의 과학적 연구가 가설검증연구로 전환되었다는 점

---

10) J. Habermas, *Knowledge and Human Interests*(trans., J.J. Shapiro), London: Heinemann, 1972.

이다. 종전의 질적인 기술연구(descriptive study)는 비과학적이라는 낙인을 찍고, 가설을 내세워 그를 검증하여 완벽한 인과관계를 밝히려는 것이다. 이와 같은 경향은 상대적으로 깊게 생각하는 사유의 기능을 사회과학자로부터 빼앗아 갔으며 조금만 생각하면 자동적으로 그 관계가 유추됨에도 불구하고 오비이락식의 연구를 하게 만들었다. 배가 떨어지는 것이 만유인력의 법칙 때문이 아니라 까마귀가 날았기 때문이라는 소박한 과학자의 관찰은 오늘날 가설검증연구를 하는 사람들의 허점인 것이다. 가설이 왜 나오게 되는가를 보다 깊이 따져보고 유추해보는 능력을 키우도록 하는 것은 보다 이론적 작업을 철저하게 해야 한다는 반성이다.

두번째로 사회과학의 연구대상이 인간과 사회임에도 불구하고 그 대상과 직접적으로 대면하는 순수한 경험이 점차 사라지고 컴퓨터 자료로 환원되어 그것만 들여다 보는 계량적 연구로 바뀌고 있는 현실이다. 우리가 연구하는 대상이 지니는 본질적 문제를 그들과의 직접적인 대면과 그를 통한 이해 없이 인식하고 해결할 수 있는 것인가를 심각하게 따져봐야 할 것이다. 사회과학자는 현대사회의 인간들이 당면하고 있는 아픔과 압박과 고충을 같이 느끼고 해결하려는 실천가적 자세를 갖추었을 때 비로소 해석적이고 비판적인 방법론의 입장을 취할 수가 있을 것이기 때문이다.

세번째로 오늘날의 사회과학자들은 자기가 신봉하는 한 가지의 방법론이나 방법만으로 진리에 도달할 수 있다고 가볍게 생각하는 경향이 크다는 점이다. 진리가 깊숙한 곳에 숨겨져 있는 것이라면 우리는 그에 접근할 수 있는 모든 길을 전부 따져보고 그런 다음에 어떠한 공통분모를 발견한다면 비로소 그 진리를 사실로서 이야기 할 수 있을 것이다. 여기에 바로 복수방법론(multiple methodologies)의 적용의 당위성이 있다.

네번째로 사회과학 방법론의 심각한 문제는 사회과학연구에 이해집단으로 참여하는 이해집단 사이의 권력구조가 불균형한 구조를 지니고 있다는 점이다.[11] 연구에 관련을 맺는 이해집단으로는 과학자집단, 연구지원집단, 시민집단 그리고 연구중개집단(gatekeepers)이 있다. 역사적으로 볼 때 연구의 대상이 되어왔던 시민집단은 과학적 사실이 그들로부터 나오고 그 결과의 정책적 이용이 당장 그들의 생활에 영향을 미침에도 불구하고 가장 힘(power)이 약한 집단이다. 19세기에는 지식이라는 것이 계몽의 역할을 담당하였으나 20세기에 와서 지식은 힘이요 더욱 나아가서 재산(property)인 것이다. 누가 이 재산을 더욱 많이 가지고 이용하는가가 바로 현대사회의 권력구조를 뜻하고 있다. 이러한 관점에서 볼 때 과학자집단은 연구지원집단과 영합하여 그 힘을 강화시킬 수 있는 입장에 있다. 따라서 가장 약한 시민의 힘이 다른 이해집단과 균형을 이루는 방향으로 사회과학의 연구가 행하여지는 풍토가 이루어져야 한다.

지금까지 나는 사회과학의 발전적 흐름을 이념, 이론, 방법론의 입장에서 살펴보면서 그 흐름이 조직문제를 들여다보는 가치관, 이론, 방법론과 불가분의 관계를 지니고 있음을 설명하였다. 또한 이념, 이론, 방법론의 세 가지 측면은 분리시켜 생각할 수 없는 엇물림의 구조를 형성하고 있기 때문에 각 영역의 반성적인 조류가 주로 사회과학이 지난 100년간 닮고 고수하려 했던 자연과학모형을 극복하자는 기본적 입장을 밑바닥에 깔고 흐르고 있음을 알 수 있었다.

1·3 이 책은 어떻게 꾸며지는가?

조직에 대한 책을 이 시점에서 왜 쓰는가를 나는 학문에 대한 관심

11) J.A. Barnes, *Who Should Know What?*, Penguin, 1979.

의 입장에서 그리고 학문체계의 흐름의 입장에서 조금 장황하게 설명하였다. 책머리를 이만큼 길게 장식하는 이유는 책을 쓰는 사람의 입장과 의도를 깊고 넓게 이해하지 않고서는 전체를 한눈으로 들여다보는 안목을 가지기 어렵다는 것을 이야기하기 위함이다.

그러면 이 책을 어떻게 꾸미는 것이 지금까지의 논의를 충분히 반영하는 것일까? 나는 이 책을 크게 두 부분으로 나누었다. 첫번째 부분은 '조직행동이론의 틀'이라는 제목을 달고 조직의 본질을 이해하는 데 필요한 이론을 심리학·사회학·문화인류학 그리고 그들의 연계학문을 중심으로 설명하고 이들을 새롭게 해석하고 재구성해 보는 노력을 담으려 한다. 따라서 적어도 이 부분을 충분히 이해하는 데는 읽는 사람이 심리학·사회학·문화인류학의 입문서에 해당하는 책을 읽고 기초적인 개념이나 지식을 지니고 있어야 한다는 점을 미리 밝혀둔다. 특별히 나는 조직을 설명하는 이론이 상식적인 이해를 넘어서서 더욱 철저한 이론다운 이론이어야 한다는 것을 이 부분에서 강조할 것이다(이 부분에 대한 자세한 소개는 「제 2편 조직행동이론의 틀」, 「2. 머리글—공통의 골격과 마당을 찾아서」에서 하겠다).

두번째 부분은 「현대사회 및 조직의 구조와 변동의 문제」라는 표제를 달고 있다. 여기서는 현대사회와 현대조직이 지니는 구조적 특징과 그들의 문제를 따져보고 그를 해결할 수 있는 방향을 모색해 보려고 한다. 특별히 이 부분에서 조직의 문제와 사회의 문제는 본질적으로 그 구조가 같다는 것을 밝히려 하고 구체적인 하부구조를 이념, 구조, 지식정보(기술), 심리사회, 관리의 체계로 분석하는 틀을 사용할 것이다. 또한 네 가지의 기본적 하부구조와 한 개의 연결구조(관리체계)는 분리되어 존재하는 것이 아니라 엇물리는 구조를 가지고 있기 때문에 어느 한 부분의 발전적 재구성만으로는 전체 사회 또는 전체 조직의 문제를 해결할 수 없다는 것을 설명하려고 한다. 따라서 이 부분은 현대사회의 전반적 문제를 인식하려는 거시적 안목을 제시함과 동시에 개별조직(그것이 기업이건, 대학이건, 정부건 간에)의 구체적 문제로 이해하고 해명할 수 있는 방향도 제시할 것이다(이 부분에 대한 자세한 소개는 「제 3편 현대사회 및 조직의 구조와 변동의 문제」, 「6. 머리글—문제를 보는 틀의 새로운 구성」에서 할 것이다)

제 2 편

조직행동이론의 틀

2. 머리글—공통의 골격과 마당을 찾아서

조직행동을 이해하는 데 기본이 되는 이론으로서 심리학, 사회학, 문화인류학 그리고 그들의 연계학문이 있다는 것과 개념의 단순한 나열이나 정리만으로는 이론적 구성이 불가능하다는 것을 이미 설명하였다. 그러면 우리는 어떻게 이들의 이론을 검토하고 그들을 새롭게 짜볼 수 있을 것인가? 이 점에 대해 몇 가지 기본적인 입장을 밝히기로 한다.

첫째, 모든 이론은 역사적 구조의 산물이며 시대를 지배하는 사상과 인물들에 의해 정립되고 주창되고 있음을 밝혀야 한다는 점이다. 또한 이론적 입장은 항상 세력으로 존재하고 있기 때문에 그 세력의 중심이 현실사회와 어떻게 연관되고 있는가도 살필 필요가 있다. 심리학의 경우부터 보기로 하자. 심리학이 개인의 행동을 설명하고 예측하는 학문이라면 이는 지금까지 인간을 보려했던 가치관의 흐름과의 상호작용을 간과하고서는 존재할 수가 없다. 역사적으로 심리학의 중심되는 세력은 늘 이론적 입장과 어깨를 나란히 하면서 발전하여 왔기 때문에 심리학의 이론은 이들 입장의 대화와 대립으로 보면서 여러 이론이 나타난 시대적 배경과 그를 주도한 중요한 인물들을 이야기해야 할 것이다. 흔히 심리학에서의 세력으로는 행동주의 심리학을 제 1 세력, 프로이트 심리학을 제 2 세력, 인분주의 심리학을 제 3 세력, 초개인(transpersonnal) 심리학을 제 4 세력으로 구분하고 있지만 나는 여기서 역사적 흐름의 순서에 따라 프로이트 심리학을 먼저 이야기하고 그 다음으로 행동주의 심리학과 인본주의 심리학을 대립적 관계로 보면서 그 대립을 극복할 수 있는 방향을 모색하려고 한다. 따라서 심리학 개론식의 설명(보기를 들어 인성<personality>은 무엇인가 하는 식)은 일체 피하기로 한다. 그 다음 사회학의 경우도 역시 이념과 관련을 맺고 있는 양대산맥(하나는 구조기능주의 다른 하나는 구조기능주의의 대항세력)을 대립적인 관계로 보면서 이들의 입장을 설명하고 대립을 극복할 수 있는 방향을 찾아보려고 한다. 문화인류학의 경우는 서구문화의 이론적 입장과 비서구문화의 이론적 입장을 비교적으로 관찰함으로써 역사문화적 구조의 중요성을 검토할 것이다.

둘째, 모든 이론은 스스로의 한계를 극복하려는 노력을 끊임없이 하고 있으며 그것은 특히 그 이론적 입장을 계승하려는 후진세력에 의하여 이루어진다는 것이다. 우리가 낡은 이론이라고 하는 것은 단순히 그 시대의 유행에 맞지 않거나 그 시대의 현실적 문제를 적절하게 해결할 수 없다는 데서 비롯하지 않고 이론 자체가 지니고 있던 구조적 결함이나 모순이 드러났기 때문이다. 특히 나는 여러 이론들을 이야기하면서 그 이론들의 극복의 방향은 무엇인가를 설명할 것이며 대체로 그것은 학문 사이의 엇물림의 구조를 찾는 방향이라는 점을 밝힐 것이다. 심리학의 경우는 그 자체가 지니는 연구대상의 한계 때문에 개인에 집착하였고 미시적일 수밖에 없다. 그러나 개인이 역사와 사회를 떠나 존재할 수 없다는 엄연한 사실을 심리학은 소홀히 하였기 때문에 역사적으로 또는 사회적으로 의미 없는 개인을 내세우게 되었다. 프로이트 심리학은 요즈음 그 의미를 되새기고 있으며 그를 극복하는 방향으로 라이히(W. Reich)의 이론 그리고 프랑크푸르트학파들의 이론을 들 수 있고 행동주의 심리학과 인본주의 심리학도 스스로를 극복하는 노력과 그 둘을 통합적으로 극복하려는 노력들이 나타나고 있다. 사회학의 경우는 심리학과 반대로 지나치게 거시적인 입장을 고수하기 때문에 인간들의 상징적 상호작용이나 의식있는 주체로서의 인간의 문제를 소홀히 다루는 허점을 지니게 되었으며 이를 극복하기 위한 노력들이 1960년대 이후 활발하게 나타나게 된다. 문화인류학의 경우도 심리적 변수와 사회구조적 변수를 균형있게 이론적 틀 속에 넣으려는 반성적 노력이 나타나고 있다.

세째, 모든 이론은 연구대상이 지니는 양면성을 고루 반영해야 한다는 점이다. 그러면 양면성이란 무엇인가? 겉으로 나타나는 현상에 집착하는 이론적 입장과 현상 밑에 가려져 있는 '속에 있는' 것을 밝히려는 입장이 있을 수 있다. 심리학의 경우 인간의 겉에 나타난 부분(우리는 이것을 행동이라고 부른다)에 집착하여 인간을 설명하고 예측하려는 이론이 있는가 하면 눈에 보이지 않는 부분(마음이나 의식 또는 성격 같은 것이 있다)에 관심을 집중시킬 수도 있다. 사회학의 경우도 역시 눈에 보이는 구조와 체계를 현실로 인정하려는 입장과 그 밑에 숨겨진 깊은 구조(deep structure)를 파헤치려는 입장도 있다. 인류학의 경우도 문화의식으로 나타나는 문화행동의 입장을 지키는 이론도 있지만 보이지 않는 문화의식의 구조를 찾으려는 이론도 큰 세력으로 있는 것이다. 이처럼 '겉'과 '속'의 어느 한쪽을 깊이 연구하면서 다른쪽을 설명하려는 일반적인 입장을 일원론적이고 결정론적인 태도라고 부를 수 있다. 과학적인 이론이 대체로 결정론적이라고 볼 수 있지만 요즈음의 이론적인 반성은 이분법의 결정론적 사고를 극복하려는 데서 출발하기 때문에 일방적인 인과관계로 인간과 사회현상을 설명하려는 입장들을 비판적으로 분석하면서 현상의 양면성이 이해될 수 있는 이론적 틀을 제시할 것이다.

3. 심리학 이론이 이바지한 것들

심리학의 영역을 크게 나눈다면 철학적 심리학(Philosophical Psychology), 과학적 심리학(Scientific Psychology), 그리고 초 심리학(Parapsychology)이 된다. 철학적 심리학은 물론 철학에 속하는 영역이나 이것이 과학적 심리학과 만나는 부분에서 심리학 이론들의 이념이 부각되므로 이 책에서는 그 문제를 다룬다고 볼 수 있으며 초 심리학은 지금까지 주술과 미신으로 여겨져 왔던 영역이나 요즈음 동양심리학(Eastern Psychology)의 대두로 새롭게 펼쳐지는 부분이다. 그러나 역시 심리학 이론의 중심은 과학적 심리학에 있는 것이기 때문에 19세기 중엽 철학으로부터 떨어져 나와 독자적 영역을 형성해온 심리학의 흐름을 더듬어 가면서 그 이론들이 인간을 이해하는 데 이바지해온 면모를 살피고 그것들이 조직 행동의 이론적 기반이 되고 있음을 밝히려 한다.

3·1 프로이트 심리학의 이바지

프로이트 심리학을 이해하는 데 그의 성격이론, 자아방어 매카니즘(self-defense mechanism), 갈등이론 등은 심리학개론에 나와 있기 때문에 생략하기로 한다. 여기서는 첫째, 프로이트가 살았던 시대의 사상적 배경의 맥락 속에서 그를 어떻게 이해할 수 있는가(사상과 지식이 그 시대의 산물이라는 지식사회학의 입장을 택한다). 둘째, 프로이트 심리학이 현대심리학에 긍정적으로 끼친 영향은 어떤 것인가. 그리고 세째, 프로이트를 극복하려고 했던 사람들과 학파는 누구이며 그들의 이론은 무엇인가를 살펴보기로 한다.

1. 프로이트의 인간관

프로이트가 살았던 19세기 중엽에서 말엽은 커다란 사상적 전환기에 놓여 있었다. 그들이 지니고 있었던 낭만주의와 신비주의가 과학주의로 전환되는 소용돌이의 시기였으며 이러한 전환의 공백을 메꾼 것이 그의 사상이었다. 이는 곧 서구사상의 갈등이었으며 그 지적 전통을 더욱 거슬러 올라가면 자연법칙을 준수하는 스토아학파와 인간드라마를 강조하는 위대한 희랍 극작가들의 영향력의 갈등이었다고 볼 수 있다. 이와 같은 프로이트의 갈등을 제롬 브루너는 다음과 같이 이야기하고 있다.[1)]

> 프로이트는 이상하게도 새로운 인간의 개념을 구축하는 건축가로서의 역할을 적절히 수행했다. 우리는 그가 그 자신과 그 시대의 인간상을 힘들여 성취시킨 데에 관심을 쏟고 있으나, 그가 지닌 지적 전통이나 그의 심리적 갈등에는 관심이 없는 것이다. 물질주의의 영향과 헬름홀츠에 의한 결정론 및 고전물리학의 영향이 결합되었으나 본능의 역할, 인생의 드라마, 상징주의의 힘, 합리적 정신보다는 시인적 삶의 방법, 그리고 시인의 문화적 소외에 대한 감각을 지닌 낭만주의에 깊이 빠져 있었다. (140쪽)

그의 이론이 갈등이론이 되었던 것은 시대적 갈등 속에 놓여 있었기 때문이라고 해석할 수 있다. 그는 희곡작가가 되려고 하였는데 진짜 희곡은 쓰지 못하고 환자의 인간적 드라마를 희곡형식을 빌어 썼다. 반면에 과학적 훈련을 받은 의사로서 헬름홀츠의 에너지 불변의 법칙을

1) Jerome S. Bruner, "Freud and The Image of Man", Frank Cioffi(ed.), *Freud: Modern Judgments*, London: Mcmillan, 1973, 138~145쪽.

사용하게 되었고 그러한 법칙성을 인간에 적용시키게 되었다. 시대의 사상적 갈등은 곧 개인의 내면적 갈등이 되었고 이것이 그의 이론의 핵심적 개념이 되는 것이다.

이와 같은 갈등개념은 여러 곳에서 발견된다. 우선 성격구조의 요인, 즉 Id, 자아, 초자아 사이의 갈등이다. 이는 또한 이들을 움직이는 법칙의 갈등을 의미한다. Id를 움직이는 쾌락원칙(pleasure principle)과 자아를 움직이는 현실원칙(reality principle)과의 갈등이며 초자아를 움직이는 양심(conscience) 및 자아이상(ego ideal)과 쾌락원칙이나 현실원칙 사이의 갈등인 것이다. 이를 시간적 관점에서 보았을 때는 현재를 기반으로한 자아와 과거를 기반으로 한 Id 및 초자아와의 갈등이다. 또한 생의 본능(life instinct)과 죽음의 본능(death instinct) 사이의 갈등인 것이다. 인간을 갈등으로 설명한 것은 인간을 이해하는 중요한 측면이며 사회의 갈등을 보는 거시적인 이론과 만나게 되는 근거가 된다.

그러면 프로이트가 이상적으로 보는 인간상은 무엇인가? 보통 사상가들은 인간관을 내세울 때 평범한 인간의 차원을 넘어서서 초 인간적인 경지로 나아가는 이상주의를 택한다. 그 당시 좌파와 우파나 유토피아적 생각을 모두 가지고 있었다. 그러나 프로이트가 내세웠던 인간관은 좌파나 우파의 이념적 전체주의와는 거리가 먼 세속적인 인간관이었다. 즉 유아적 노이로제(infantile neurosis)로부터 헤어나와 정상적인 인간이 되는 것이 그 당시 인간의 문제라고 보았던 것이다. 빅토리아 시대의 말기에 있었던 사람들이 지나친 성적 억압에 눌려서 사회화되었기 때문에 노이로제 같은 정신질환에 걸릴 위험이 많다고 보았다. 따라서 성적 억압으로부터 갇혀 있는 인간을 정신질환의 늪으로부터 빠져나오게 하는 것을 인간다운 삶이라고 그는 생각하였다. 이러한 생각은 이상주의적인 좌익의 생각과도 어긋나는 것이며 도덕주의적인 우익의 생각과도

어긋나는 것이어서 양쪽으로부터 모두 비난을 받았다.[2)]

프로이트가 인간의 근원적 갈등의 문제를 보았다고 하더라도 그의 인간관을 전반적으로 평가하였을 때 폐쇄체계적인 인간관이라는 비판을 면하기는 어렵다. 그 당시 그가 영향을 받았던 사상들은 진화론, 유전론 그리고 고전물리학이었기 때문에 인간을 보는 눈이 피동적인 폐쇄체계의 눈일 수밖에 없었던 것이다. 그러나 최근에 와서 그의 폐쇄주의적 생각 가운데에 목적론적인 인간관이 숨겨져 있었다는 해석이 나와 주목을 끌고 있다. 프로이트가 본 종교의 문제를 해석하는 과정에서 인간의 종교적 체험을 노이로제 현상과 연관지으면서 그 첫번째 단계가 망상적인 경향을 띠고 두번째는 강박관념을, 그리고 세번째는 히스테리의 경향을 보인다고 풀이한다. 이 단계를 넘어서면 노이로제로부터 벗어나서 종교의 마지막 발전단계에 도달한다. 이러한 발전단계는 바로 프로이트의 성격발달단계와 상응하는 것이다. 인간이 태어나서 1년 동안을 구강성격 형성시기(oral stage)라고 하여 욕구충족의 부위가 입에 있으며, 2년 동안을 항문성격 형성시기(anal stage)라고 하여 욕구가 항문에 있으며, 3년에서 4년까지는 고환성격시기(phallic stage)라고 하여 성(sex)이 다른 부모를 선호하는 시기이고 잠복기를 거쳐 사춘기부터 죽을 때까지는 성기성격 형성시기(genital stage)로 진정한 이성에 대한 욕구를 충족하는 시기이다. 각각의 시기에 욕구충족이 적당히 이루어져야 정상적인 성격이 형성된다고 보고 지나치게 충족되었을 때와 그렇지 못할 때는 모두 극단적인 성격형성이 이루어진다고 본다. 보기를 들어 구강성격시기에서 고착(fixation)될 수 있는 성격유형으로는 낙관주의(지나치게 충족될 때)와 비관주의(욕구가 결핍될 때)를 들 수 있고 항문성격시기

2) 프로이트가 그 당시 정치적 이념과 어떤 연관을 맺고 있었는지는 다음 책을 볼 것. Wilhelm Reich, *Reich Speaks of Freud*(eds), by M. Higgins and C. M. Raphael, New York: Farrar Straus aud Giroux, 1967.

에서 고착되는 성격유형으로는 지나친 정결과 지저분함을 들 수 있다. 이와 같은 성격발달단계와 종교적 경험, 그리고 민족의 종교유형을 제시하면 다음과 같다.[3]

A. Ontogenetic development of the person	B. Repression (Religious neuroses)	C. Phylogenetic Development of Religion
1. Oral	1. Paraphrenias Demantia	1. Animism
a. autoerotism	a. Praecox (American physician)	a. pre-animism
b. primary narcisism	b. Paranoid Demantia (schreber)	b. Animism proper
2. Anal	2. Obsessions (Rat Man: Wolf Man)	2. Taboo
3. Phallic	3. Hysteria	3. Gods and Surrogates
	a. anxiety-phobia (Little Mans)	a. Totemism
	b. conversion hysteria (Dostoevsky, Haizmann)	b. Monotheism
4. Genital	4. The Un-Neurotic (Leonardo)	4. Science

프로이트는 발달의 단계를 설명하면서 다분히 결정론적인 인간을 그리고 있으나 마지막 단계(노이로제로부터 해방되는 승화의 단계)로의 목적론적 지향을 은근하게 제시하고 있다. 따라서 이러한 적극적이고 능동적인 인간관의 측면이 재해석됨으로써 프로이트가 보여주는 인간의 면모는 진정한 의미의 갈등을 보여주고 있는 것이다.

3) Anthony J. Deluca, *Freud and Future Religious Experience*, Totawa. N.J.: Littlefield, Adams & Co., 1977, 14쪽.

2. 프로이트가 근대 심리학에 남긴 유산

프로이트의 인간관이 새롭게 해석됨에 따라 그가 심리학에 남긴 유산을 몇 가지로 정리해 보기로 하자.[4] 첫째는 그가 심리학적 언어를 새롭게 창조해 냈다는 데 있다. 그의 책은 아직도 심리학적 언어의 무궁무진한 보물창고로 여겨지고 있는 것이다. 복잡한 인간의 문제를 설명하는 데 사용한 오이디프스 컴플렉스(Oedipus complex)의 개념이라든지, 최근에 더욱 그 의미를 되새기게 되는 무의식(unconscious)의 개념은 아직도 인간을 핵심적으로 설명하는 중요한 심리학의 언어이다.

둘째로는 앞 부분에서 설명한 인간관과 연관되어 있는 인간관의 양면성이다. 프로이트를 비판하는 사람들은 그가 생물학적 결정론(biological determinism)에 빠져 있다는 것인데 그것은 그의 리비도이론이 그러한 결정론을 대변한다는 것이다. 생물학적 결정론은 인간이 타고난 기원(genesis)을 중시하는 생각이지만 프로이트는 사실상 인간의 목적지향성(telos)도 동시에 중요하게 생각하였다.

즉 인간의 문제는 기원과 목적의 변증적 관계이고 이들의 갈등적 관계가 인생의 드라마를 형성하고 있다고 보았다. 따라서 이러한 프로이트의 갈등적 인간관은 현대심리학의 인간관의 갈등을 해결하는 데도 도움의 실마리를 제공하고 있다.

세째로 정신분석학(psychoanalysis)이 종합과학적 성격을 지니고 있다는 점을 프로이트는 일찌기 우리에게 보여주었다는 점이다. 흔히들 정신분석학을 심리학의 한 부분인 이상심리학(abnormal psychology)으로만 간주하는 경향이 있는데 이는 정신분석학의 의미를 지나치게 좁게 해석하는 것이다. 프로이트는 정신분석학이야말로 인문과학, 사회과학, 그

4) M. Jahoda, *Freud and The Dilemmas of Psychology*, New York: Basic Books, 1977, 141~162쪽.

리고 자연과학을 모두 포용하는 종합과학이라고 생각하였으며 이를 실제로 실천하였다. 그러한 점에서 요즈음의 학문 사이의 엇물림의 연구(interdisciplinary approach)의 창시적 인물이라고도 볼 수 있다. 그러나 프로이트 이후 정신분석학은 의학에 갇혀 자연과학의 모형에 빠지게 되었기 때문에 의학의 모형에서 탈출시켜 종합과학적인 본래의 의미를 되찾게 해야 할 것이다.

네째로 프로이트가 사용한 방법은 임상방법(clinical method)으로서 환자의 내면적 세계를 파헤치고 이해하는 질적인 방법론에 속하고 있다. 지금까지의 사회과학방법론이 인과론에 입각한 양적 방법론에 치우쳐 있었다는 사실을 반성적으로 볼 때 정신분석학에서 프로이트가 사용한 임상적 방법은 요즈음 새롭게 부각되는 연구방법인 것이다.

3. 프로이트를 넘어서려 했던 인물과 학파

프로이트에 대한 새로운 평가와 해석이 최근에 많이 이루어지고 있는 것은 사실이지만 그가 가지고 있던 한계는 어쩔 수 없는 것이었다. 그의 이론적 한계를 극복하고 더 넓게 확장하려는 동료나 후대의 노력은 필연적인 것이었으며 또한 그러한 비판적 극복이 있었기 때문에 오늘날 프로이트에 대한 경의심이 더욱 커진다고 볼 수 있다.

나는 여기서 프로이트를 극복하려 했던 시도를 세 가지로 구분하려고 한다. 첫번째 집단은 우리가 신프로이트학파(Neo-Freudian School)라고 부르는 인물들로서 프로이트의 동료이거나 제자였던 사람들이다. 프로이트가 왕국처럼 건설하였던 정신분석학의 비엔나 써클은 프로이트를 정점으로한 가부장적 체제였다. 그러나 그의 밑에서 인정을 받고 유명한 인물이 되는 것은 그렇게 쉬운 일이 아니었다. 보기를 들어 프로이트를 여러 가지 점에서 가장 닮은 제자 Tausk가 결국 자살하고 만 사건도 있었다.[5] 그러나 프로이트의 이론이 지나치게 에너지 이론에 빠져 있었고 사회문화적 요인의 중요성을 인정하지 않고 있었기 때문에 그의 휘하에서 빠져나와 그 스승을 극복하려고 하였으며 이들 가운데는 융, 아들러, 카디너, 설리반 등이 있다. 프로이트는 특히 융이 떨어져 나가는 것을 가장 마음 아파하였다. 이들은 조금씩 다른 주장을 하지만 대체로 리비도이론을 넘어서는 사회적 요인의 중요성을 강조하려 하였다. 그러나 그 사회적 요인은 좁은 의미의 가족 대면관계였으며 보다 거시적인 사회요인에는 눈을 돌리지 않았다.

두번째로 프로이트를 극복하려고한 시도는 요즈음 프랑크푸르트학과(Frankfurt School)라고 불리우는 정신분석학의 사회학파(Sociological School of Psychoanalysis)이며 이들은 에너지이론과 정반대의 입장에서 프로이트이론을 급진적으로 해석하는 인물들이다. 이들 중에는 마르쿠제, 프롬, 브라운 등이 있는데 이들은 사회적 요인을 아주 거시적인 데서 찾으려고 하였으며 거시적인 틀 속에 마르크스의 이론을 접합시키려고 하였다. 이들 가운데 에리히 프롬의 이론을 중심으로 자세히 설명하기로 한다. 우리는 프로이트의 성격이론이 에너지이론이라는 것을 다 잘 알고 있다. 그러면 프롬은 성격형성을 어떻게 설명하고 있는가? 그는 사람의 성격유형을 크게 생산적 성격과 비생산적 성격으로 나누고 어떻게 인간이 비생산적 성격을 극복할 수 있는가를 중요시한다. 그런데 비생산적인 성격은 타고난 요인에 의하여 결정되는 것이 아니라 그 시대의 사회경제적 구조에 의해 영향을 받는다고 보고 있다. 그 중 착취적 성격(exploitive personality)와 피학적 성격(receptive personality)은 봉건적 사회구조의 산물이며 축적적 성격(hoarding personality)은 상업주의의 산물이고 시장형 성격(marketing personality)은 자본주의 산업사회의 산물이다.

5) Paul Roazen, *Brother Animal: The Story of Freud aud Tausk*. Penguin. 1973.

이같은 사회적 성격을 생산적 성격으로 전환시키기 위하여는 '가짐의 양식' (having mode)을 깨뜨리고 '됨의 양식' (being mode)으로 새로운 사회를 건설하는 것이라고 말한다.[6] 프랑크푸르트 학파의 한 사람인 프롬은 그의 책 「환상의 사슬을 넘어서」(Beyond the Chain of Illusions)에서 자기가 왜 프로이트와 마르크스로부터 동시에 영향을 받았는지를 설명하면서 두 인물의 공·통점을 다음과 같이 이야기 하고 있다.[7] 첫번째의 공통점은 두 사람 모두 모든 것을 의심하고 비판하려는 비판적 분위기를 지니고 있다는 점이다. 즉 두 사람 모두 실재(reality)를 가리고 있는 문제에 항상 관심을 가지고 있었기 때문에 마르크스의 입장에서는 깊은 구조를 보지 못하게 하는 거짓의식(false consciousness)의 문제를, 그리고 프로이트의 경우에는 정신질환으로 인한 망상으로 실재를 보지 못하게 하는 인간의 문제를 심각하게 보았다. 두번째는 두 사람이 진리의 해방시키는 힘을 믿고 있다는 점이다. 이는 첫번째와 연관되는 문제로서 실재가 가려져 있기 때문에 이로부터 해방이 되어야 한다는 것이다. 마르크스의 경우에는 의존과 소외로부터, 프로이트의 경우에는 유아적 노이로제로부터 인간의 해방을 보고 있으며 이러한 과정을 사회변동과 개인변동으로 설명하고 있다. 세번째의 공통점은 인본주의에 있다. 특히 프롬은 마르크스에 대한 자기 스스로의 입장을 사회주의적 인본주의(Socialist Humanism)라고 부르고 결정론이 아닌 젊은 마르크스의 생각을 높히 평가한다. 프로이트에게서 발견되는 인본주의는 인간의 깊숙한 무의식의 영역에서의 무궁무진한 인간성을 의미하고 있다.

프롬뿐만 아니라 프랑크푸르트학파가 보는 프로이트와 마르크스의 공통점은 두 인물의 공통적 개념에서 출발한다. 프로이트는 미시적이고

6) Erich Fromm, *To Have or to Be?*, New York: Harper & Row, 1976.
7) Erich Fromm, *Beyond the Chains of Illusion: My Encounter with Marx and Freud*, New York: Simon and Schuster, 1962, 13~26쪽.

마르크스는 거시적이라 할 지라도 둘이 이야기하는 억압(repression)이라는 개념이 둘을 연결시킨다. 태어난 어린이에 대한 억압은 오이디프스 컴플렉스와 연관된 아버지로부터의 억압이며 이 억압은 아버지의 권력을 정당화시키는 가부장제도(patriarchal system)로부터 오고 가부장제도를 유지시키는 사회구조는 초기 자본주의 체제이다. 이 체제는 생산중심의 체계이고 여기서의 억압은 생산구조 속에서 일어난다. 노동자에 대한 억압의 착취구조와 가정에서의 어린이에 대한 억압을 연결시키는 분석은 초기 프랑크푸르트학파가 사용하였다. 그러나 이러한 분석은 실제로 유럽의 가부장제도의 몰락과 또한 소비중심의 자본주의 체제로의 이행과 더불어 별로 쓸모 없는 것이 되었다. 따라서 하버마스를 중심으로한 후기 프랑크푸르트학파의 분석은 현대사회의 억압이 생산현장에서 일어나지 않고 왜곡된 의사소통(distorted communication)에 의하여 간접적으로 일어난다고 본다.[8]

마르크스와 프로이트를 연결시키는 재미있는 보기로서 와이스코프의 해석을 들 수 있다.[9] 고전경제이론가들의 사상을 그들의 심리와 그 시대의 문화를 통해 분석하는 그는 프로이트에 있어서 오이디프스 컴플랙스의 상황과 마르크스의 생산관계의 상황과를 비유적으로 보고 있다. 즉 아버지는 자본가, 아들은 노동자, 그리고 어머니를 생산수단으로 비유하고 이들 3자의 갈등적 관계가 구조적 모순을 일으킨다고 해석한다. 어쨌든 두 인물의 본질적인 공통점은 갈등이론이라는 데 있다는 사실은 부인하기 어렵다.

결국 정신분석학의 사회학파는 프로이트이론이 지니는 중요한 개념을

8) Bruce Brown, *Marx, Freud and the Critique of Everyday Life: Toward a Permament Cultural Revolution*, New York: Monthly Review Press, 1973.
9) Walter A. Weisskopf, *The Psychology of Economics*, Chicago, Ill.: The Univ. of Chicago Press, 1955.

이용하여 거시적인 사회문제를 해석하려는 시도를 했다고 볼 수 있다.

세번째로 프로이트를 극복하려 했던 시도를 설명해 보기로 하자. 첫번째의 순수한 신프로이트학파나 두번째의 프랑크푸르트학파는 모두 프로이트의 에너지이론을 쓸모 없는 것으로 보았다는 점에서 공통점을 지니고 있다. 물론 그들 학파가 사회적 요인(미시적이건 거시적이건 간에)의 중요성을 강조하였기 때문에 프로이트의 한계를 상당히 극복했던 것은 사실이다. 그러나 에너지이론이 가지는 모호성이나 불가사의함을 그냥 포기한 것은 프로이트이론의 계승이라는 점에서 성급한 선회였다고도 볼 수 있다. 여기에 바로 빌헬름 라이히(Wilhelm Reich)의 빛나는 공헌이 있는 것이다. 그는 프로이트의 동료이며 제자였으며 비엔나 정신분석학회의 중요한 일원이었다. 그가 프로이트와 결별한 이유는 이념적인 것과 학문적인 것에서 찾아볼 수 있다. 이념적으로 그는 이상주의적인 좌파의 생각을 가지고 있었고 한때 공산당원으로 몰리기도 했으나 소비에트 정권의 전체주의적 생활에 환멸을 느끼는 이상적 비판주의자였다. 또한 그는 프로이트 스스로가 말년에 가서 에너지이론을 포기하는 것같은 태도에 반기를 들고 더 철저하게 에너지이론을 정립하면서 동시에 거시적 안목을 지니려고 하였다. 그를 흔히 프랑크푸르트학파의 한사람으로 부르고도 있으나 오히려 그가 에너지이론을 고수했다는 점에서 달리 평가해야 할 것이다. 나치에 쫓겨서 미국으로 망명한 그는 오곤에너지(orgone energy)를 발견하게 되고 이를 실용화시키기 위한 작업에 들어갔다가 법에 제소를 당해 1957년 옥사하고 만다.

프로이트가 리비도라는 추상적인 개념을 사용하여 에너지이론을 만든 것에 비하여 라이히는 연역적이고 논리적인 사유에 의하여 우주체계에 오곤에너지가 있음을 증명하고 실제로 그것을 우주체계와 생물체계에서 발견한다. 그는 인간사고의 연역을 다음과 같은 순서로 그리고

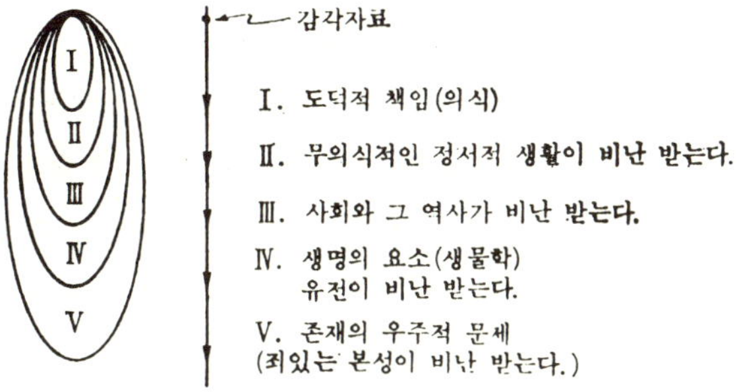

객관적 우주 오곤 에너지

있다.[10]

사람의 생각은 우선 감각자료에서 출발한다. 이는 물론 경험주의의 생각이다. 여기서 인간은 도덕적 문제를 묻게 되고 의식의 측면에서 보는 선과 악의 문제를 가름하게 된다. 그러나 인간의 사고는 의식의 문제에서 해답을 찾지 못한다. 선과 악의 문제가 지금까지 의식세계에서 밝혀지지 않는 무의식의 세계를 밝혀내야 하기 때문이다. 프로이트가 무의식에 관심을 가진 것은 이 단계라고 해석할 수 있다. 그러나 의식과 무의식의 문제는 개인적 차원에 머무르고 있는 것이다. 문제가 개인적 수준에 머무르지 않고 그 개인이 존재하는 사회와 역사의 문제가 제기된다. 여기서 우리는 거시적인 역사와 사회구조의 모순을 발견하게 된다. 아마 이 수준이 프랑크푸르트학파의 생각일 수 있다. 그러나 사회나 역사에 대한 비난으로 문제를 해결할 수 없다면 이는 더 근원적이고 보편적인 인간의 생명문제가 결부되어 있는 것이며 우리의 관심은 인간의 생물학적 기초에 관심을 갖게 되는 것이다. 그러나 인간의 사고는 이 단계에서 끝나지 않고 생명체계보다 더 넓은 우주체계를 생각하게 되고 우주적 존재임을 깨닫게 된다. 이 때에 비로소 우리는 우주체계에 존

10) Wilhelm Reich, *God, Ether and Devil/Cosmic Superimposition*, New York: Farrar, Straus and Giroux, 1973, 22쪽.

재하는 객관적인 에너지가 있음을 발견하게 되는데 그것이 바로 오곤에너지(orgone energy)인 것이다. 라이히는 인간사회에 존재하는 이분법적 사상으로서 하나는 영혼쪽을 강조하는 신비주의와 다른 한쪽은 육체쪽을 강조하는 기계주의를 들고 이들의 대립과 분열이 바로 오곤에너지의 존재를 알지 못하는 데서 비롯된다고 설명한다. 이들의 이분법을 그려보면 다음과 같다.[11)]

신, 에테르 및 오곤에너지 사이의 기능관계

지각	에너지
영혼	육체
정신	물질
형이상학	물질주의
신비주의	기계주의
종교	과학
질	양
주관적	객관적

"신" "에테르"

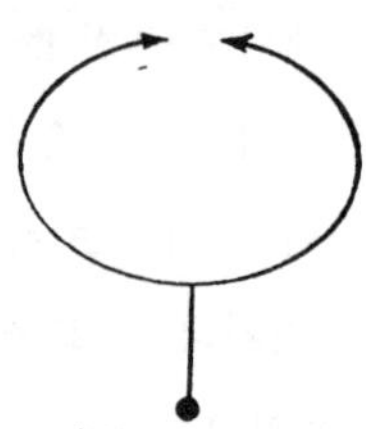

우주오곤에너지

원시적 에너지
보편적으로 존재하고
모든것에 스며드는
모든 에너지(운동)의 기원
모든 물질의 기원
살아있는 것 안에 있는 : 생물학적 에너지
우주 안에 있는 : 은하계의 기원

11) 윗책, 51쪽.

그의 생각은 분명히 이원론을 극복하려는 일원론의 체계를 제공하고 있다. 우주체계에 존재하는 객관적인 에너지를 발견함으로써 프로이트의 리비도이론을 철저하게 극복하고 있으며 동시에 오곤에너지를 발견하는 과정에서 인간의 생각이 거시적으로 옮겨가는 것을 중시하여 생물학적이고 심리학적인 환원주의에 빠지지 않는 사고의 확장을 보여주고 있다. 바로 이러한 라이히의 생각이 미시적인 것과 거시적인 것을 동시에 보면서 인간과 사회의 보편적이고 근원적인 현상을 꿰뚫어 보는 통찰력으로부터 나오고 있으며 우리가 이 시점에서 높히 평가하게 되는 이유가 되는 것이다.

그러면 인간과 사회문제의 발단은 무엇인가? 이는 바로 오곤에너지의 자연스러운 흐름을 막는 데 있다. 그러한 자연스러운 흐름을 막는 것은 일체의 제도와 형식의 장치이며 그것은 구체적으로 성적 에너지를 가로막는 사회체제에 있는 것이다. 이러한 성억압의 제거를 주장한다는 점에서 그의 생각은 오늘날 급진심리학에서 주장하는 성해방의 혁명적 생각과 만나고 있으며 대중의 심리가 성억압의 경제구조와 상호작용하고 있음을 밝히고 있다는 점에서 프랑크푸르트학파와 연관을 맺고 있다. 특별히 그는 파시즘의 대중심리를 분석하면서 나치의 출현이 그 당시 독일사회의 가족제도와 그로 인한 독일대중의 심리적 구조와 필연적인 관련이 있음을 밝히고 있다.[12] 또한 나치의 상징인 스와스티카(卐)가 은폐된 성적 상징으로서 대중의 억압와 성적 충동을 무마시켜주는 역할을 담당한다고 풀이하고 있다.

지금까지 나는 프로이트를 극복하려고 했던 인물과 학파를 세 가지로 구분하고 그들의 노력을 평가하였다. 그들의 모든 극복의 노력이 오늘날 사회과학의 반성적 발전에 모두 공헌하고 있음을 보는 것은 우연

12) Wilhelm Reich, *The Mass Psychology of Fascism*, Penguin, 1975.

한 일이 아니다. 라이히나 프랑크푸르트학파가 보여주는 극복 속에서도 우리는 성에 대한 이론과 입장이 사라지지 않고 있음을 눈여겨 볼 수 있다. 성에 대한 억압이 있기 때문에 해방의 문제가 존재하는 것이다. 정치적이고 사회적인 억압의 문제를 떠나 성적 억압의 문제만을 생각했을 때 우리는 동양사회에서의 성의 문제를 음미할 필요를 느낀다. 억압의 장본인인 가부장체제라는 것이 동양과 서양에서 보편적인 구조를 갖는 것인가? 서양의 가족제도는 부부중심의 구조를 가지며 부모와 자식 사이의 애정과 권력관계가 형성되기 때문에 오이디프스 컴플렉스가 보편적인 문화권이다. 반면에 동양의 가족제도는 부자중심의 구조를 가지면서 부모와 자식간의 관계가 형성되므로 오이디프스 컴플렉스는 형성되지 않는 문화권으로 해석되고 있다.[13] 따라서 사회제도가 성적 표현을 억압하는 문제와 사회화과정에서의 가족관계에서 억압되는 성의 문제와는 다른 국면을 가지고 있는 것이다. 동양사회에 성이론을 적용시킬 때 우리는 좀더 조심스럽게 가족구조, 사회구조, 성격구조와의 역학관계를 분석해야 하며 억압이 자율적 규제와 갖는 관계를 비교적으로 분석해야 할 것이다.

그럼에도 불구하고 자율적 흐름을 가로막는 일체의 억압은 나쁜 것이다. 프로이트이론이 우리에게 남겨준 중요한 사상이 있다면 그것은 모든 형태의 억압의 구조를 벗어나 인간이 해방되는 것이 인간생활의 발전이라는 점일 것이다.

4. 프로이트이론과 조직의 문제

프로이트이론이 현대 조직사회에서 갖는 구체적인 의미는 무엇인가?

13) G.A. DeVos and A.A. Hippler, Cultural Psychology: Comparative Studies of Human Behavior, in G. Lindzey and E. Aronson(eds.), *The Handbook of Social Psychology*, vol.4, 1969, 323~417쪽.

그가 본 인간관, 현대심리학에 미친 영향, 그리고 그를 넘어서려 했던 시도들을 폭넓게 받아들이면서 현대 조직이 당면한 문제들을 부분적으로나마 해결할 수 있는 방향을 모색해 보는 일은 뜻있는 일이다.

첫번째로 들 수 있는 것은 현대 조직사회에서 점차 심각한 문제로 대두되고 있는 인간의 정신건강에 관련된 분야이다. 현대 조직은 조직구성원들의 정신건강의 회복에 책임을 져야 하며 특히 그 원인이 조직사회의 억압으로부터 나타난 것이라면 더욱 절대적인 책임을 져야 한다. 요즈음 대규모 조직들이 조직내에 상담기능을 강화하고 다수의 전문적 상담가를 고용하면서 조직구성원들의 정신건강의 진단과 치료에 힘을 쓰고 있으며 또한 지도자(관리자)를 훈련하고 개발하는 데에 상담가로서의 전문적 지식과 기법을 제시하고 있는 경향을 보이는 것은 바로 조직의 병리적 현상에 대처하는 한 가지 방책이라고 볼 수 있다. 따라서 프로이트 이론이 이러한 점에서 공헌할 수 있다면 인간의 문제를 깊숙한 성격의 구조로 보는 이론적 틀과 문제를 진단하고 치료하는 정신분석학의 기법을 제공할 수 있다는 점이다.

특별히 여기서 언급할 것은 프로이트이론이 성격이론에 영향을 미친 것으로 오늘날 조직사회에서 가장 많이 거론되는 권위주의적 성격(authoritarian personality)에 대한 것이다. 권위주의 성격에 대한 연구는 원래 마슬로우(A.H. Maslow)가 1943년 환자를 관찰하여 얻은 성격적 특징을 발표하면서 처음 거론되었고 그 후 1950년 버클리대학교의 몇몇 사회과학자들이 나치의 반유태주의(Anti-Semitism)를 연구하면서 본격화되었다.[14] 이 연구는 그 후 10년간 이론적으로 방법론적으로 여러 가지 쟁점을 불러 일으켰는데 몇 가지 결론에 도달할 수 있었다. 첫째는 권위

14) T.W. Adorno, Frenkel-Brunswik, E. Levinson, D.J. & Sanford, R.N.(eds.), *The Authoritarian Personality*, New York: Norton, 1969.

주의성격이 성격적 유형으로 존재하고 있다는 점, 둘째는 그 성격이 서양산업사회의 중하류계층에서 형성된다는 점이었다. 또한 이들의 성격적 특징으로는 권위주의적 공격성, 권위주의적 복종, 반(反)성찰주의, 전통주의, 성에 대한 지나친 관심 등으로 설명하였다. 이와 같은 권위주의 성격은 프랑크푸르트학파의 이론과 라이히와 이론에서 모두 중요한 개념으로 등장하게 되는데 우리는 한국인의 성격이 평균적으로 권위주의적인가를 깊이 관찰할 필요가 있다. 왜냐하면 그것은 바로 한국의 조직사회의 문제와 연결되어 있기 때문이다. 나는 다른 글[15]에서 한국인의 성격을 권위주의가 아닌 도덕적 성격으로 풀이하는 틀을 제시한 적이 있는데 그것은 현실을 분석한 자료에 근거하지는 않았기 때문에 가정에 불과한 것이었다. 만일 권위주의 성격이 산업주의의 산물이라면 우리는 오히려 근대화 과정에서 자라난 젊은이들의 성격이 권위주의적일 수 있다는 심각한 가설을 내세울 수가 있다. 또한 권위주의 성격의 형성과 조직풍토와의 연관성을 연구하여 조직의 사회화(organizational socialization)를 바른 방향으로 끌어가는 모형을 제시할 수 있어야 한다. 어쨌던 조직사회에서의 인간의 정신건강문제를 해결하는 데는 프로이트이론을 포함한 정신분석학의 이론이 도움을 주어야 하는 것임에는 틀림없다.

두번째로 프로이트이론이 구체적 조직문제를 해결할 수 있는 영역은 긴장해소에 관련된 부분이다. 프로이트이론을 행동주의 심리학쪽에서 발전시킨 이론으로 욕구불만-공격성 가설(frustration-aggression hypothesis)이 있다. 이는 인간의 욕구불만이 커지면 공격성도 따라서 커진다는 뜻이다. 현대 조직사회는 바로 이러한 인간의 욕구불만을 증가시키고 있다고 볼 수 있다. 욕구불만의 원천이 분명할 경우도 있지만 꼭 그렇지 않을 수도 있다. 따라서 인간은 자기를 공격하는 다른 사람을 공격할

15) 오세철, 한국인의 성격, 「문화와 사회심리이론」, 박영사, 1982, 297~305쪽.

수도 있고 자기를 공격할 수도 있으며 어떠한 주의(ism)와 환상을 공격할 수도 있다. 쌓아져가는 긴장과 욕구불만을 해소하기 위한 장치를 조직에서 마련한다면 그것은 바로 프로이트이론을 원용하는 것이다. 보기를 들면 욕구불만해소실의 장치이다. 한 조직구성원이 아침에 출근하여 상사로부터 이유없는 꾸지람을 들었다고 하자. 이 사람은 책상 앞에 앉아 있어야 일은 되지 않고 상사를 원망하고 있을 것이다. 그의 공격성은 다른 동료에게 향할 수도 있고 일의 질을 떨어뜨릴 수도 있고 조직밖의 사람들에게 향할 수도 있다. 물론 이를 회복하는 길은 꾸지람을 한 상사가 인간관계를 회복시켜 주는 것일 것이다. 그러나 조직에서의 짜증과 욕구불만은 특정한 이유를 발견하지 못하는 것이 보통이다. 이 때 그 사람은 욕구불만해소실을 방문한다. 그 곳에는 각종의 물건(부서지기 쉬운 석고 등등)과 장치가 마련되어 있다. 상사를 닮은 석고도 있을 수 있다. 그 사람은 그것을 깨뜨림으로써 쌓였던 욕구불만을 해소할 수 있는 것이다. 물론 이 욕구불만해소실에 들어가는 비용은 욕구불만을 해소하고 난 뒤의 생산성의 향상에 비하여 적다는 가정이 있어야 한다. 또 한 가지의 방향은 오락활동의 활성화이다. 이는 물론 여가문제와 연관되어 있다. 여기서 우리는 서양과 동양의 조그만 차이를 발견하게 된다. 서양은 오락과 여가활동이 조직과 분리된 개인의 사생활의 영역에 속한다는 것을 원칙으로 하고 있지만 동양은 오락과 여가활동까지도 조직생활의 연장으로 보려는 것이다.

세번째는 프로이트이론을 적극적으로 해석하여 프랑크푸르트학파나 라이히의 주장을 조직문제해결에 받아들이는 것이다. 첫번째의 상담기능의 강화나 두번째의 욕구불만해소장치의 강화는 개인적인 문제를 해소하려는 미시적인 접근이라고 볼 수 있다. 더욱 중요한 문제는 정신건강과 욕구불만을 가져오게 하는 조직의 구조문제인 것이다. 그러한 구조는 권력구조에서도 나타나고 과업구조에서도 나타난다. 보기를 들어 상사에게 꾸지람을 받은 그 사람이 잠시동안 욕구불만을 해소했다고 하더라도 다시 사무실에 가면 그와 만나게 되고 그와의 관계는 단순한 개인적 인간관계라기보다는 지속적인 조직의 상하관계로서 구조적 성격을 지니고 있는 것이다. 그렇다면 근원적인 문제는 해결이 되지 않는다. 조직의 권력구조가 부하직원의 욕구불만을 지속적으로 만들어 낸다면 개인적인 문제해결방식은 미봉책에 지나지 않는 것이기 때문이다. 여기에 우리는 억압의 구조적 틀을 개혁하는 것만이 근원적인 조직문제를 해결할 수 있다는 프랑크푸르트학파와 라이히의 말에 귀를 기울이는 것이다.

3·2 행동주의 심리학과 인본주의 심리학의 갈등과 조화

행동주의 심리학과 인본주의 심리학을 묶어서 비교적으로 보는 이유는 앞에서 언급한 바가 있지만 두 세력은 이념적으로나 이론적으로나 방법론적으로 항상 맞서오고 있기 때문에 같이 다루는 것이 이해를 돕는 길이 된다. 또한 행동주의와 인본주의 사이의 논쟁은 사회과학 전반에 걸쳐 이루어지지만 원래 그 논쟁의 시발점이 심리학에 있었기 때문에 심리학의 이론적 틀 속에서 다루는 것이다.

전체적인 틀의 윤곽을 설명하면 먼저 행동주의 심리학과 인본주의 심리학이 나타나게 된 시대적 배경을 설명한 다음 두 심리학에서 보는 인간관을 비교적으로 검토한다. 그 다음 각각의 심리학을 대표적 인물을 중심으로 다루는데 행동주의의 경우는 스키너를, 인본주의의 경우는 마슬로우를 분석한다. 그 다음 이 두 심리학이 대립에서 끝날 것인가, 아니면 발전적 조화를 할 수 있는 가능성이 있을 것인가를 보고 이 두 심리학을 연결시키는 심리학으로 인지심리학을 다룬다. 끝으로 이들 심리학과 조직의 문제가 어떻게 연결되는지를 검토할 것이다.

1. 행동주의 심리학과 인본주의 심리학의 출현배경

행동주의 심리학의 출현은 인간의 의식에 관심을 가지며 성찰적인 접근방법을 사용하는 철학적 심리학과 이에 영향을 받은 윌리암 제임스 등의 철학적 경향에 대한 과학주의로서의 반발과 프로이트를 중심으로 한 본능심리학의 생물학적 결정론에 대한 반발에서 비롯된다. 심리학이 하나의 과학으로 독립하였다면 분명히 정밀한 과학이 되어야 하고 눈에 보이지 않는 마음이나 본능에 매달려 있으면 보편적인 인간의 행동법칙을 정립할 수 없다고 본 것이다.

인간이 안에서 결정된다는 내면적 결정론을 배격하고 환경으로 설명하고 예측하려는 환경결정론에 빠지게 된다. 행동주의 심리학은 이상주의에 대립하는 경험주의적 철학의 현대적인 표현인 것이다. 따라서 행동주의의 주창자인 왓슨(J.B. Watson)의 글 속에는 Hegel을 전혀 언급하지 않고 있음을 볼 수 있다. 20세기 초엽으로부터 시작되는 행동주의 심리학은 지역적으로 보았을 때 미국과 소련이 그 중심이었다. 우리는 이 두 지역의 특징을 두 가지 전통으로 부르고 그들이 가지는 의미를 사회와 연관시킨다. 러시아의 생리학자 파블로브(I. Pavlov)가 내세운 고전적 조건형성(classical conditioning)이 가지는 의미는 인간과 동물의 행동이 생리적 욕구를 기반으로 형성된다는 것과 완벽하게 통제된 상황 아래에서 반복적인 자극을 줌으로써 조건화되고 있음을 설명한다. 이와 같은 자극과 반응의 상황은 공산주의나 전체주의 사회같은 환경적 조건을 상징하고 있다. 완벽하게 통제된 환경 속에서 우리가 원하는 인간형을 만들 수 있다는 가능성을 보여주는 조건형성의 법칙이라고 볼 수 있다. 이들의 인간관계는 자극(stimulus)⟶반응(response)이며 의도된 자극의 계획이 원하는 반응을 불러 일으키는 함수관계인 것이다.

반면에 미국의 전통으로 불리워지는 도구적 조건형성(instrumental conditioning)은 반드시 생리적 욕구에 바탕을 두지 않으며 통제자의 완벽하게 계획된 자극이 있는 것이 아니라 무작위한 행위(random behavior)가 먼저 일어난 다음 그에 따른 선별적인 자극이 주어짐으로써 이루어지는 조건형성이다. 즉 행동의 결과가 그 다음 행동의 원인이 된다는 손다이크(Thorndike)의 결과의 법칙(law of effect)이 말해주듯이 이들의 인간관계는 반응(response) ⟶ 자극(stimulus) ⟶ 반응의 증가(increase in response)로 나타나 자유로운 반응을 항상 전제로 하고 있는 것이다. 이와 같은 상황은 다분히 개인주의적인 미국 사회의 체제를 반영하고 있는 것같이 보인다. 따라서 선별적인 자극의 체계는 이미 있던 반응에 따라 가변적일 수가 있다. 이상과 같은 두 가지의 조건형성을 개인의 발달면에서 보았을 때 어린 시절에는 대체로 고전적 조건형성이 일어나고 성인이 되면 도구적 조건형성이 일어난다고 보여진다.

행동주의 심리학은 분명히 심리학을 자연과학과 같은 정밀한 과학으로 만들려는 시도이며 인간행동의 보편적 법칙성을 발견하려는 이론적 작업이었다. 이와 같은 세력에 대하여 1950년대에 이념적 차원에서 반기를 들고 나타난 흐름이 인본주의 심리학이다. 행동주의 심리학자들이 이론가라면 인본주의 심리학자는 정신의학을 하는 실천가들이었다. 그들은 인간과의 실제적인 대면을 통하여 깊숙한 인간적 문제를 이해하고 해결해주는 구체적인 작업에 임했던 사람들이었다. 행동주의 심리학이 실험실 속에서 인간의 생활과 직접적으로 상관없는 자극의 조작에 관심을 쏟았던 것과 대조를 이루었다. 이들은 분명히 행동주의의 환경결정론적인 인간관에 정면으로 대립할 수밖에 없었다. 우리는 이 두 세력이 보는 인간관의 대립을 좀더 자세히 살펴보기로 하자.

2. 행동주의와 인본주의의 인간관 비교

행동주의 심리학자와 인본주의 심리학자의 불꽃튀기는 대결은 1964년에 출간된 심포지움의 결과로 나타났다.[16] 행동주의 심리학의 대표적인 인물인 스키너와 인본주의 심리학의 대표적인 인물인 칼 로저스(Carl Rogers)의 대결은 볼 만한 것이었다. 그러나 이 두 세력의 대결은 대화의 공통점을 찾지 못하고 대립으로 끝나버렸다. 1969년 히트(W.D. Hitt)는 심포지움의 결과를 재평가하면서 이 두 세력이 보는 인간관의 대립이 사실은 인간의 양면성임을 확인하고 있다.[17] 그러면 이들은 인간을 어떻게 다르게 보고 있는가? 몇 가지 중요한 비교점을 간추려 본다. 첫째 인본주의자들은 인간을 연구하는 데 의식의 과정을 중요시하는 반면에 행동주의자는 겉으로 나타난 행동의 연구를 의미있는 것으로 본다. 둘째 인본주의자는 인간을 예측가능하다고 보지 않는다. 인간은 스스로의 의도를 가지고 목적지향적으로 움직이기 때문이다. 반면에 행동주의자는 인간을 예측할 수 있다고 믿으며 그것은 인간행동의 보편적 법칙을 발견함으로써 가능하다고 본다. 세째로 인본주의자는 인간을 정보를 만들어내는 적극적 체계로 보는 반면 행동주의자는 정보를 단순히 여과시켜 전달하는 체계로만 본다. 네째, 인본주의자는 인간을 가능성과 잠재성으로 보아 미래지향적인 반면 행동주의자는 인간을 현실 그 자체로 본다. 다섯째, 행동주의자는 인간을 합리적인 것으로 보는 반면 인본주의자는 합리와 비합리라는 연속선에서 보지 않고 그 차원과 상관없는 무합리(arational)의 차원에서 인간을 보고 있다. 여섯째, 행동주의자는 인간을 절대적인 기준으로 평가하려고 하는 반면 인본주의자는 상대적 가

---

16) T.W. Wann(ed.), *Behaviorism and Phenomenology: Contrasting Bases for Modern Psychology*, Chicago, Ill.: The Univ. of Chicago Press, 1964.

17) W.D. Hitt, "Two Models of Man", *American Psychologist*, 1969, 24, 651~658 쪽.

치기준으로 판단한다. 일곱째, 행동주의자는 인간을 부분으로 떨어뜨려 놓고도 연구가 가능하다고 보는 반면 인본주의자는 인간을 전체로서 연구해야 한다고 보아 해부학적 관점을 배격하고 있다. 여덟째, 행동주의자는 인간을 과학적으로 연구할 수 있다고 믿는 반면 인본주의자는 인간이 지금까지 우리가 인간에 대해서 알아왔던 것 이상이라고 보아 과학적 연구의 차원을 넘어서고 있음을 주장한다.

이상과 같은 인간관의 대립은 어떻게 보면 절대로 만날 수 없는 평행선이라고도 보여진다. 그러나 히트는 심리학의 연구결과가 어느 한 가지 입장만을 증명해 주고 있지는 않다고 말하면서 인간의 양면성을 인정할 것을 권하고 있다. 우리는 이 두 세력의 대립이 어떻게 극복될 수 있는가는 1976년에 출간된 심포지움의 결과를 다루는 절에서 자세히 분석하기로 하고 여기서는 간단히 인간관의 수평적 조정과 통합은 불가능하다는 것을 밝히려고 한다. 인간의 양면성을 인간 자신의 부단한 투쟁으로 보는 것은 나아가서 지배와 복종, 부와 빈, 민주와 독재 같은 사회현상의 부단한 대립관계와 마찬가지이다. 보다 우월한 가치가 상위개념으로 존재하면서 그렇지 못한 실재적 가치를 자율적으로 통제하고 있어야 한다. 현실과 이상은 수평적인 평면적 관계가 아니라 수직적인 입체적 관계이기 때문에 이상을 향한 가치가 항상 현실의 가치를 이끌어야 한다. 그러한 점에서 인본주의에서 보는 인간관은 행동주의의 인간관과 대립된다기보다 그를 이끄는 이상적 계층의 관계인 것이다.

3. 행동주의 심리학의 면모

행동주의 심리학의 명칭은 다분히 이념적인 차원에서 붙여진 것이고 이론적인 입장에서 본다면 자극반응 심리학이라고 부를 수 있다. 여기서 우리가 주의할 것은 자극반응이론의 초기단계에 이루어진 연구방법과 이론을 가지고 행동주의 심리학 전체를 동물심리학으로 몰아세우는 태도이다.

자극반응 심리학은 세 단계의 발전과정을 거치고 있다.[18] 첫번째 단계는 동물심리학의 단계이다. 인간을 넓게 보면 동물체계에 속해 있으므로 동물이 보편적으로 가지는 행동의 특성을 발견하려고 하였다. 실험의 대상으로 쥐, 개, 원숭이, 비들기 등이 사용된 것을 보고 그 연구결과를 인간에 적용시키는 데 분개하는 사람들도 이 수준에서 행동주의 심리학을 비판하는 것이다. 두번째 단계는 동물로부터 얻은 연구결과를 인간에게 적용시켜 해석하는 단계로서 대체로 1940～1950년대의 경향이었다. 세번째 단계는 인간의 문제에 국한시켜서 인간의 행동을 설명하는 이론을 정립하고 연구하는 시기이다.

이 때에는 자극의 개념이나 반응의 개념이 물리적이고 해부학적이고 생리적인 좁은 의미의 것이 아니고 그 개념을 자유화시켜 이 세상에 존재하는 모든 자극과 반응을 일컫게 되었다. 따라서 지금까지 행동주의 심리학에 대한 비판도 인간을 보는 이념의 문제와 이를 연구하는 실험적 방법에 치우치게 되었으며 이론적인 측면에서는 심각한 도전은 받고 있지 않는 것이다.

여기서 우리는 행동주의 심리학의 대표적인 인물인 스키너(B.F. Skinner)의 이론과 사상을 따라가면서 행동주의 심리학이 현대 사회에서 지니는 의미를 음미하기로 하자.[19]

1904년 3월 20일 미국에서 변호사의 아들로 태어난 스키너는 1974년 정년퇴직하여 하바드대학교 심리학과의 명예교수로 있는데 살아있는 심리학자로서 그만큼 영향력 있고 논란의 대상이 되고 또 일반인에게

18) S.M. Berger and W.W. Lambert, Stimulus-Response Theory in Contemporary Social Psychology, in G. Lindzey and E. Aronson(eds.), 앞책, vol.1., 81～178쪽.
19) 자세한 것은 오세철, 「문화와 사회심리이론」, 박영사, 1982, 154～177쪽을 볼 것.

널리 알려진 사람은 없을 것이다. 나서부터 대학원에 들어가기까지 24년 동안의 자서전적 이야기는 그의 최근의 책[20]에 실려있는데 인생의 목표설정이 그의 이론인 강화일정계획(schedules of reinforcement)과 유사한 점을 발견하게 되어 자못 흥미롭다. 그가 폭넓게 책을 섭렵하고 문학과 철학공부를 한 것은 보다 인간행동을 잘 이해하기 위해서였다.

그는 1926년 대학을 졸업하고 1년반 동안 작가생활을 하였는데 마침 1927년 11월호 *New York Times Magazine*에 실린 H.G. Wells의 글을 읽고 문학을 포기하고 심리학으로 전향할 것을 결심하였다. 그것은 파블로브와 버나드 쇼우를 대조적으로 비교한 글이었는데 그 후 하바드대학원에 진학하였고 1931년 박사학위를 받게 되었다. 그 후 몇 대학으로 옮겨다니다가 1948년 하바드 심리학과로 옮겨 지금까지 남아 있다. 1948년 그는 유토피아 소설 *Walden Two*를 출간하였다. 이 소설을 이념적으로 보았을 때 죠지 오웰의 *1984*와 대조되는 논란의 대상이 되었다. 출간된지 12년 동안 대중에게 소외되었다가 팔리기 시작했다. 그의 소설이 점차 인기를 얻게 된 것은 세계가 지난 30년 동안 자원고갈, 환경오염, 인구증가, 핵폭발 등의 위험을 안게 되고 그 예방이 물리과학이나 생물과학의 기술로 가능하지 않다는 데 있다고 그는 설명한다. 규모의 거대성에 현대사회의 문제가 있다는 E.F. Schumacher의 안목을 인용하는 스키너는 조그만 공동사회의 일상생활을 그린 그의 소설 *Walden Two*가 이미 오래 전에 미래사회의 문제를 간파하고 있었다고 주장한다.[21]

지금까지 경제문제에 대한 처방으로서 소로(Henry David Thoreau)의

20) 그의 책 *Particulars of My Life*, New York: Knopf와 The Shaping of a Behaviorist, New York: Knopf, 1979를 볼 것.
21) B.F. Skinner, *Reflections on Behaviorism and Society*, Englewood Cliffs, N.J.: Prentice-Hall, 1978, 60쪽.

Walden[22]에서 제시하고 있는 것은 소비를 줄임으로써 불유쾌한 노동을 하느라고 보내는 시간을 줄이자는 것인데 사실상 대부분의 사람들은 정 반대의 처방, 즉 가능한한 소비를 늘여 모든 사람이 일을 할 수 있게 하는 것에 몰두해 있다. 스키너는 분명히 소로의 편에 서 있다. 정치 문제는 어떠한가? 어떤 사람은 방편으로 사회주의를 내세운다. 그러나 사회주의도 자본주의와 마찬가지로 성장해야 하며 그로 인하여 과잉소비와 공해의 문제를 피할 수 없게 된다. 스키너는 그의 소설에서 정치적 행위를 피할 수 있는 사회를 구상한다. 역사가는 전쟁이나 영웅에 대하여 쓸 필요가 없으며 필요한 것은 인간행동에 대한 보다 많은 지식과 그 지식을 문화설계에 이용할 수 있는 새로운 정치적 지도자와 정부인 것이다.[23]

소로는 분명히 자유를 꿈꾸는 유토피아를 *Walden*에서 그리고 있다. 그가 원하는 것을 아무때나 할 수 있는 자유로움을 가능하게 한 것은 무엇인가? 그것은 역시 환경이라고 스키너는 말한다. 통제로부터의 자유는 소로보다 이미 백년전 루소의 꿈이었지만 소로는 정치적이고 종교적인 전횡, 군대, 그리고 징벌적인 교육을 반대하고 있고 그 당시 문제를 투시한 마르크스처럼 임금노예뿐만 아니라 물리적 힘에 의존하는 노예제도에 대항하였다. 그러나 소로의 시대적 환경과 오늘날의 환경은 근본적인 차이를 지니고 있다. 낭만적 유토피아를 꿈꾸었던 소로의 꿈과 스키너의 꿈은 본질적으로 다르지 않다. 자유의 문제를 보는 시각과 그를 가능하게 하는 처방의 정교성이 다를 뿐이다.

스키너가 심리학과 특히 행동주의에 심취하게 된 것은 1920년대 *Dial*지에 실린 버트란드 러셀의 글들과 특히 *Philosophy*의 첫 부분에 행

22) 사실상 스키너는 소로의 아이디어를 Walden(one)으로 보고 자기의 아이디어를 Walden Two로 보는 대위법을 쓰고 있다.

23) 앞책, 66쪽.

동주의가 불러 일으킨 인식론적 쟁점을 왓슨보다 오히려 아주 세련되게 다루고 있음에 매료되었기 때문이다. 그의 문제상자(problem box) 속에서의 실험은 그의 스승 손다이크가 발견하지 못한 반응의 강도를 알아내었고 심리학에서의 반사(reflex) 개념이 물리학에서의 힘의 개념과 동일하다는 러셀의 말이 영향을 주었다.

왓슨(John B. Watson)이 1932년에 *Behaviorism*을 쓴 지 42년만인 1974년 스키너는 *About Behaviorism*을 출간하면서 지난 수십년 동안 행동주의를 잘못 이해하고 있는 입장을 스무 가지로 구분[24)]하며 하나하나 반박해 나간다. 행동에 대한 과학적 분석은 왓슨 이후 놀랄 정도로 발전했는데도 불구하고 비판은 변하지 않았음을 꼬집는다. 인간행동의 원인을 설명하는데 행동주의와 맞서는 것은 구조주의와 발달주의이다. 그러나 이들은 진정으로 인간이 왜 그렇게 행동하는지를 말하지 못하고 있다. 시간과 나이는 조작될 수 없으며 우리는 한 인간이나 문화가 한 단계의 발달기를 거치기를 기다릴 뿐인 것이다. 말하자면 그들은 인간이 어떻게 행동하는지를 말할 뿐이지 왜 행동하는지를 설명하지 못한다. 그러면 행동주의가 그 물음에 답할 수 있는가? 스키너는 물론 그렇다고 본다. 스키너는 방법론적 행동주의(methodological behaviorism)의 극단성을 보완하는 급진적 행동주의(radical behaviorism)를 내세우면서 정신주의(mentalism)를 포용한다. 방법론적 행동주의는 논리실증주의의 심리학적 지류이지만 논리실증주의처럼 두 관찰자가 피관찰자의 마음의 세계에 무엇이 일어나는지 동의할 수 없다고 보아 정신적 사건을 '관찰불가능한 것'으로 보는 것보다도 정신적 상태를 고려에 넣지 않고 있지만 그 존재는 인정하고 있다. 그러나 역시 자기관찰과 자각 같은 내면적 상태보

24) 보기를 들면 행동주의는 의식, 감정, 마음의 상태를 무시한다. B.F. Skinner, *About Behaviorism*, New York: Knopf, 1974, 4~5쪽.

다는 외면적 전제조건만을 강조하기 때문에 정신주의와 대립된다. 정신주의에 대한 스키너의 반박을 더 들어보자.

정신주의자의 도식에 의하면 물리적 환경이 마음 속으로 들어와 경험이 되고 행동이 마음 속으로 들어와 목적, 의도, 아이디어, 의지가 된다고 한다. 그러나 우리가 사는 세계와 정신생활은 허구이며 외부적 컨틴전시 밑에서 일어나는 외부적 행동과 비슷하게 만들어져 왔다. 사고는 곧 행동이며 추상화 개념형성은 인지적 과정으로 불리우기 쉬우나 강화의 컨틴전시를 포함한다. 흔히들 사상과 주의의 갈등을 이야기하는데 그것은 컨틴전시의 갈등일 뿐이다. 만일 사상사가 인간사고와 발달을 보여준다면, 그것은 보기를 들면 낭만주의가 고전주의로 가는 것, 또는 그 반대의 경우이기 때문이 아니라 한 가지 주의의 실천적 특징이 다른 유형의 행위를 한동안 유지하게 하는 조건을 만들어내기 때문인 것이다. 따라서 감정이나 그것이 만들어내는 이념에 매달리는 것보다는 지배적인 컨틴전시를 알아내어야 행동의 원인을 파악하는 데 도움이 될 것이다.

스키너는 마음의 생활의 지적인 측면, 즉 경험, 지각, 의도 등의 내면을 강화의 컨틴전시로 설명하면서 마음 또 하나의 국면인 본능, 충동, 감정에 대해서도 행동의 차원에서 재해석한다. 프로이트의 방어매카니즘의 개념 중에서 소망과 충동을 행동의 확률로 재해석하며 에릭슨의 자아발달단계도 느껴지거나 성찰적으로 관찰되는 조건을 창출하는 컨틴전시로 규정하고 있는 것이다. 그리고 개인의 사회성을 강조한다는 점에서 마르크스나 다른 사람의 견해에 동조하지만 분열되고 소외되는 것이 의식이 아니라 바로 행동이라는 점을 주장함으로써 그 나름대로의 소외개념을 제시하고 있다.[25]

스키너가 이야기하는 자아관계는 자아성취와 자아실현의 개념과 유

25) 윗책, 149쪽.

사하다고 볼 수 있는데 자아성취는 제약조건을 피하고 적극적 강화제를 발견하는 과정이며 자아실현은 근접적 환경으로부터 자유로와지기 위하여 유전적 및 환경적 역사를 극대화시키는 과정이라고 풀이한다. 인간이 도덕적이고 윤리적 감각을 발전시켜 왔기 때문에 다른 동물보다 우월하다고 말하는데 발전되어온 것은 인간이 부분적으로 다른 사람에 대한 역할에 의해 결정되는 방식으로 행동하는 사회적 환경이며 정말 필요로 하는 것은 인간이 도덕적이라고 불리우는 방법으로 행동하는 사회적 환경을 회복하는 길인 것이다. 통제에 대해서 염오를 느끼는 사람들은 오히려 행동보다 마음을 바꾸려는 의도 속에 통제가 숨겨져 있다는 것과 그 행동의 통제가 교육, 정신치료, 종교 부분에서 숨겨지거나 위장된다는 사실을 깨달아야 한다고 말한다.

그러면 스키너가 주창하는 가치와 민주주의는 무엇인가? 그가 1971년 *Beyond Freedom and Dignity*를 출간하자 그의 이름이 누구의 입에나 오르게 되었다. 서구 민주주의를 구현할 수 있는 방법은 오로지 행동의 공학에 있음을 다시 한번 천명한 책이다. 자유를 위한 투쟁은 인간을 염오적으로 통제하려는 자로부터 도피하거나 공격하는 것이다. 사실상 이 때문에 자유를 주창하는 문헌들은 정치, 종교, 교육, 가정생활과 재화생산에 있어서 수많은 역사적 실제를 제거시키는 데 공헌한 것이 사실이라고 그는 말한다. 그러나 그럼에도 불구하고 그 방법을 마음이나 감정의 상태를 변경하는 데 두었고 자유를 하나의 '소유'라고 보았다는 데 문제가 있다고 본다.[26)]

무엇을 원하는 것은 감정이 아니며 감정은 또한 원하는 것을 얻기 위하여 행동하는 이유가 아니다. 자유라는 것도 컨틴전시가 만들어내는 감정이 아니다. 강화의 컨틴전시 자체인 것이다. 또한 「행복한 노예보

26) B.F. Skinner, *Beyond Freedom and Dignity*, New York: Knopf, 1971, 32쪽

다 의식있는 노예가 되는 것이 낫다」는 생각이 있는데 이 주장도 염오적 통제를 '깨닫게' 해주기는 하나 방법의 선택에 있어서 행복한 노예를 구원하는 데 실패하는 것이다. 문제는 통제로부터 인간을 자유롭게 하는 것이 아니라 특정한 종류의 통제로부터 자유롭게 하는 것이며 이를 위하여 행동의 과학적 분석이 필요한 것이라고 주장한다. 이러한 의미에서 볼 때 물리적이고 생물학적 기술은 주로 자연적인 염오적 자극에 관련되어 있으며 자유를 위한 투쟁은 다른 사람들에 의해 의도적으로 만들어진 자극과 관련되어 있다고 볼 수 있다. 존엄성의 문제는 자유의 문제와 달리 적극적 강화와 관련을 맺는다. 대체로 존엄성을 주장하는 문헌들을 보면 행동기술을 포함한 모든 기술의 발전이 존경받을 기회를 파괴하고 행동의 기본 분석이 존엄성을 쌓아온 인간행동을 다르게 설명할 가능성이 있기 때문에 행동공학을 반대하는 것이다. 그들은 모든 통제가 환경에 의하여 행하여지며 더 나은 인간보다 더 나은 환경을 설계해야 한다는 사실을 용납하지 않는다. 자율적 인간의 자유와 존엄성은 오로지 비염오적 통제에 약한 형태가 사용될 때에만 보존된다. 다른 사람의 선을 위한 의도적 통제는 특히 종교적, 정치적, 경제적, 교육기관에 의해 이루어질 때 더욱 강력해진다. 행동의 기술도 행동의 염오적 결과를 성공적으로 감소시키고 성취를 극대화시킬 수 있음에도 불구하고 자유의 신봉자들은 그 사용을 반대하고 있다. 누가 무슨 목적으로 더 효과적인 기술을 사용할 것인가는 가치의 문제일 것 같지만 이는 사실 강화요인에 관련된 것이다.[27]

행동수정(behavior modification)을 주장하는 여러 가지 접근방법은 모든 행동이 조건을 변화시킴으로써 변화시킬 수 있다는 점에 동의하고 있다. 이러한 기술은 윤리적으로 중립적인데 이는 그를 사용하는 자가

27) 윗책, 125쪽.

악인일 수도 있고 성인일 수도 있음을 의미한다. 또한 사회환경인 문화는 행동분석에서 사용되는 실험적 공간과 비슷하다. 실험에서는 무엇이 일어날 것인가에 관심이 있다면 설계하는 데는 그것이 제대로 작용할 것인가에 관심이 있다. 자유와 존엄성을 주장하는 문헌들은 모든 통제적인 실천을 억압하는 방법으로 역통제수단을 강조하고 있지만 통제가 염오적 결과를 가져오지 않는 경우에도 통제를 반대한다. 그러나 통제권력의 오용을 방지하기 위하여는 통제자 자신을 쳐다볼 것이 아니라 그 통제자가 통제하고 있는 컨틴젼시를 바꿔야 할 것이다.

통제하는 자와 통제받는 자의 관계는 순환적이다. 비둘기의 행동을 연구하는 실험실의 과학자는 컨틴젼시를 설계하고 비둘기에 대한 통제를 하지만 우리는 비둘기에 의해 행사되는 통제를 간과해서는 안 된다. 즉 비둘기의 행동은 실험장치의 설계를 다시 하도록 만드는 것이다. 독재국가, 도박, 해로운 약물판매 등이 「도덕적으로 잘못 되었다」는 말은 어떤 절대적 가치 때문이 아니라 그들이 만들어내는 염오적 결과 때문이다. 이처럼 통제와 역통제의 상호작용은 문화의 전환에 필연적인 요소이다. 자유와 존엄성을 주장하는 사람들이 역통제를 통제의 실제로 교정하는 것으로 보기보다는 억압으로 보고 있는 것은 이러한 상호작용을 방해하게 된다.

의식은 사회적 산물이기 때문에 자율적 인간의 영역에서만 다루어질 수 없다. 인간은 두 가지 자아를 가지고 있다. 통제하는 자아는 다른 사람의 이해관계를 나타내고 통제받는 자아는 개인의 이해관계를 나타낸다. 인간이 개 이상의 것이지만 개와 같이 과학적 분석의 영역에 포함되며 법칙적으로 행동하는 복잡한 체계라는 점에서 기계와 같지만 그 복잡성은 보통 이상인 것이다.[28]

28) 원책, 201~202 쪽.

자유와 존엄성을 넘어서는 문화의 생존문제에 접근하는 스키너의 태도는 극도로 일관성있는 논리 위에 근거하고 있음을 우리는 위의 논의에서 살펴보았다. 특히 의식의 사회성, 통제와 역통제의 순환성의 개념은 심리학적 원자주의와 일방적 인과성을 배제하고 있는 중요한 논거점이 되고 있다. 오늘날 세계에서 점차 퇴색하고 있는 민주주의의 장래를 걱정하면서 민주주의를 재건하기 위한 적극적 강화가 징벌이라는 억압적이고 공격적인 수단을 사용하지 않고 있음을 내세운다. 또한 이러한 통제가 정치적 및 경제적 기관에 위양되는 것을 막고, 대면(face-to-face) 통제를 강화하는 데서 이루어져야 함을 주장함으로써 전통적으로 염오적 통제에 의존해 왔던 방법을 비판하고 있다. 민주주의를 구원하고 문화를 생존시키기 위하여는 전통적으로 주장되어온 내면적 결정론, 즉 자율적 인간에 기대하는 방법으로는 문제해결이 되지 않음을 끈질기게 설명하고 있는 것이다.

칼 로저스는 행동과학에 의한 행동이해, 예측 및 통제의 급속한 팽창에 경악을 금치 못하면서 특정한 행동을 나타내는 개인의 선택, 예측 가능한 집단행동으로 이끄는 집단조건의 확립 등이 더 나아가서 동물과 인간과의 관계까지도 예측·통제되는 미래를 두려워한다. Gordon Allport도 죽기 전 1965년 9월 미국심리학회에서 행한 회장연설에서 합리적 목적을 갖지 않은 경험주의의 팽배를 경고하고 있다.[29] 물론 스키너는 로저스에 대한 반론에서 인간이 자유롭다고 믿는 사람들의 주장과 자기의 주장이 대립된다고 보지 않음을 설명하고 있으나 자유의 실체는 경험적 방법으로 증명되거나 지각될 수 없다는 근원적인 반론이 현상학자들에 의해 다시 이루어지고 있다.[30] 결국 이들의 한결같은 비

29) James J. Dagnenais, *Models of Man: A Phenomenological Critique of Some Paradigms in The Human Sciences*, The Hague: Martinus Nijhoff, 1972, 11쪽.
30) Slephan Strasser, *Phenomenology and Human Sciences*, Pittsburgh, 1963, 285쪽.

판은 스키너의 행동주의가 극도로 편협한 정밀주의이며 심리학으로부터 인간의 주체를 제거시키고 있는 사실에 집중되고 있다.

고전적 행동주의를 극복하고 보다 폭넓은 사회적 성격의 쟁점을 포용한 스키너의 수정주의를 어느 정도 긍정적으로 보는 D.N. Robinson은 스키너의 주장이 지성적인 진공상태에서 나온 것이라고 보지는 않고 오캄, 흄, 다윈, 밀 그리고 제임스에 이어지는 것으로 본다. 또한 과학으로서의 심리학이 과학주의를 표방하고 19세기의 종교주의를 대체하는 지성사적 배경을 이해할 필요가 있다고 본다. 이러한 학문의 시대적 배경을 업고 나타난 행동주의는 두뇌나 마음을 이야기하지 않고도 이론적 틀을 형성할 수 있었는데 마음은 철학에, 몸은 생물학에 그리고 퍼스낼리티는 임상가들에 맡기면 되었던 것이다. 인본주의자들은 이를 '비인간화시키는' 심리학으로 저주하였고, 신학자는 무신론으로, 윤리학자는 비윤리적인 것으로, 비행동주의 심리학자는 환원주의로 몰아세웠다. 영국의 경험주의 전통 속에 있는 철학자들은 어쩔 수 없었고 헤겔의 전통 속에 있는 철학자들은 어처구니 없었다. 어쨌든 끈질긴 비판의 초점은 행동주의가 인간행동의 합리적이고 의도적인 요소를 인식하지 못하고 있다는 점이며 행동의 환경적 원인(causes)은 발견해도 행동의 사적인 이유(reasons)는 무시한다는 것이다.

강화요인에 선행하는 반응하는 확률을 변화시킬 때마다 X는 강화요인이란 스키너의 이론은 두 가지 결점을 가지고 있다. 하나는 거꾸로의 인과론(backward causation)이 불가능하다는 것이며 두번째는 무한정한 자극제가 가득찬 환경적 공간에 효과적 자극을 선택하기가 불가능하다는 사실이다. 또 한 가지는 유물론과의 연관성인데 행동주의와 유물론은 자율적 인간을 거부한다는 점에서 공통점을 가지고 있다. 즉 둘은 모두 자율적 인간관을 신비주의, 종교주의, 미신적 묵상에 빠져있다고 판단한다. 그러나 무엇에의 자유로서의 자율과 무엇으로부터의 자유로서의 자율과는 구분되어야 하며 은유와 은유가 나타내려는 사실과는 구분되어야 한다. 그런데 행동주의는 이 두 가지의 구분에 실패하고 있는 것이다.[31] 사실상 과학은 유토피아를 창조하는 데도 실패하였고, 마음의 문제를 해결하는 데도 실패하였으며, 새로운 도덕성을 마련하는 데도 실패하였다. 물론 이러한 실패는 과학이 지니는 한계를 의미하는 것이며 과학적 심리학의 불완전성은 바로 인류문명 자체의 불완전성을 의미한다.

스키너의 급진적 행동주의가 물활론이나 허깨비를 성공적으로 피할 수는 있지만 개인이 환경을 심리적으로 변환시키는(transform) 정보선택자라는 점과 개인과 환경이 계속적으로 상호작용한다는 점을 간과하고 있음을 지적하고 있는 미쉘은 환경적 극단론이 지나치게 환경을 강조하고 있기 때문에 비난의 대상이 되고 있다고 이야기하고 있다.[32] 결국 가장 철저한 행동주의자인 스키너도 목표를 선정하는 '자유'를 은연중에 그 이론에 내포하고 있으며 그 자신 자원주의자의 면모를 보이고 있는 것이다. 즉 무엇이 환경통제자 자신을 통제하는가 하는 점이다. 또한 스키너는 문화적 생존을 그의 최종적 목표를 보고 있는데 사회적 환경을 문화로 보는 단순한 문화적 생존은 만일 비염오적 통제가 이 세상에서 가능하지 않을 경우 히틀러같은 전체주의적이고 억압적 체제를 논리적으로 받아들이는 오류를 범할 수 있을 것이다.

아들을 혹독한 규율로 키우려고 했던 Dr. Schreber와 스키너를 비슷하게 평가하는 M. Schatzman은 스키너가 인간, 마음, 그리고 사회

---

31) Daniel N. Robinson, *An Intellectual History of Psychology*, New York: Macmillan, 1976, 410~411쪽.

32) Walter Mischel, The self as the person: A Cognitive Social Learning View, Abraham Wandersman, Paul J. Poppen & David Ricks(eds.), *Humanism and Behaviorism: Dialogue and Growth*, New York: Pergamon Press. 1976. 147쪽. 그러나 스키너는 일방적 인과론만을 주장하고 있지는 않다.

에 대하여 과학적 웅변으로 무장하고 있는 것처럼 보이지만 그를 지지할 과학적 근거를 지니지 못하고 있음을 지적하고 있다. 가족에서의 박해와 정신질환과를 연계시키는 그는 Dr. Schreber의 독일, 나치, 소련 그리고 스키너의 '유토피아'를 동일선상에 놓는다.[33)]

스키너를 향한 저주와 비판의 초점은 대체로 이론적 차원의 비판보다는 이념적 차원과 방법론적 차원에 있다. 민주주의 쇠퇴가 자유와 존엄성을 못지키기 때문인지 아니면 스키너의 적극적인 강화방법을 채택하고 있지 않은 때문인지를 분명히 따져봐야 할 것이다. 스키너는 1979년 자서전(The Shaping of a Behaviorist)을 내고 옛날 하바드대학에 다닐 때 그에게 영향을 주었던 사건들을 자세히 기록하고 있다. 음악과 문학에 심취하던 그가 실험실 속의 쥐를 실험하는 차디찬 심리학자로 변모하여 자유주의자 못지 않게 오늘날의 민주주의를 걱정하는 77세의 스키너는 분명히 몇 명되지 않는 심리학자요, 사상가 중의 하나이다. 환경의 중요성이 더욱 강조되는 산업사회의 전환점에서 그의 문화설계의 전략이 요망되고 있는 것도 사실이다. 비판에 강하고 처방에 약한 자율적 인간관을 신봉하는 사람들보다는 그의 적극적 처방이 이 세상을 구원할지도 모른다. 그러나 우리가 지나쳐서 안 될 일은 그의 가치중립적 방법론이 현실적으로 좋지 못한 의도를 가진 자들에 의해 악용될 수 있다는 가능성이며 설사 완벽한 설계를 했다고 하더라도 그 설계자를 통제할 수 있는 강화의 컨틴전시는 누가 만들 것인가라는 의문에 도달하게 되고 결국 최종적인 자율성에 의존할 수밖에 없다는 점이다.

물론 어떻게 보면 염오적 결과를 가져오지 않는 통제방법을 사용한 통치자나 제도가 이 세상에 존재해 왔느냐 하는 더 비관적인 견해에 입각

---

33) Morton Schatzman, *Soul Murder: Persecution in the Family*, New York: The New American Library, 1974, 149쪽.

한다면 그가 주창하는 적극적 강화수단이 이 사회에 절실하게 요구된다고도 볼 수 있다. 그러나 다시 뒤집어 생각하면 *Walden Two* 보다 *1984* 년에 가까운 것이 우리의 현실이라면 역통제의 힘을 강화시키는 인간의 자유와 존엄성이 더 시급한 문제라고 생각한다.

4. 인본주의 심리학의 면모

행동주의 심리학자들이 실험심리학을 고수하고 인간행동의 보편적 법칙성을 추구한다면 인본주의 심리학자들은 정신의학에 속한 임상가들이고 실천가들이라고 볼 수 있다. 특별히 인본주의 심리학쪽에서는 내면적인 자율적 자아의 개념을 중요하게 생각함으로써 자극에 대한 반응의 누적치만으로 자아를 생각하는 행동주의자들과 대조를 이룬다. 여기서 자아의 개념을 좀더 세분하여 설명하고 인본주의 심리학의 대표적 인물인 마슬로우(A.H. Maslow)의 이론을 검토하기로 한다. 첫번째 자아의 유형은 거울로 보는 것이다. 이는 쿨리의 looking glass self 의 개념으로서 인간의 의식을 강조하는 반성적인 자아를 뜻한다. 두번째는 자아를 빙산으로 보는 경우로서 무의식을 중요시하는 프로이트심리학의 개념이다. 세번째는 자아를 양파로 보는 개념으로서 현대적인 상황인을 나타내주는 고프만의 인상경영이론과 연관되어 있다. 진정한 자아가 없고 그때그때 상황에 따라 겉을 달리하는 자아를 의미한다. 네번째는 자아를 선택하는 자로 보는 견해인데 이는 실용주의에서 보는 존 듀이의 생각과 연관되어 있다. 다섯번째는 자아를 아는 자로 보는 견해인데 철학적 심리학의 입장이다. 여섯번째는 자아를 진공으로 보는 입장으로서 스키너의 개념이다.[34] 인본주의 계열에서 보는 견해는 거울, 선택자, 아는 자로

34) M. Brewster Smith, *Humanizing Social Psychology*, Sanfrancisco: Jossey-Bass, 1974, 180~190 쪽.

보는 적극적 주체와 의식을 강조하는 입장에 속한다고 볼 수 있다.

인본주의 심리학의 진영에서 가장 두드러진 인물은 마슬로우이다. 특히 그의 자아실현(self-actualization)의 개념은 인간욕구의 최고의 발달단계로서 자율적 인간의 이상형으로 간주되어 있다. 그는 정신의학자로 이미 권위주의 성격의 부정적 측면을 규명한 바 있는데 자아실현의 개념도 역시 역사적으로 존재해 왔던 몇 사람의 사례연구에서 공통점을 발견하게 된다. 즉 말기의 링컨, 토마스 제퍼슨, 아인슈타인, 엘리노아 루즈벨트, 제인 아담스, 윌리암 제임스, 슈바이처, 헉슬리, 스피노자가 그의 분석대상이었다. 그는 자아실현적 인간에 나타나는 공통적인 성질을 다음과 같이 열거하고 있다.[35] 첫째는 자아, 타인 그리고 자연을 받아들이는 심성이고, 두번째는 자발성, 단순성, 그리고 자연스러움이다. 세째는 문제의 중심을 파고들 수 있는 능력이며, 네째는 초연할 수 있는 질이다. 다섯째는 자율성, 문화와 환경으로부터의 독립의지, 그리고 적극적 주체이며, 여섯째는 기쁨의 문제를 이해하는데 자꾸 신선함을 받아들이는(confinued freshness of appreciation) 것이다. 일곱째는 신비적 경험, 절정경험(the peak experience)이며, 여덟째는 인류애를 공감할 수 있는 능력(Gemeinschaftsgefühl)이다. 아홉째는 대인관계능력이며, 열번째는 민주적 성격구조이다. 열 한번째는 수단과 목적, 선과 악을 구별할 수 있는 능력이며, 열 두번째는 철학적이고 비적대적인 유모어 감각이다. 열 세번째는 독창력이며, 열 네번째는 문화에의 집착을 저항할 수 있는 능력이다.

마슬로우를 포함한 임상가들이 지니는 문제는 자기들이 임상적으로 관찰한 몇몇 사례를 근거로 하여 귀납적인 방법으로 보편적인 큰 이론

---

35) A.H. Maslow, *Motivation and Personality*(2nd ed.), New York: Harper & Row, 1970, 149~150쪽.

(grand theory)을 내려는 데 있다. 마슬로우가 연구한 자아실현적 인간들도 대부분 미국의 대통령이며 그외 몇몇 학자들이 들어있다. 조금 구체적으로 마슬로우의 이론이 가지는 문제점을 보기로 하자. 그의 욕구이론을 보면 생리적 욕구, 안전욕구, 사랑욕구, 자존의 욕구, 그리고 자아실현의 욕구로의 단계적 발달을 말하고 있는데 단계와 단계의 구조적 단절성을 설명하지 못하고 있다. 말하자면 그의 개념 속에는 인간을 생물학적 연속선으로 보는 관점이 깔려있고 왜 욕구의 단계가 구조적으로 단절되는가를 법칙성으로 설명하지 못한다. 따라서 그의 생각 밑에는 다분히 쾌락주의적인 면이 깔려있는 것이다. 그의 절정경험의 개념 속에도 생물학적이고 감각적인 본능의 회열이 은근히 들어가 있다고 볼 수 있다.

또한 마슬로우는 인간의 문제를 개인의 차원에 묶어둠으로써 비역사적이고 비사회적이고 비정치적이라는 비판을 받을 수 있다. 자아실현을 시킬 수 있는 거시적인 구조의 문제를 보지 않고 개인적 측면에서만 자아실현이 가능한 것으로 보는 것이다.[36] 또한 그의 자아실현적인 인간은 현대 사회에서 성공할 수 있었던 사람을 두둔하는 입장에 있기 때문에 현대 사회가 가지는 구조의 문제를 주어진 것으로 보고 그러한 구조 속에서 실패한 사람은 결국 그의 개인적인 능력이 부족한 것으로 단정하는 오류를 범하고 있다. 요즈음 사회과학에서는 희생자를 비난하는 (blaming the victim) 이론들에 대해서 반격을 가하고 있는데 이는 희생자가 희생된 이유가 그 자신에 있다기보다 더 거시적인 사회구조에 있다고 보는 견해를 가지고 있기 때문이다. 따라서 현대 산업사회에서 성공한 자만을 자아실현적이라고 보는 견해는 비윤리적이라고 볼 수 있다.

임상가들을 중심으로 한 인본주의 심리학이 어떻게 스스로를 극복

36) M. Brewster Smith, 앞책, 177쪽.

하고 더욱 참다운 인본주의를 구성할 수 있겠는가를 이야기하기에 앞서서 인본주의 심리학의 장점과 단점을 몇 가지로 정리하기로 한다.[37] 인본주의 심리학의 장점으로는 첫째, 실제로 인생을 경험하는 인간의 문제를 다룬다는 점이다. 이는 행동주의 심리학이 실험실을 중심으로 추상화된, 현실과 괴리된 인간문제를 다루는 것보다는 오히려 인간의 실재에 가깝게 접근할 수 있다. 둘째, 인본주의 심리학이 예술과 문학의 영역까지 포용함으로써 그들이 사용하고 있는 방법론을 채용할 수 있다는 점이다. 세째로 인본주의 심리학은 건강한 인간의 문제를 다루어 이상주의적인 인간관을 지향하고 있기 때문에 프로이트심리학이 가졌던 인간관보다 더욱 고차원에 있다는 것이다. 네째, 인간의 매일매일의 일상생활에서 문제를 발견하려고 한다는 점이다. 그러나 인본주의 심리학이 지니는 결함은 첫째, 인본주의라는 말과 과학적이라는 말을 항상 대립되는 이분법으로 놓고 보기 때문에 영원한 평행선을 극복할 수 없다는 것이고, 두번째로 인본주의 심리학은 이론이나 방법론의 측면에서 아직 덜 세련되어 있다는 점이며, 세번째 단점은 이상과 현실의 간격을 메꾸는 데 실패하고 웅변으로 끝나는 경우가 많다는 점이다. 즉 이상적인 기준으로 비판은 하지만 그 현실을 바꿀 수 있는 구체적 대안의 제시에는 약하다는 점이다. 네째로 인본주의 심리학자들은 인간의 정서적이고 감정적인 측면을 지나치게 강조함으로써 지적 기능을 마치 비인간화의 경향과 같은 것으로 간주하려는 경향이 있다는 점이다. 이성적 비판은 오히려 지적 기능을 바탕으로 하는데 감정에 기반을 둔 비판은 오히려 또 하나의 교조성(dogma)을 만들 수 있는 위험을 스스로 안고 있는 것이다.

---

37) A. Giorgi, "Vico and Humanistic Psychology", *Social Research*, 1976, 겨울, 43, 727~738쪽

그러면 이러한 약점을 지니는 인본주의 심리학을 극복할 수 있는 방향은 무엇인가? 나는 그 방향을 세 가지로 구분하는데 첫째 방향은 보다 거시적인 역사이론을 포용하는 방향, 둘째 방향은 보다 이론적인 발달이론과 만나는 방향, 세째 방향은 실존주의 철학과 만나는 방향으로 본다.

지금까지 인본주의 심리학이 지나치게 개인적 차원에 머물러 보다 거시적인 틀(역사, 사회 등) 속에서 인간성의 발달문제를 보지 못했다는 점을 지적하였는데, 이러한 약점을 극복할 수 있는 새로운 방향으로서 17세기 이태리 역사학자 비코(G Vico)의 이론적 틀을 들 수 있다. 비코는 7개의 고대 국가의 역사를 분석하면서 표면적인 국가발전의 현상뿐만 아니라 역사의 내면적 법칙을 발견하려고 하였고 인류역사의 방향이 인류의 인간성(humanity)의 발달과 궤를 같이 하고 있음을 주장하였다. 따라서 인본주의 심리학이 자아실현을 향한 개인의 발달에 머물 것이 아니라 인류역사의 발전이라는 거시적 맥락 속에서 인간성이 꽃을 피우는 방향을 생각해야 함은 당연한 일인 것이다. 또한 인본주의 심리학이 방법론으로도 성숙하지 못했다는 비판을 받고 있는데 이는 곧 과학적인 인본주의 심리학(scientific humanistic psychology)의 정립을 뜻하는 것이었다. 여기서 우리는 현상학(phenomenology)이 취하는 방법론적 입장이 곧 비코의 입장과 유사하며 과학으로서의 역사의 법칙성을 보았던 그의 생각에서 인본주의 심리학의 방법론을 채용할 수 있다고 본다. 즉 비코나 현상학은 모두 역사나 사회현상을 기술하는 데 있어서 기술하는 자의 의식의 구조(structure of conscionsness)를 중시하고 있으며 또한 진리가 인간의 생활세계(lebens welt)에 있다고 생각하고 있고 어떤 현상에 접근하는 데 있어서 기원(genesis)을 강조함으로써 능동적 주체로서의 인간을 고려에 넣고 있다는 공통점을 지니고 있다.[38] 따라서 비코의 역사이론

38) 윗글.

이나 현상학적 방법론은 인본주의 심리학이 보다 넓고 과학적인 이론이 되기 위하여 받아들여야 할 중요한 이론적인 틀인 것이다.

두번째로 인본주의 심리학은 심리학의 틀 속에서 평가할 때에도 구조를 잘 설명하지 못하는 비판을 받고 있다. 즉 인간의 발달관계를 설명하는 데 구조적 단절성(유형의 변화 〈type change〉)을 설명하지 못하여 생물학적 연속성에 머물러 있음을 보았다. 따라서 이를 극복하기 위하여는 심리학의 이론적 틀 속에서 구조를 잘 설명하고 있는 발달이론(developmental theory)을 포용하는 것이 필요하다. 더구나 발달이론의 입장은 조금 전에 언급한 비코의 생각과 비슷하여 주목을 끈다.[39] 로렌스 콜버그(L. Kohlberg)는 도덕성의 발달단계를 크게 preconventional, conventional, postconventional로 나누고 다시 이를 세분하여 preconventional 속에 ① heteronomous morality, ② individualism and instrumental purpose를, conventional 속에 ③ mutual interpersonal expectations and interpersonal conformity, ④ social system conscience를, postconventional 속에 ⑤ social contact and individual rights ⑥ universal ethical principle를 포함시키고 있다. 이러한 도덕성의 발달단계는 비코의 인간성의 발달단계와 유사한데, 즉 preconventional은 비코의 시인 본성(poetic nature)과, conventional은 영웅본성(heroic nature)과, 그리고 postconventional은 완전히 발달된 인간성(intelligent and hence modest, benign, and reasonable, recognizing for laws, conscience, reason and duty)과 대조를 이룬다. 이처럼 발달단계에 대한 보다 법칙적이고 과학적인 뒷받침이 있는 이론들을 인본주의 심리학에서 포용한다면 더욱 이론다와질 것이다. 여기에 쟝 삐아제의 발

39) A. Blasi, "Vico, and Developmental Psychology and Human Nature", *Social Research*, 1976, 겨울, 43, 672~687쪽.

달이론도 포함될 수 있다.

세번째로 인본주의 심리학은 보다 사상적인 기반을 분명히 할 때 더욱 한계점을 극복할 수 있는 것이라고 본다. 우리는 이 세력을 실존심리학(existential psychology)이라고 부르고 이들 이론을 보다 거시적인 안목으로 극복한 반정신의학(Anti-psychiatry)의 입장이라고 부른다. 여기서 나는 반정신의학의 대표적인 인물로서 랭 (R.D. Laing)을 조금 자세하게 소개하면서 인본주의 심리학의 극복의 방향을 제시하려고 한다.[40)]

로날드 데이빋 랭은 1927년 영국 글라스고우에서 태어나 글라스고우대학에서 의학공부를 했고 줄곧 정신의학자로 정신치료에 임하고 있다. 그의 사상을 우리는 실존적 휴머니즘과 반정신의학의 두 줄기로 나누어 본다. 하나는 Ludwig Binswanger(1881~1966)와 Medard Boss(1903~) 등의 유럽현상학파를 중심으로 한 실존심리학의 사상이며 다른 하나는 싸르트르, 베케트, 틸리히, 하이덱거 등의 철학자 및 예술가의 인간사상이다. 물론 이 두 줄기는 실존적 인간이라는 공통사상을 밑바닥에 깔고 있다. 특히 하이덱거는 실존철학과 심리학 및 정신의학을 연결시키는 교량역할을 하였으며 존재와 세계가 하나라는 존재의 마당이론(field theory)의 형성에 공헌하였다. 실증심리학을 현상학적 방법을 사용하는 인간존재에 대한 실증과학으로서 심리학에 자연과학의 인과율을 적용하는 것을 반대하며 논리실증주의, 결정론, 물질주의를 배격한다. 그리고 기술관료주의, 기계화로 인한 인간의 소외와 분열에 대항하는 사회비평의 입장을 지닌다. 유럽의 실증심리학자들은 치료상황에서 많은 사람들과 강도있게 접촉함으로써 보다 폭넓은 인간관을 발전시킬 수 있었으며 그로 인하여 전통적 정신분석에 강렬한 반발을 보이고 있다. 이들은 심리

---

40) 보다 자세한 것은 오세철, 「문화와 사회심리이론」, 박영사, 1982, 178~203쪽을 볼 것.

하여 실존주의와 현상학을 동일선상에 놓고 있으며 실존주의야말로 이론적으로 소멸해가는 인간과학을 소생시킬 수 있는 돌파구로 보고 있다. 실존적 불안정(ontological insecurity)에 대한 랭의 인식은 기본적으로 실존심리학의 입장과 같으며 그가 28세에 쓴 *The Divided Self*에서 보여주는 것은 전통 정신의학의 역사성에 대한 의문으로부터 출발한다. 인간의 육체는 개인의 실존적 핵심으로서 보다는 세상의 다른 객체 중의 하나의 객체로 느껴지며 인간은 (자아/육체)⇄다른 사람이라는 관계 대신에 자아⇄(육체—다른 사람)이라는 등식으로 대체되는 상황에 직면하게 된다.[41] 세계와 자아에 대한 실재는 자아와 타인 사이의 직접적 관계에 의하여 가능해지나 육체만이 타인과 상호작용하는 분활된 자아의 상황은 끝없는 악순환을 하면서 실재와 괴리된, 죽은 경험으로 남게 되는 것이다. 이 때 내면적 자아는 환상과 관찰에 전념하면서 지각과 행위과정을 관찰하게 되므로 경험은 직접적으로 이러한 자아와 밀접할 수 없게 되고 개인의 행위도 자아표현으로 나타나지 않는다. 세계와의 직접적 교환관계는 자연히 허위자아체계(a false-self system)의 영역에 속하게 된다. 자아의식은 스스로 자기 자신에 대한 의식인 동시에 다른 사람의 관찰의 대상으로서의 자기 자신에 대한 의식인데 이러한 의식 사이의 분열은 실존적 죽음이나 고도의 정신건강의 형태로 표현된다. 정신분열은 정신질환이 아니다. 자연스런 심리치료 과정의 단계이며 우리의 문명에 의해 가리개로 감추어진 또 하나의 실재의 반영이라고 볼 수 있다.[42]

유럽의 실존심리학의 영향을 받은 랭은 싸르트르의 실존사상에 가장 많은 역할을 받았다고 볼 수 있다. 그의 사상적 동료인 데이빋 쿠퍼와 같이 쓴 「이성과 폭력」은 싸르트르의 실존철학 10년을 해설하는 글

41) R.D. Laing, *The Devided Self*, Pantheon Books, 1969, 86~87쪽.

42) Peter Sedgwik, R.D. Laing: Self, Symptom and Society, R. Boyers(ed.), ***Laing and Anti-Psychiatry: Salmagundi Specials***, Penguin, 1972, 35~37쪽.

로서 랭의 인간연구에 대한 방법론적 관점과 현대 사회의 인간의 물상화로 인한 자아의 분열에 대한 미학적 인식은 모두 싸르트르 사상과 깊은 연관성을 지닌다. 싸르트르에게는 역사의 마지막 전체성(totality)이 있는 것이 아니라, 오로지 전체화—비전체화—재전체화 만이 있을 뿐이다. 그는 분석적 이성이 한동안 유럽 사회가 구조를 이루어온 방식의 반영으로 보며 어떠한 분석-실증적 이성의 변환의 형태로도 오늘날의 소외의 형태를 이해할 수 없다고 본다. 전체와 전체화는 구분되어야 하고 전체화 과정이 바로 인간의 중요한 경험인 것이다. 이러한 의미에서 소외의 한 형태로서의 자본주의 과정은 인간에 의한 물질의 지배, 다른 사람을 통한 물질에 의한 인간의 지배를 나타낸다. 따라서 전통적 마르크스주의에서 결여된 중개과정을 전체화의 개념 속에서 인식할 수 있어야 한다. 「이성과 폭력」에서 보여주는 랭의 생각은 싸르트르의 프로젝트(project)의 개념과 일치한다. 프로젝트는 현재조건 아래 존재하는 모든 가능성 중에서 이루기를 원하는 것을 선택하는 것이나 주체인 인간은 주어진 조건을 넘어설 수 있으며 물질적 조건에 매어있다 하더라도 그것을 변경시킬 수 있다고 본다.

한 개인의 참모습은 타인에 대한 그의 참모습으로부터 완전히 구성될 수 없으며 그 자신에 대한 그의 모습, 타인이 그에게 부여하는 모습, 그가 타인에게 부여하는 모습, 그리고 타인이 그에게 부여한다고 그가 생각하는 모습이 연속적으로 인간의 참모습을 결정한다고 보는 그는 자아의 모습(내 자신에 대한 나의 견해)과 메타아이덴티티(나를 보는 당신의 견해에 대한 나의 견해)의 관계를 다음과 같은 대인지각의 나선적 형태로 본다.

> 나는 너를 좋아하고 너도 나를 좋아한다. 그러나 나는 네가 나를 좋아하는지 모른다. 그러나 내가 너를 좋아하는 것을 네가 안다는 사실을 나는

알고 있다. 그리고 네가 나를 좋아하는지 내가 모르는 것을 네가 알고 있는지 나는 모른다.[43]

분열된 자아의 내면적 공간으로의 여행을 권장하면서 다시 한번 새로운 자아의 소생과 실존적 재탄생을 이룩하는 길로서의 정신분열적 경험을 완수하는 장소를 제공하기 위하여 랭은 런던 동쪽에 킹슬리 홀(Kingsley Hall)을 1965년에 설립하고 정신분열환자의 치료공동사회를 운영하고 있다.[44] 이를 기점으로 랭의 사상은 정통정신의학과 정면으로 대립하는 동시에 그의 종전의 생각과도 대립하게 된다. 여기서 랭의 사상이 모순된 것같이 보이는 두 가지 방향으로 전환되는데 하나는 사회적 맥락의 중요성이 강조되는 것이고 다른 하나는 더욱 신비화의 경향을 띠는 점이다. 그는 단순한 가족의 미시적 세계에 대한 비판뿐만 아니라 본능과정을 억압할 뿐더러 어떤 초월의 경지도 억압하는 일차원적 인간의 문명이라는 넓은 사회적 질서를 문제삼으며 인간이 다른 사람에 대한 통제와 권력을 행사하는 정치적 질서를 중시한다. 자아와 타인과의 관계는 항상 관련된 사회체계 내에서 인식하여야 하며 비판이론은 인간으로서의 실존적 구조에 대한 전체적 시야를 가지고 모든 이론과 실제를 포용해야 한다. 그러나 대부분의 사회과학은 인간경험의 신비화를 더욱 심화시키며 그 곳에서 이루어지는 폭력을 깨닫지 못하고 있다. 그러한 폭력은 미시적으로는 가족 내에서, 거시적으로는 사회체계 내에

---

43) R.D. Laing, H. Phillipson, and A. R. Lee, *Interpersonal Perception: A Theory and a Method of Research*, London: Tavistock Publications, 1966. V.(Foreword).

44) 킹슬리 홀은 60년전 세워진 3층 건물의 이름이며 13명이 편안히 살 수 있는 장소이다. 1965년 6월 필라델피아협회에서 이 건물을 임대하였으며 이 곳에 분열경험을 새롭게 하는 사람들과 같이 살면서 반정신의학과 현상학에 대한 강좌도 갖고 있으며 실험극집단, 신좌파의 사회과학자, 런던의 반대학(Anti-University)의 학급, 커뮨운동의 지도자, 전위시인, 예술가, 음악가, 사진작가들이 모인다. 지금 현재 킹슬리 홀 이외에 7개의 커뮤니티가 있으며 1965년 이후 450명이 이 곳을 거쳐 나갔다. 지금도 Hugh Crawford, John Heaton, Leon Redler, Francis Huxley 같은 저명한 학자들이 살고 있다.

서 공공연하게 진행되고 있다. 정치적 급진주의와 심리적 식민주의의 맥락에서 현대 정신의학을 비판하는 랭은 감추어진 폭력 속에서 살기 위한 특별한 전략으로서 인간이 정신분열이 될 수밖에 없는 상황을 중시한다. 예루살렘의 멸망을 예언한 Jeremiah 나 핵미사일 단추를 누르는 일을 거절한 NATO의 장교가 정신질환자로 진단되었던 사실은 광증이 하나의 인조된 개념이라고 공박한다.

반(反)정신의학 운동은 랭을 포함한 D. Cooper, A. Esterson, Joe Burke, Mary Barnes, M. Schatzman의 비공식적 집단으로서 1962년 쿠퍼가 실험적 정신병동 Villa 21을 런던에 세움으로써 시작되었는데 이는 기존하는 계층적 정신병원구조를 전면적으로 개혁한 커뮤니티를 설계하였다. 이들이 나누어 가지는 생각은 전통적인 정신의학에서 강조되는 치료요원과 환자의 역할로부터 벗어나는 자유, 즉 환자 스스로 떠나고, 모이고 회의하는 반(反)규칙을 제정하고 자유롭게 움직여지는 커뮤니티의 구상이라고 할 수 있다. 이들은 정신분열이라고 불리워지는 조건이 어떤 과학적 인과관계를 갖지도 않으며 또한 어떠한 물리검사로 특정한 정신상태와 긍정적인 관계를 맺고 있지 않다고 본다.[45] 그렇다면 정신질환은 결국 삶의 문제이다. 자기 몸 속에 원자탄이 들어있다고 주장하는 환자와 실제로 원자탄을 떨어뜨릴 수 있는 정부지도자는 누가 미쳤는가? 만일 뇌에 신경적 결함이 있다면 그것은 육체의 병이며 인식론적으로 볼 때 관찰이나 추리의 오류가 아니라 지식의 조직화나 표현에 오류가 있는 것이다. 따라서 심리사회적 및 윤리적 표준으로 정신질환의 문제를 인식하여야 하며 인간이 어떻게 살아가야 하는가 하는 문제에 대한 투쟁의 표현으로 보아야 한다. 특히 정신분열증은 현상 유지의 이념

45) Anti-Psychiatry: An Interview with Dr. Joseph Berke, Interviewer: Andrew Rossabi, In Robert Boyers(ed.), 앞책, 209~212쪽.

을 반대하는 유토피아의 관점, 즉 현재를 풍미하는 것들의 질서를 부분적으로나 전면적으로 흔들어 놓은 관점을 지니기 때문에 현상유지를 하려는 힘들에 의하여 사회적으로 낙인찍히는 개념이다.[46] 사회적 맥락 속에서의 정신질환의 낙인찍힘을 강하게 비판하는 반정신의학집단과 랭이 지니고 있는 광증의 모형은 음모모형(conspiratorial model)이라고 부를 수 있다. 이 모형에서는 정신분열증을 낙인이라고 보고 원인을 연구하기 위하여는 개인보다 사회체계에 눈을 돌려야 한다고 주장한다.

랭의 또 하나의 생각의 흐름은 신비주의로의 전환이다. 사물의 표현으로부터 존재의 중심부의 핵심으로 내려오는 내면지향성, 즉 타계의 실재를 느끼는 정신질환의 경험이 신비적 경험과 비슷한 것으로 보고 병리적 과정이 아닌 문명의 가리개에 의해 감추어진 또 다른 실재의 충실한 반영으로서의 초월을 산정한다. 현대 문명이 만들어 놓은 존재의 내면과 외면의 갈피, '여기의 나'와 '저기의 너' 몸과 마음의 거리는 불가피하고 자연스러운 것이 아니다. 그것은 역사적으로 조건화된 분열이다. 따라서 광증은 붕괴를 의미한다기보다 오히려 돌파구일 수가 있다. 그것은 노예화나 실존적 죽음일 뿐만 아니라 해방과 재생인 것이다. 랭의 이러한 생각은 칼 융의 종교적 아키타입에 접근하고 있지만 프로이트나 융이나 또는 신프로이트 학파의 어느 누구도 정신분열이 오히려 고도의 정신건강이라고는 인식하지 않았다. 랭은 오히려 인간의 내면이 우주진화론에 의해 유린되는 형태 없는 존재로서의 경험을 하는 정신적 혼돈을 통하여 새로운 우주를 창조하는 새롭게 태어나는 엘리아데의 생각과 궤를 같이 한다. 그러나 정신분열적 경험이 건강과 정상적으로 인정받기 위하여서는 자아상실과 비실현화를 긍정적 가치로 보고 또한 외

46) Thomas J. Scheff, Scizophrenia as Ideology, P. Brown(ed.), *Radical Psychology*, Harper Colophon Books, 1973, 46~59쪽.

부적 실재에 대한 자아의 적응을 지나치게 강조하는 현대 사회가 비판되어야 했다.

반정신의학자나 정신질환의 사회학자들이 가지는 기본적 가정은 인간의 문제를 병으로 낙인찍는 사회적 신화와 정신의학적 문제가 마음에 있지 않고 세계 속에 있으며 정신의학과 심리학이 사회통제의 억압적 역할을 해왔다는 사실에 두고 있다. 인간의식에 대한 사회적 문맥의 관계로서 보는 이들의 생각은 마르크스적 사고에 의미를 부여하고 있다.[47] 사실상 마르크스주의자들은 자본주의하의 사회적 관계의 신비화가 상품숭배라는 단순한 차원에서가 아니라 사회적 실재의 모든 차원에서 일어나고 있음을 이해하는 데 힘이 들었는데 오히려 이를 구체적 실제에서 신비화의 본질을 설명한 랭이 큰 공헌을 하였다고 볼 수 있다. 문제는 사회적 실재의 특징으로 나타나는 신비화가 그것을 지각하는 개인의 의식 때문이 아니며 그 실재는 허위의 실재라는 점이다. 인간에게 자기가 처한 상황에 전적인 자율성을 주는 문제가 아니라 이념의 사회적 기반과 실재를 이해하는 문제가 중요한 것이다. 랭의 관점을 마르크스주의자의 입장에서는 불완전한 사상으로 볼 가능성이 있다. 그러나 랭의 공헌도 지금까지 마르크스주의자들이 소홀히 다루어온 점, 즉 정치적 투쟁이 조직화된 정치운동의 차원에서 뿐만 아니라 생을 사는 사람들 사이의 미시적 세계에서도 존재하고 있음을 정신질환의 이념분석을 통하여 석연하게 분석하고 있는 점일 것이다. 물론 랭도 미시세계 속에서의 쟁투가 지니는 의미가 보다 넓은 사회적 문맥 속에서 이루어져야 함을 주장하고 있지만 더 이상 이론적이고 사상적인 진전을 보이지 못하고 신비주의적 경향으로 기울고 있는 것이다.

---

47) Keith Brooks, Freudianism is not a Basis for a Marxist Psychology, P. Brown(ed.), 위책, 328쪽.

랭이 스리랑카의 사원에서의 명상생활을 한 후 최근에 인간의 원초적인 생물학적 물음으로부터 질문을 다시 던지고 있다. 즉 인간이 태어나기 전에 경험하는 태아기를 중요하게 보고 자궁의 구조 속에 갇힌 삶의 과정과 성인으로서의 삶의 과정의 연관성을 밝히려는 것이다. 우리는 그의 사고의 발전이 마치 프로이트를 극복하려고 했던 라이히의 생각과 유사함을 발견하게 되는데 인간의 내면과 외면의 구조적 문제를 동시에 포용하려는 데서 바로 개인적인 차원의 인본주의 심리학을 극복할 수 있는 힘을 보게 된다.

지금까지 우리는 인본주의 심리학의 면모를 살펴보면서 그를 극복할 수 있는 자체의 방향을 제시하였다. 그러나 역시 남아있는 문제는 행동주의와 인본주의의 관계를 평면적 대립으로부터 벗어나게 할 수 있는가 하는 점이다. 1964년의 심포지움이 대립으로 끝났다면 1974년 코넬대학에서 열린 심포지움의 결과가 1976년 출간되어 나오면서 두 세력과 이론의 대립을 넘어서는 방향을 건설적으로 모색하게 되었다.

5. 인본주의 심리학과 행동주의 심리학의 갈등을 넘어서서

인본주의와 행동주의 관계를 보는 입장을 정리하여 보면 크게 세 가지로 나누어 볼 수 있다. 첫째는 인본주의와 행동주의가 절대로 조화를 이룰 수 없다는 입장이다. 이러한 입장으로는 두 세력 사이의 발전적 대화를 꾀할 수 없다. 두번째는 인본주의와 행동주의가 어느 정도 조화를 할 수 있는데 그 방법은 어느 쪽이 다른 쪽에 환원됨으로써 가능할 수 있다는 것이다. 여기에는 인본주의가 행동주의에 환원되어야 한다는 입장과 거꾸로 행동주의가 인본주의에 환원되어야 한다는 입장이 있다. 그러나 이러한 형태의 조화는 진정한 조화가 아니기 때문에 두 세력을 모두 만족시킬 수가 없다. 세번째는 두 세력이 새로운 종합을 통하여 그리고 보다 넓은 관점을 통하여 발전적 대화를 할 수 있다는 입장이다. 여기서 우리는 새로운 종합의 방향으로서 인지심리학의 방향을 이야기하고 보다더 넓은 관점으로서 생의 역사관점(life-history perspective), 행동생태적 관점(behavior ecology perspective), 그리고 사회학적 관점(sociological perspective)를 제시하기로 한다.[48]

먼저 인지심리학의 면모를 살펴보기로 하자. 철학으로부터 심리학이 떨어져나와 과학적 심리학을 형성하게된 19세기 중엽은 심리학의 근본 문제를 인식하는 데 직접적 영향을 준 베이컨, 로크, 버클리, 흄 등의 경험주의와 데카르트, 스피노자, 라이프니츠, 칸트의 합리주의와 물질주의의 지배 아래 있었다. 따라서 생리심리학은 프로렌스, 헬름홀츠, 분트와, 비교심리학은 스펜서, 다윈과, 개인차 심리학은 갈톤과 이어지며, 자극-반응이론은 벤담과, 인본주의 심리학은 독일 낭만주의와, 실험과학은 밀과 콩트 그리고 인지 및 지각심리학은 현상학과 신헤겔주의와 연결된다. 인지심리학은 바로 초기 행동주의 심리학에 대한 또 하나의 과학적 심리학의 반응이지 형이상학적 차원(현상학)의 비판이 아니다.

행동주의에 대한 인지심리학의 반응은 유럽에서 형태심리학(Gestalt Psychology)을 나타내고 미국에서는 인지이론으로 형성되었다. 베르타이머, 카프카 및 쾰러는 헤겔의 영향을 받았는데 프랑크푸르트 심리연구소에 있으면서 형태심리학의 이론을 구성하였다. 그들은 물질의 존재를 부정하지는 않았고 우주의 기본 요소가 정신적이라고 주장하지도 않는다. 그들의 이론이 칸트·헤겔의 독일 이상주의와 느슨하게 연결된다면 그것은 감각자료가 조직된 지각이 되는 정신적 범주의 의미라고 할 수 있다. 행동주의자인 손다이크는 연상의 철학적 원칙과 쾌락주의에 근거한 공리

48) A. Wandersman, P.J. Poppen, and D. Ricks(eds.), *Humanism and Behavialism: Dialogue and Growth*, New York: Pergamon Press, 1976의 후반부는 이를 자세히 설명하고 있다.

주의를 결합시켜 실험적 환경을 창조한 반면 형태심리학자들은 칸트·헤겔의 순수한 이해 범주를 시각에 의한 지각을 이용하여 실험하였다.

그러나 형태심리학이 이상적(ideal) 심리학이 되기보다는 뇌역 동의 역할을 항상 강조하였고 행동주의자와는 달리 환경과의 교환작용, 경험 및 행위와 뇌생리와의 동형적 관계를 중시하고 밀(J.S. Mill) 등의 순수한 현상주의를 배격하였다. 현재 인지심리학이 반드시 형태심리학과 연계를 가진다고 볼 수 없으나 장 피아제의 인지발달이론은 진화관계에 대한 신헤겔주의의 개념과 형태심리학의 신경지각적 동일성개념의 영향을 받았다고 보며 언어심리학도 형태심리학의 인지적 요소의 중요성을 수용하고 있다.[49]

현재의 지각을 결정하는 데 영향을 주는 것이 과거의 경험이라는 헬름홀츠 등의 이론에 맞서 형태심리학자들은 뇌와 연결되는 구조적 법칙성을 강조한다. 배경-형태관계(ground-figure relations)를 중시하며 인간이 지각하려는 경향성(보기를 들어 Prägnanz)을 강조한다. 이처럼 유럽의 형태심리학은 구조주의적 접근으로 행동주의에 반응을 보였지만 미국의 인지이론은 인간의식작용과 자극반응의 인과적 관계를 과학적으로 파헤치는 작업을 담당하여 이념적 차원의 인본주의-행동주의 논쟁을 이론적 차원에서 모색하기에 이른다. 행동주의에서 설명하는 자극→반응→인간의식의 인과적 과정을 자극→의식→반응의 상반된 과정으로 설명하고 증명하는 인지심리학은 유기체로서의 인간의 외부적 상황을 평가하기 위하여 의미를 능동적으로 재구성하고 이해하는 정보의 창출자임을 과학적 방법을 통하여 냉철하게 제시한다.

반응독립성의 원칙을 내세우는 인지이론은 인간의 정신적 삶이 무

49) Daniel Robinson, *An Intellectual History of Psychology*, New York: Macmillan, 1976의 여러 곳.

작위적이 아님을 주장하며, 알고, 느끼고, 행위하고, 믿는 인간의 의식 작용이 서로 다른 외부적 자극에 대하여 거의 독립적으로 영향을 받고 있음을 논의하고 있다. 하이더, 타엔바움과 오스굳, 아벨슨과 로젠버그 그리고 훼스팅져의 인지일관성이론과 죤스, 니스벳, 켈리 등의 귀인(Attribution)이론, 벰의 자기 지각이론은 미국의 인지심리학의 줄기를 이루고 있는데 이를 조금 자세히 설명하기로 한다. 미국의 인지심리학 이론은 크게 나누어 1967년까지를 전기로 보고 그 이후를 후기로 볼 수 있는데 전기이론을 인지일관성이론(cognitive consistency theories)으로 후기이론은 대인지각이론(interpersonal perception theories)으로 부른다. 인지(cognition)는 생각, 태도, 가치관, 지식, 정보 등의 개념을 포함하는데 인지일관성이론은 대체로 다음과 같은 이론적 틀을 가지고 있다. 기존하는 인지에 그와 상반되는 새로운 인지가 들어오면 인지의 갈등을 일으킨다. 이러한 인지의 갈등은 인간에게 불유쾌한 감정을 유발시키며 인간은 이 상태에서 벗어나기 위하여 인지 또는 행동의 변화를 일으키고 인지의 균형을 유지하려고 한다는 것이다. F. Heider는 1946년에 구조적 균형이론(structural balance theory)을, Osgood과 Tannenbaum은 1955년에 인지일치이론(cognitive congruity theory)을, L. Festinger는 1957년에 인지부조화이론(cognitive dissonance theory)을, 그리고 Abelson과 Rosenberg는 심리논리(Psycho-logic)를 내세웠는데 이들 인지일관성이론 가운데에서 미국의 심리학계를 주름잡고 문제의 중심이 되었던 이론은 인지부조화이론이었다. 그 이유는 첫째, 이 이론이 자극-반응이론의 반대 결과를 입증했다는 것인데, 즉 자극이 크면 반응이 크다는 인센티브이론을 뒤집어 증명하였다는 데 있다.[50] 두번째 이유는 지

50) J.T. Tedeschi, B.R. Schlenker and T.V. Bonoma, "Cognitive Dissonance: Private Ratiocination or Public Spectacle?", *American Psychologist*, 1971, 26, 685~695쪽.

금까지 설명할 수 없었던 인간행동(보기를 들면 미국에서 담배에 유해광고를 실었을 때 오히려 담배의 수요가 늘었다는 사실 등)을 잘 설명할 수 있게 되었다는 데 있다. 그러나 그 후 인지부조화이론에 사용되었던 실험방법에 결함이 있다는 비판이 쏟아져 나왔고[51] 실제로 인간이 인지의 갈등을 일으키면서도 세상을 살고 있다는 현실적인 반증도 나오게 되었다. 그러나 이 이론이 큰 전환점에 서게 된 것은 1967년 벰(D. Bem)의 자기지각이론(self-perception theory)이 나오게 되면서부터였다. 벰은 훼스틴져의 유명한 1불—20불 실험을 대인지각방법(interpersonal perception method)에 의하여 다시 연구한 결과 훼스팅져와 같은 결론을 얻어냈는데 그것은 개인 내면의 인지적 갈등의 문제 때문이 아니라 다른 사람의 행동을 규정하고 그 행동의 원인을 지각하는 문제라고 보았던 것이다. 이 때부터 인지심리학은 인지사회심리학의 경향을 띠며 대인지각이론으로 전환되게 된다. 인지사회심리학의 최근 경향의 하나로서의 인상관리이론(impression management theory)은 어빙 고프만의 사회학적 이론과 만나게 되어 미시이론과 거시이론이 접합하게 되는 계기를 마련하고 있다.

그러면 행동주의에 대한 유럽의 반응으로서의 게스탈트운동이나 미국의 인지이론은 과연 심리사상의 측면에서 볼 때 어떤 근본적 쟁점을 제시하고 있는가? 행동주의가 마음=행동이라는 등식으로 인간을 보았다면 인지심리학은 마음=두뇌(의식)라는 등식을 제시하고 있다. 마음과 몸의 관계에 대한 일원론과 이원론의 갈등은 오래 전의 철학적 관심사였는데 이들을 중재하려는 움직임으로 신경생리학과 신경심리학의 발달, 과학의 단일화경향, 언어분석을 통한 분석철학을 들 수 있으나 그 근본적 대립이 해소되었다고 볼 수는 없다.

인지심리학의 경향은 마음—몸의 일원론과 이원론 사이에서 중간개

51) 윗글.

념으로서의 인지구조를 설정하고 의식을 강조함으로써 심적 결정론에 찬동하는 듯 하지만 인간의 두뇌에 초점을 맞춤으로써 신경생리학의 영역과 깊은 관련을 맺게 된다. 결국 심리학과 신경생리학의 양 갈래길에서 두뇌에 대한 과학적 연구의 발전을 도외시할 수 없으며 언어적 보고 같은 반응을 기초로 인지적 과정을 설명할 경우 행동주의의 연장에 불과할 수도 있다. 만일 마음이 두뇌라는 아이덴티티가 인지심리학의 주장이라면 인간과 같은 두뇌를 가지지 않은 유기체는 비교심리학의 영역으로부터 마땅히 제외되어야 한다. 이 점은 지금까지 행동주의가 동물세계의 진화론적 기초 위에서 인간행동의 법칙성을 정립하려고 하였던 방향에 대한 비판적 태도이며 인지심리학이 능동적 정보창출자로서의 인간상을 그리는 인본주의 심리학과 연계를 맺은 점이라고 할 수 있다.

그러나 마음과 두뇌는 서로 다른 독특한 본질을 가지고 있으며 동일한 것은 아니다. 인지심리학자들이 마음의 본체에 대한 구명이 육체와 연결시키는 중추적 기능자로서의 두뇌로 대체되는 작업을 담당한 것이며 과학적 심리학이 마음—몸의 일원론이나 이원론의 문제를 해결한 것은 아니다. 단지 과학적 심리학은 인간 지성의 변화와 인간 실재의 변화에 지속적으로 관심을 가지면서 인간의 문제에 과학적으로 접근하는 한가지 방향에 불과한 것이다. 그런데 행동주의는 인간행동의 의도적 요소를 인식하는 데 실패하고 물질주의와 병합하여 자율적 인간을 부정하였기 때문에 이에 과학적 이론으로 대항하는 인지심리학은 인본주의와 행동주의의 이념적 대립을 조화시키는 매개역할을 담당하고 있는 것이다. 인지심리학이 인간을 합리적·창조적·목적적 유기체로 본다고 하여 인간이 세상과 떨어져 존재한다거나 종국적으로 과학적 법칙성에 새겨지는 자연적 규칙성과 독립적이라는 주장을 하는 것은 아니다.

우리는 지금까지 인본주의와 행동주의의 논쟁이 인간본질, 과학과 가치와의 관계, 방법론 등의 차원에서 이루어지고 있으며 그 논쟁의 수준과 초점이 맞지 않아 만나지 않는 되풀이 논쟁이 되고 있음을 잘 알고 있다. 이러한 와중 속에서 인지심리학은 인본주의와 행동주의의 대립을 이론적으로 화해시키는 교량역할을 하고 있다. 행동주의는 환경결정론으로 인본주의는 인간결정론으로 맞서면서 인간공학과 인간화라는 각각의 사회적 실재의 당위성을 주장하고 있는데 인지심리학은 능동적 인간과 능동적 환경의 상호작용을 이론적 틀로 놓으면서 새롭게 부상하는 인간상을 그리고 있다.

능동적이고 의식하는 문제해결자로서 폭넓은 경험과 인지적 능력을 가지고 선과 악을 위한 무한한 잠재력을 가지며, 능동적으로 자신의 심리적 세계를 구성하고 환경에 영향을 주며 또한 받는 유기체로서의 인간상은 행동주의와 인본주의에서 제시하는 인간상을 넘어서서 현대 사회에 존재하는 보편적 인물을 지칭하고 있다. 따라서 B=f(E)와 E=f(B)의 결정론을 배격하는 동시에 낡은 이분법을 분쇄하는 현대사상의 조류의 본보기의 역할을 담당한다.

물론 행동주의의 입장에서 인본주의를 포용하는 행동적 인본주의(behavioral humanism)도 행동적 틀 속에 인지적 변수를 수용하고 있는데 인본주의자들은 인간이 인지적 변수 이상의 것이라고 반박할 수도 있다. 이는 이미 언급한 마음—두뇌=인지의 등식의 문제로 다시 귀착되며 목적으로서의 인간을 다루는 가치논쟁으로 환원된다. 그러나 과학적 심리학의 현대적 보루로서의 인지심리학은 인간의식과 그 실현을 포함한 인간행위에 대한 접근을 하는데 성찰만으로는 부족하다고 본다. 성찰적 접근이 불완전한 이유는 정신적 과정의 매카니즘이 아닌 결과를 이해하려고 하기 때문이고 또한 왜곡되는 이유는 성찰하는 주체가 판단자인 동시에 정서적 상태에 상당한 부분을 참여시키는 당사자이며 인지적 측면에서도 스스로의 철학적 성찰에 투영되기 때문이다.

따라서 의식은 전반적 행위의 맥락에서 볼 때 기본적 현상이며 이를 인지과정으로서 과학적으로 연구할 필요성이 있는 것이다. 그런 점에서 같은 과학적 심리학으로서의 자극-반응이론은 전반적 의식구조를 이해하지 못하고 정신적 실재를 가공적 분자로 환원시킴으로써 경험주의를 왜곡시키고 있다고 보아야 한다. 인지심리학이 신경생리학과 뇌생리학으로 환원될 위험성을 완전히 배제시킬 수는 없지만 유기적 생명 없는 정신적 삶은 없다는 사실이 과학적 심리학의 존재를 뒷받침 해준다. 인간을 포함하여 유기적인 생물체는 행위와 의식뿐만 아니라 관찰가능하고 측정가능한 증명성의 법칙으로 표현되어야 하기 때문이다.

인지심리학이 능동적 정보창조자로서 인간을 보는 이유가 인본주의의 가치와 동일하다고 볼 수는 없다. 여기에 인지심리학의 탈 가치적 이론구성이 가능하다는 논의가 제기되어야 한다. 과학이 인간의 평등과 어떠한 연관을 맺고 있는가. 역사적으로 평등주의는 과학의 지원을 받지 못했으며 엘리뜨주의에 대한 정당화를 지각이나 실험에 의하여 부정하지 못했다. 과학이 적극적 지식을 위한 유일한 길이라는 주장은 윤리적, 도덕적 및 종교적 명제에 대한 신념으로 이끄는 동일한 사려의 기반 위에 섰을 때 정당화되는 것이다.

과학과 가치가 분리되어 설명되는 행동주의의 입장이 인지심리학에는 어떻게 나타나고 있는가? 이들 이론의 입장에서 보면 가치의 개념정의가 탈색되어 나타남을 볼 수 있다. 즉 자유는 인간에게 주어진 선택의 수와 그 선택을 행사하는 권리라고 규정한다. 자유를 극대화하는데 사회는 행위에 약간의 제한을 두어야 한다. 왜냐하면 어떤 개인의 완전한 자유는 다른 사람의 자유를 침해할 수 있기 때문이다. 결정론의 대립개념으로 인식되어온 자유를 영향력의 부재나 외부적 제한의 부재라는 개념으로 받아들여지기보다는 행위의 선택이 의존하는 자기영향력의 행사라고 규정되므로 자유와 결정론은 대립개념이 아니라고 본다.

이들 입장에서 보면 *1984*년의 폐쇄사회의 전율보다 더 몸서리쳐지는 것은 물질적이든, 정신적이든, 개인의 이득을 의도적으로 추구하는 행위이며 이러한 행위는 자유라는 미명아래 개방사회에서도 버젓이 자행되고 있는 것이다.[52] 인지심리학은 낡은 이분법 논쟁을 새로운 인간상의 차원에서 종식시키려고 하며 복잡한 유기체로서의 현대 사회 속에서 능동적으로 자신을 재구성해나가는 의식적이고 합리적인 인간의 움직임을 분명히 설명하고 있다. 그러나 아직 마음=두뇌라는 등식을 고수하고 비합리성과 무의식의 경지를 도외시하는 근본적인 한계가 두뇌생리학과의 경계로 인한 과학으로서의 위치의 불명료성이 그대로 남아있어 사상사적 맥락의 보완과 이론적 성숙이 더욱 요망된다.

인본주의와 행동주의의 대립을 넘어서는 또 하나의 입장으로서 우리는 보다 넓은 관점을 포용하는 몇 가지 입장을 들 수 있다. 물론 이 문제는 행동주의와 인본주의의 면모를 각각 살펴볼 때 조금씩 언급한 것이기는 하지만 몇 가지로 정리해 보기로 한다. 첫째는 생의 역사의 관점을 갖는 것이다. 인생은 긴 시간적 흐름 속에 만들어진다. 우리가 연구하고 조사하는 것은 어느 시점의 단면이거나 아주 짧은 시간의 간격 속에서의 인간의 문제이기 때문에 결정론적 생각으로 그 현상을 보게 되며 긴 안목으로 인생 전체의 틀 속에서 보지 못하게 된다. 이러한 점에서 행동주의 심리학과 인본주의 심리학은 모두 생의 역사의 관점을 지니지 못했다고 볼 수 있으며 이 점이 바로 역사성을 중요하게 생각하는 이유인 것이다.

---

52) A. Bandura, Behavior Theory and the Models of Man, A. Wandersman, P.J. Poppen and P. Ricks(eds.), 앞책, 361~379쪽.

두번째는 행동의 생태학적 관점을 가지는 것이다. 행동주의는 인간의 환경의 문제를 인본주의보다 중시한 것은 사실이나 능동적 유기체로서의 인간을 무시했고 인본주의는 상대적으로 능동적 인간의 문제를 보았으나 환경의 생태적 영향력을 무시했다는 것은 이미 밝힌 바 있는데 행동의 생태학적 관점이라는 것은 능동적 유기체와 환경(거시적이건 미시적이건)과의 상호작용을 중시하면서 생태학적 장소의 상대성을 강조한다. 따라서 이러한 관점을 포용한다는 것은 행동주의와 인본주의의 대립을 극복하는 방향일 수가 있다.

세번째는 사회학적 관점을 가져야 한다는 것이다. 우리는 인본주의와 행동주의 논쟁이 심리학을 중심으로 이루어지고 있음을 설명한 바 있다. 인본주의는 지나치게 개인적인 입장을 취함으로써 거시적 맥락을 소홀히 했고 그래서 자체의 반성이 여러 각도로 이루어진 것이다. 행동주의가 인본주의보다 사회환경의 문제를 중시하는 것같으나 사회학에서 말하는 사회구조로서의 사회환경을 보고 있지 못하기 때문에 구조적인 맥락을 역시 못보고 있다고 볼 수 있다. 이러한 점에서 인본주의 심리학과 행동주의 심리학은 역사 · 사회구조를 중시하는 사회학이론과 만남으로써 연계성을 발견할 수 있는 것이다.

6. 행동주의 심리학 · 인본주의 심리학 · 인지심리학과 조직의 문제

심리학 안에서 이념, 이론, 그리고 방법론으로 대립적인 관계에 놓여있는 행동주의 심리학과 인본주의 심리학, 그리고 이들의 입장을 이론적으로 종합해 보려는 인지심리학은 모두 현대 사회의 조직의 문제와 불가분의 관계를 가지고 있다. 이들 각각의 심리학이론이 현대 산업사회의 조직문제를 해결하는 데 어떠한 영향을 미쳤고 또 미치고 있는가를 하나하나 살펴보기로 한다.

행동주의 심리학은 20세기 초엽부터 최근에 이르기까지 다양한 방면으로 조직의 실재에 영향을 준 심리학이다. 첫째로 자극반응의 이론적 틀은 사회와 조직이 자극을 설계하는 데 그 기반을 형성해 주었고 그것을 구체적으로 사회통제와 조직통제의 수단으로 나타나게 되었다. 인간을 영기점에 놓고 긍정적 자극(positive stimuli)으로 강화시키는 상(rewards)과 부정적 자극(negative stimuli)으로 강화시키는 벌(punishments)을 제도적 장치로 사용하였다. 이를 우리는 상벌메카니즘이라고 부른다. 그러니까 사회의 모든 기관, 즉 기업, 학교, 병원, 정부, 군대에서 사용하는 행동통제의 장치는 이론적으로 또는 이념적으로 볼 때 초기 행동주의 심리학과 직결되어 있다. 긍정적 강화제(positive reinforcer)로는 물, 음식, 성을 포함하는 생리적 자극, 증서(token) 같은 중성적 자극, 그리고 칭찬, 인정(recognition) 같은 정신적 자극이 있고 부정적 강화제(negative reinforcer)로는 물, 음식, 성을 주지 않는 것, 돈(증서)을 주지 않는 것, 그리고 야단치거나 인정하지 않는 것이 있을 수 있다. 따라서 이러한 자극을 제도화시킨 것(자극의 반복성)이 조직관리의 형태로 나타난 것이다. 특별히 이러한 방법은 산업사회의 문턱에 들어선 국가의 산업조직에서 광범위하게 사용되었다.

우리가 흔히 과학적 관리(scientific management)라고 부르는 조직관리의 제도적 장치와 기법은 바로 초기 행동주의 심리학의 씨앗이라고 볼 수 있다. 특히 그 당시 강조된 것은 부정적 강화제와 생리적 자극과 중성적 자극을 중심으로한 긍정적 강화제의 결합이었다. 이는 비단 산업조직에서만 나타난 조직의 실제가 아니라 그 당시 모든 사회기관들이 실행하고 있었던 제도적 장치였다. 이 때의 인간관을 우리는 기계적 인간관, 생물학적 인간관으로 부를 수 있다. 이러한 제도적 장치가 조직사회에서 비판을 받고 개선되게 한 데에는 물론 인본주의 심리학의 공헌도

켰지만 행동주의 자체의 반성에도 기인하는 것이었다. 인간에게 벌이라는 부정적 자극이 바람직한 결과를 가져다 주겠는가 하는 의문에 스스로 해답을 얻은 것은 행동주의 심리학자인 스키너 자신이었다. 당위적으로 벌이 나쁘다는 것이 아니라 이론적으로 바람직하지 못한 반응을 불러 일으킨다는 것이다.

벌은 한 가지 반응에만 효과가 있다. 우리가 가정에서 어린 아이를 야단치는 것이나, 학교에서 학생을 야단치는 것이나, 기업에서 종업원을 야단치는 이유는 그들이 어떠한 특정한 행동을 못하도록 하기 위해서이다. 물론 그러한 점에서 벌은 효과가 있다. 그러나 그 이후에 그 반응이 (벌로 못하도록 금지시킨 행동) 다른 반응을 불러 일으킬는지 아무도 예측할 수 없다. 우리는 물론 예기치 않은 반응이 나타난 뒤 그것을 다시 막기 위하여 또 하나의 벌을 가할 수 있다. 그러나 그 이후의 반응은 무한정 계속될 수 있기 때문에 완벽한 부정적 자극의 통제는 불가능한 것이다. 또한 벌은 벌을 주는 자를 공격할 가능성을 항상 안고 있다는 점이다. 이는 이미 스키너의 이론 중에서 역통제(counter control)의 개념이 잘 설명하고 있음을 알 수 있다. 나아가서 벌의 체제 속에서 장기적으로 사회화되어온 사람은 건강하지 못한 성격이 형성된다는 점이다. 여기에 후기 행동주의이론은 오로지 긍정적 강화제만을 사용하는 제도와 방법을 주장하기 때문에 과학적 관리같은 장치보다 훨씬 민주적이라고 볼 수 있으며 그와 같은 방향으로 1970년대 이후 조직사회에 정착된 동기유발장치는 긍정적 강화계획(positive reinforcement program)이다.

긍정적 강화계획의 장치는 인간을 긍정적 자극으로 유도함으로써 그로부터 바람직한 반응을 유발시키려는 제도이다. 이 장치는 스키너의 강화계획에 따라 긍정적 자극을 계획적으로 짜놓은 것으로써 주로 산업조직에서 채용하고 있다. 보기를 들어보면 어떤 조직이 구성원들의 결근중(absenteeism)으로 인한 결근율이 높다고 할 때 이를 줄이기 위한 통제의 수단으로 벌(부정적 강화제)을 주는 대신 빠지지 않는 사람에게 상(긍정적 강화제)을 줌으로써 긍정적 반응을 불러 일으키는 것이다.

이와 같이 긍정적 보상계획을 이용하는 구체적 장치로는 목표에 의한 관리(management by objectives)를 들 수 있으며 동기유발계획에 있어서의 기대이론(expectancy theory), 그리고 훈련개발계획에 있어서 모형닮기(modeling)는 최근의 행동주의 심리학이 영향을 준 이론적 틀이라고 볼 수 있다.

따라서 행동주의 심리학은 사회와 조직의 실제와 역사적으로 줄곧 불가분의 관계를 맺어왔으며 요즈음의 경향은 인간을 적극적으로 유도하는, 즉 염오감을 일으키지 않는 긍정적 자극의 강화계획을 제도화시키는 데 있다. 사회통제와 조직통제의 입장에서 볼 때 벌이라는 압제적 장치를 사용하지 않고 상(물질적이건 정신적이건)이라는 민주적 장치를 사용하기를 권고한다는 것은 바람직한 방향이라고 볼 수 있는 것이다.

인본주의 심리학도 그 특징이 개인적 차원에 머물러 있었지만 조직의 실제에 영향을 미쳐왔다. '인간적인 조직' '조직의 인간화' '자아실현이 가능한 조직 풍토' 등등의 표어와 개념은 모두 인본주의 심리학의 계열에 속한 사람들의 주장이었으며 특별히 인간적인 욕구충족(보기를 들어 자아실현)과 관련된 동기유발계획을 강조하거나(마슬로우의 욕구단계이론, 맥그리거의 Y이론, 허즈버그의 두 요소이론) 조직풍토의 민주화를 강조하는 계획(감수성훈련, 조직개발 등)은 미시적인 입장에서 인본주의세력이 조직의 실제에 영향을 준 제도적 장치라고 볼 수 있다. 물론 이들 세력(MHRM : Modern Human Resource Management)의 주장이 어느 정도 현대 사회조직의 인간의 문제를 해결했는가 하는 문제는 제 3편에서 평가 하기로 한다.

어쨌든 인본주의 심리학은 인간적 욕구와 대립을 표방하는 민주세력으로서 조직의 풍토개선과 인간관계의 민주적 형성에 부분적으로나마 공헌한 것도 틀림없다.

세번째로 인지심리학은 조직의 문제와 어떤 연관성을 맺고 있는가? 인지심리학에서 보는 인간관은 능동적 정보창조자인데 정보를 받아들여 암호로 새기고, 기억하고, 보유하고 암호를 풀어 밖으로 내보내는 인간의 두뇌의 메카니즘을 중요하게 본다. 인간의 두뇌를 대체할 수 없지만 이에 상응하는 장치를 발전시킨 것과 인지심리학(특히 요즈음을 인포메이션 프로세싱 이론)의 발전의 관계는 우연한 것은 아니다. 조직 자체를 정보체계로나 의사결정체계로 보는 관점을 바로 정보처리자로서의 인간기능을 전제로 하고 있는 것이다. 조직의 장치를 정교한 정보장치로 만들고 이를 운영하려는 생각은 인지심리학의 바탕 위에서 인간을 합리적 의사결정자로 보려는 생각과 만나게 된다.

인지심리학의 또 한 가지 최근의 방향은 대인지각심리학인데 이는 조직 문제에서 비교 과정(comparative processes)을 중시하고 개인과 집단 사이의 지각관계를 중시하는 제도적 장치를 마련하는 데 영향을 줄 수 있다. 아담스의 불공평성이론(inequity theory)나 집단역학(group dynamics) 등은 대인적 지각관계와 관련을 맺는 분야이며 이들 이론의 이용은 대인적 문제와 집단과 개인간의 문제를 해결할 수 있는 계기가 될 수 있다.

4. 사회학 이론이 이바지한 것들

앞 장에서 우리는 심리학 이론들이 인간을 다른 각도로 설명하고 이해하고 있음을 살펴보았다. 그것은 대체로 순환현상을 보이면서 인간 안에서 설명하였다가 다시 밖에서 설명하고 다시 안에서 설명하는 대립관계를 갖기도 하였다. 그러나 각 분파의 심리학이 자체로 자기입장을 반성하고 수정하면서 능동적 주체로서의 인간 자신과 능동적 환경과의 부단한 상호작용 속에서 보려는 발전적인 안목을 갖기 시작하였음을 알 수 있었다. 또한 심리학의 이론적 발전은 현대사회의 변동과 불가분의 관계를 맺으면서 조직의 문제를 해결하는 철학으로, 또는 수단으로 이용될 수 있음을 보았다.

이 장에서는 사회학 이론을 중심으로 사회체계의 구조와 변동을 어떻게 설명하고 이해할 수 있는가를 구체적으로 분석하기로 한다. 심리학이 철학으로부터 떨어져 나온 것과 시기를 같이하여 사회학은 철학으로부터 떨어져 나오게 되었는데 이를 이해하기 위하여 먼저 그 당시 유럽사회의 사회적 배경을 설명하고 사회학 스스로 어떤 틀을 만들려고 했는가를 몇 가지 모형으로 분류하여 보면서 현대 사회학이론에 지대한 영향을 미쳤던 고전사회학자들의 이론과 그것의 영향을 받은 현대 사회학이론을 비교적으로 분석하기로 한다. 특히 기존하는 사회학 이론을 재구성한다는 입장을 견지하면서 어떻게 우리가 살고 있는 사회를 보다 잘 이해할 수 있고 보다 바람직한 방향으로 변화시킬 수 있는가에 초점을 맞추려 한다.

4·1 사회학의 생성배경과 연구과제

사회학적 관점에서 보았을 때 19세기 중엽은 급격한 사회변동을 일으키는 일대 전환기였다. 전통사회의 붕괴가 마무리되면서 근대사회로의 구조적 탈바꿈이 사회의 모든 영역에 걸쳐 이루어지고 있었고 이렇게 생성되는 근대사회의 당면한 문제가 모순과 갈등 속에 표면화되고 있었다. 사회학은 바로 이 시기에 표면화되었던 근본적인 근대사회문제에 접근하기 위한 과학적 노력이었다고 볼 수 있다. 그러면 유럽사회를 중심으로 한 근대사회가 안고 있었던 모순이란 어떤 것인가를 보기로 하자.[1)]

첫째로 자유와 권위의 문제였다. 이 문제는 줄곧 철학에서 다루어 왔던 문제이다. 실제로 구조적 개편이 이루어지면서 권위가 무너지고 진정한 시민의 자유가 구가되는 현상을 맞이하게 되었다. 따라서 이 두 구조의 모순을 구체적으로 해결하는 문제에 관심을 갖게 되었다. 두번째로는 안정 및 지속과 변동의 문제였다. 그 당시야말로 급격한 변동을 직접 경험하고 있었기 때문에 이 두 현상의 대립이 또 하나의 사회학적 관심이 되었다. 세번째는 평등 및 참여와 위계질서의 문제였다. 구조적으로 경직된 사회구조가 해체되면서 계급적 평등이 이루어지고 사회의 의사결정에 민주적 참여제도를 채택하려고 함에 따라 종전의 위계질서의 구조와 대립을 경험하게 되었고 또 하나의 사회학 관심의 대상이 되었다. 네번째로는 합리성과 가치(무합리적)의 문제였다. 과학적인 합리주

1) S.N. Eisenstadt with M. Curelaru, *The Form of Sociology—Paradigms and Crises*, New York: John Wiley, 1976, 7~9 쪽.

의가 비과학적인 가치의 문제를 대체하거나 극복할 수 있다는 희망이 있었던 반면 과학이 도덕적이고 종교적 가치를 지배할지도 모른다는 공포가 사회에 나타나게 되었으며 이러한 가치의 대결이 중요한 사회학적 관심사가 되었다. 다섯째로는 환경의 정복과 산물에의 종속이라는 이율배반적인 문제를 경험하게 된 것이다. 산업혁명이 일어나고 물리적이고 자연적 환경을 지배·극복할 수 있다는 희망이 나타난 반면 그 지배의 결과로 나타나는 인간의 산물에 의해 인간이 예속되는 비인간화의 우려를 경험하게 되었고 바로 이 문제는 마지막으로 중요한 사회학적 관심사가 아닐 수 없었다.

그러면 사회학은 이러한 거대한 근대사회의 문제를 다루기 위하여 어떻게 다른 학문의 힘을 빌리지 않고 독자적인 틀을 형성하려고 했는가? 우선 사회학은 그 전에 있었던 이념적이고 철학적인 틀과는 다르게 구체적인 문제를 다룰 수 있는 스스로의 틀을 만들려고 하였다.[2] 첫째, 연구의 기본단위를 무엇으로 할 것인가를 생각하는 데 있어서 개인에 두어야 한다는 입장이 있었는데 그 유파로는 타드(Tarde), 맥두갈, 파레토, 토마스 등의 개인주의적인 성찰을 지나치게 강조하는 사람, 상징적 상호작용주의자, 그리고 게임이론들이 여기에 포함된다. 그 다음으로 분석단위를 사회 자체에 두어야 된다고 본 유파들이 있었는데 이들에는 사회적 상호작용을 형식으로 보려 했던 짐멜, 퇴니스, 사회를 체계적인 속성으로 보려했던 꽁트, 스펜서, 쌩시몽, 뒤르껭, 마르크스 그리고 사회의 생태적 속성을 강조했던 오펜하이머, 스몰 등이 여기에 속한다. 분석의 단위를 문화에 두려고 했던 유파는 진화적-문화적-역사학파(evolutionary-culturalistic and historistic school)를 들 수 있는데 스펭글러, 딜타이, 레

2) 윗책, 58~69쪽.

비 스트로스 등을 들 수 있고 마지막으로 문화보다 더 큰 환경을 분석단위로 보려는 토마스 버크, O.D.던칸 등이 있다. 이처럼 분석의 단위라는 구체적 문제를 사회학에서는 보려고 하였다.

두번째의 구체적 문제로는 사회생활의 규칙성을 연구하려고 하였으며 세번째는 사회적 질서를 사회구성원인 개인이 어떻게 받아들이고 있는가 하는 문제를, 그리고 네번째는 사회가 조화로운 것인가 아니면 갈등적인 것인가를 구체적 연구 대상으로 삼으려고 하였다. 이들 문제는 사회학이 생성되는 초창기에서부터 오늘날에 이르기까지 계속되는 사회학의 당면문제들인 것이다.

4·2 사회학의 이론적 분파

사회학에서 이론적 분파(paradigm)를 구분하는 데 있어서 학자마다 분류하는 기준이 다르기 때문에 합의를 볼 수 있는 분류방법을 제시하기란 어렵다. 여기서는 그 중 알려진 분류방법을 소개하고 심리학에서 다루었던 것처럼 이념·이론·방법론의 입장에서 대립되어 왔던 두 세력 즉 하나는 구조기능주의(structural functionalism) 다른 하나는 구조기능주의에 대한 비판세력을 비교적으로 검토하려 한다.

아이젠스타트는 분류의 기준을 설명 패러다임(explanatory paradigm)과 분석패러다임(analytical paradigm)의 조합으로 보고 분석패러다임에는 분석단위를 설명패러다임에는 그 분석단위의 속성을 포함시키고 있다.[3] 즉, 분석단위에는 개인, 사회, 문화, 환경을, 설명변수로는 단절(discrete)과 개방체계, 폐쇄체계를 들고 있다. 폐쇄체계의 생각으로는 꽁트, 스펜서, 마르크스를 들 수 있는데 이들은 사회를 체계적 속성으

3) 윗책, 80~119쪽.

로 보려고 하고 사회의 어느 한 국면이 다른 국면을 지배하고 있다고 보며, 사회적 관계는 변하지 않는 고착적인 상태로 굳어져 있다고 본다. 반면에 개방체계의 생각으로는 막스 베버, 에밀 뒤르껭, 탈콧 파슨스를 들 수 있는데 이들은 역시 사회를 체계적 속성으로 보나 사회적 관계를 상호의존적으로 보고 신축적인 관계로 인식하고 있다. 이를 도식으로 표현하면 다음과 같다.

분석 \ 선명	단 절	개 방	폐 쇄
개 인	1	2	3
사 회	4	5	6
문 화	7	8	9
환 경	10	11	12

사회를 비유적인 모형으로 보려는 생각을 이념적인 입장에서 분류를 하여 보면 자연과학의 모형으로부터 벗어나오는 과정으로 풀이할 수도 있다. 사회학이 철학으로부터 떨어져 나와 취했던 모형은 기계모형(machine model)이었고 이는 그 당시 뉴우튼의 고전물리학의 패러다임의 영향 때문이었다. 그 다음 사회를 살아있는 유기체(living organism)로 보려는 생각이 나타났는데 이는 진화론의 영향 때문이었다. 양적 단위의 증가의 현상에 집착하는 이 모형은 사회의 내면적 발전의 문제를 설명할 수 없는 약점을 지니고 있다. 이는 결국 생물학의 모형인 것이다. 그 다음 균형모형(equilibrium model)을 들 수 있는데 이는 생리학의 모형이며 인간의 몸을 항상성(homeostasis)으로 설명하듯 사회를 균형장치로 봄으로써 보수주의적인 가치를 지니게 된다. 이와 유사한 구조기능모형(structural-functional model)은 환경과의 관계를 중시하며 그 경계를 강하게 유지함으로써 사회를 보존하려는 생각을 가진다. 이보다 조금 발달된 모

형으로는 사이버네틱 모형(cybernetic model)을 들 수 있는데 개방체계로 보는 최근의 모형이다. 이와는 다르게 사회를 갈등관계로 보는 갈등모형(conflict model)이 있는데 이는 권력배분과 물질배분의 이해관계가 근본적으로 대립한다는 생각이다. 이 모형 역시 현대사회에서 중요하게 받아들여지고 있다. 지금까지의 모형들은 초창기의 기계론으로부터 반성을 하고 새로운 틀을 가지게 된 것은 틀림없으나 인간의 문제를 깊이 다루고 있지 않다는 점에서 실존모형(existential model)이 나오게 되었다. 이 모형은 사회를 인간의 실존적 현장, 즉 나와 남이 벌거벗겨진 상태로 만나고 이해하는 곳으로 본다. 이상과 같은 분류에 의해 사회학의 분파를 분류할 수도 있을 것이다.

사회학의 연구대상이 사회적인 것(the social)을 다룬다고 했을 때 그것을 객관적인 관계로 보는가 주관적인 관계로 보는가에 따라 구분하는 차원과 그 사회적인 것이 결정된 것인가 아니면 사회구성원에 의해 만들어지는 것인가에 따라 구분하는 차원을 조합으로 해서 사회학이론의 분파를 분류할 수도 있다.[4]

	객 관	주 관
결 정 됨	물질주의	이상주의
만들어짐	결정주의	자유의지

이를 다시 세분하여 결정론적으로 사회적인 것에 강제로 부여된다고 생각하는데 그것을 사회성원의 환경 때문인가 아니면 사회성원 자체인가로 세분하고 다시 그것을 인간과 인간 아닌 것으로 세분하면 결정론적 이론에 4가지, 자유의지이론에 4가지로 더욱 세분된다. 이를 도

4) W.L. Wallace, *Sociological Theory: An Introduction*, Chicago: Aldine Publishing Co., 1969, 13쪽.

표로 표시하면 다음과 같다.

	객 관	주 관
결정론 — 환 경 — 사람 아닌 것 / 사람	생태주의	기능적 명령주의 (functional imperativism)
	인구주의	
결정론 — 참여자 — 신경체계 아닌 것 / 신경체계	물질주의	
	심리주의	
자유의지 — 환 경 — 사람 아닌 것 / 사람	기술주의	사회적 행위주의 (social actionism)
	사회구조주의 : 교환, 기능, 갈등	
자유의지 — 참여자 — 사람 아닌 것 / 사람		
	상징적 상호작용주의	

이상과 같은 왈라스의 분류틀은 그 나름대로 독특한 데가 있다. 그런데 주관적 분파에 파슨스의 모든 이론을 포함시킨 데는 과장된 점도 없지 않다.

와그너는 사회적인 것의 정의를 미시와 거시로, 또한 사회적인 것의 설명을 미시와 거시로 구분하는 또 다른 분류를 사용하고 있다.[5] 그런데 그는 d를 진정한 사회학이라고 부르고 있다.

		정 의	
		미 시	거 시
설명	미 시	a	b 심리학적 사회학
	거 시	c	d 거시 사회학

5) H.R. Wagner, "Displacement of Scope: A Problem of the Relationship between Small-Scale and Large-Scale Sociological Theories", *American Journal of Sociology*, 1964, 69, 574쪽.

4·3 구조기능주의와 이에 대립하는 입장들

앞 절에서 사회학의 분파를 구분하는 여러 가지 틀을 제시하였지만 지금까지 사회학은 크게 두 세력의 대립이었다고 특징지을 수 있다. 현대사회학에서는 이를 구조기능주의와 이에 대한 대항모형으로 보고 있는데 그 대항모형의 중심은 역시 마르크스의 관점을 지닌 이론이라고 부를 수 있다.

우리는 우선 고전사회학 이론의 거성이면서 현대 사회이론에 가장 큰 영향을 미치고 있는 두 사람, 마르크스와 베버를 비교적으로 검토할 필요가 있다. 우리는 그 둘을 주관과 객관의 대립, 이념과 가치자유의 대립, 또는 자본주의의 미래상에 대한 상반된 견해 등으로 비교하고 있다. 사회학의 이론적 입장에서 보았을 때 우리가 더욱 강조해야 할 것은 분석의 내용뿐만 아니라 분석방법의 논리적 완벽성이다. 이러한 점에서 마르크스나 베버는 모두 구조분석과 변증분석의 기본적 입장을 고수하고 있으며 그것은 사회학의 어느 세력에 있건 간에 지녀야 할 형식인 것이다. 나는 여기서 이 두 거성의 분석방법을 비교적으로 보면서 사회학자로서의 공통점과 더불어 그 분석의 결론의 상위점을 이야기하고 이 둘로부터 영향을 받은 현대사회학의 대립현상을 설명하고자 한다.

사회의 경제적 형성의 진화를 자연사의 한 과정으로 보는 마르크스의 견해는 변증법에 의하여 설명되고 있지만 그의 불평등구조의 분석은 근본적으로 상품구조에서 출발한다. 매우 단순한 형태로부터 가치이론을 끄집어 냄으로써 상품분석의 필요성을 설명하는 그는 부르조아 사회에 있어서 노동의 산물로서의 상품의 형태, 즉 상품의 가치형태가 경제적 세포형태라고 말한다. 그는 사용가치와 교환가치 사이의 모순이 바로 상품가치의 내면적 불일치를 가져오기 때문에 그들 가치가 공통적 특질을 공유하고 있는 제3의 가치로서의 사회적으로 필요한 노동의 존재에 대한 불가피성을 설명하고 있다. 구조에 있어서 구성요소간의 상호작용의 특징은 상품구조에 있어서 교환수단이라는 현상으로 잘 나타난다. 노동 없이, 즉 인간이 개입되지 않고는 물질세계의 상호관계가 존립할 방법이 없다고 본다. 그는 인간노동과 상품구조 속의 일정한 관계간의 평행을 주장하며 원인으로서의 상품이 사회관계를 형성시킴은 물론 그 역도 성립한다고 본다. 미분화된 인간노동의 단순한 응결체로서의 노동이 모든 산물을 표현하는 일반적 가치 형태는 바로 그 구조에 의하여 상품세계의 사회적 요약으로 나타난다.[6)]

마르크스의 변증법은 사회구조의 기본으로서의 상품구조로부터 출발하며 모든 객체에 보편적으로 같은 값을 가지는 돈이 두 가지의 완전히 다른 기능을 수행하는 역할을 의미 있게 다룬다. 즉 돈은 사회적으로 인정된 인간노동의 화신으로서의 가치의 척도이며 고정된 금속의 무게로서의 가격의 표준이기 때문이다. 그는 상상적 가격형태, 즉 양심, 명예 등의 가치가 때때로 직접적 혹은 간접적 실질가치관계를 숨기고 있음을 논의의 대상으로 삼고 다음과 같이 상품구조의 모순으로부터 위기를 분석하고 있다.

> 사용가치와 교환가치의 대립, 개인노동 자체가 직접적 사회노동으로 규정되는 모순, 즉 특수한 노동의 구체적 종류가 추상적 인간노동의 대가가 되어야 하는 모순 그리고 객체의 개인화와 사물에 의한 인간의 표면 사이의 모순 등은 상품구조 속에 내재하고 있으며 그들 자신이 상품의 대조적 변경단계 속에서 그들의 운동양식을 발전시키고 있다. 그런 양식이 바로 위의 가능성을 시사해 준다.[7)]

---

6) Karl Marx, *Capital* vol.1(ed. by F. Engels), New York: International Publishers, 1967, 67쪽.
7) 윗책, 114쪽.

상품은 따라서 그의 상대적 가치를 상실하고 가치의 동가적 형태로 남는다. 상품은 다른 것을 사는 목적으로 팔리는 것이 아니라 상품의 형태를 돈의 형태로 대체시키기 위하여 팔리는 것이다.

반면에 막스 베버는 마르크스에 도전하는 구조적 이론을 전개한다. 그는 사회적 형식의 보통의식이라는 현상이 활동의 동일한 수준에서 생성되지 않는다고 보고 상이한 활동에 종사하는 사람, 즉 동질적 계급이 아닌 분화된 계층에 있는 사람들을 범주화시킨다. 마르크스가 인간이 생존하기 위하여 가져야 하는 잉여가치를 분석의 대상으로 삼은 반면, 베버는 인간이 지배하기 위하여 지녀야 하는 사회적 명예를 분석의 대상으로 삼는다. 한마디로 베버는 사회구조를 지배와 그의 구조적 진화로 설명하며, 다른 사람의 행위에 자신의 의지를 강요하는 가능성, 즉 권력의 일반의미로 지배를 규정하고 있다. 그는 이해의 연합에 의한 어떤 지배형태도 점차 권한에 의한 지배로 변환된다고 본다. 공통의식으로서의 명령과 복종관계로 나타나는 지배구조에 있어서 쌍방의 참여자(지배자와 추종자)는 규범적 지향성을 지녀야 한다. 직접민주주의는 지배자가 피지배자에 의하여 공복으로 인정되는 가장 순수한 지배형태이나, 귀족들에 의한 지배형태가 된다. 그러나 이러한 지배형태는 귀족들의 권력투쟁으로 인해 합법성을 갖는 지배형태로 바뀌게 된다.

> 이러한 특수한 형태의 지배구조가 지니는 사회학적 성격은 주인 또는 주인들과 그 기구 사이의 관계의 종류, 주인과 기구와 피지배자의 관계의 종류 그리고 명령의 권한을 분배하는 구체적 방법으로서의 조직구조에 의하여 결정된다. 모든 지배의 계속적 행사는 항상 합법성의 원칙에 소구함으로써 자기합리화의 강한 욕구를 갖는다.8)

농촌으로부터 소외되고 비합법화된 도시의 개념은 마르크스의 자본

8) Max Weber, *Economy and Society*, vol. III, (eds., by G. Roth and C. Wittich), New York: Bedminster Press, 1968, 953~954쪽.

론에서 다루어지는 돈의 개념과 같이 도시의 지배를 의미한다. 도시는 합리적 규칙이나 전통에 근거하지 않은 개인의 권한 속에 있는 카리스마에 해당하는 구조적 개념이다. 도시의 발달에 따라 더 이상 가구의 존재가 존속하지 않고 지방경제는 교환이 가능해진다. 비합법적 지배로서의 도시는 지역적 경제, 일상적 가치체계, 그리고 세속적 합법성으로부터 소외되고 도시공동사회로 발전하기 위하여 비농업적인 상업구조를 가져야만 한다. 그러므로 정치적인 시각에서 보면 도시의 성격은 독특한 부르조아계급의 면모를 드러내게 된다.

결국, 마르크스가 돈의 발달을 내용이 아닌 형식으로 분석하여 역사적 관점에서 불평등구조를 인식한 반면 베버는 도시공동사회의 부르조아 사회로의 발달을 보는 지배구조를 인식했다고 볼 수 있다.

다음으로 변증분석의 입장에서 검토하기 전에 가치와 구조 사이의 관계를 살펴볼 필요가 있다. 쟝 피아제는 가치가 스스로 구조를 포함하지 않는다고 보는데, 마르크스나 베버도 가치현상에 관하여 근본적으로 같은 견해를 가지고 있다. 마르크스에 있어서 가치는 노동력으로 표현되는 노동가치이며, 베버에게는 합법성이 가치가 된다. 가치는 모두 동일하여야 하고 질적이 아닌 양적 크기를 지녀야 한다. 만일 사회현상에 존재하는 구성요인 사이의 관계를 나타내는 범주 내에 동질성이 있다면 범주 안에서는 오직 양적 크기의 차이만이 있을 뿐이다. 그런데 우리가 범주 안이 아니라 범주 사이의 가치로 비교할 경우 문제가 생긴다. 범주들을 그 자신 특정한 가치의 형태를 지니지 않으며 구조를 형성하는 요소들은 동질적이기 때문에 가치측정이 항상 동일한 눈금으로 표시된다.

따라서 범주들 사이의 질적인 가치 크기를 구별해 주는 기준의 눈금매기기가 중요한 과제로 남는다. 마르크스는 사는 사람과 파는 사람에

의하여 함께 가치가 매겨지는 가격개념을 제시함으로써 합리적인 물질주의적 분석을 시도하였다. 즉, 노동력을 팔고 사는 두 가지 상반된 기존목표 사이의 관계는 범주체계를 형성하고 있다고 본다. 범주들이 가공적인 것의 관계로부터 형성되지 않는 이유는 그 가공물이 상반된 목적을 나타내지도 않으며 눈금의 가치 측정도 어떤 목적을 형성하지 않기 때문이다. 마르크스는 가공적인 것으로부터 도출되는 범주체계는 진정한 체계가 아니라고 보고 자본 없이도 계속 상반된 목표를 가지는 '파는 것'과 '사는 것'이 존재한다고 분석한다. 그러나 그의 관심사는 사실 범주체계에 있는 것이 아니라 더 넓은 의미의 전체성에 있다. 사용가치와 교환가치의 모순, C—M—C(상품—돈—상품)와 M—C—M′(돈—상품—돈) 사이의 대립이 명확히 그리고 은근히 두 가지 상반된 목적을 나타냈다고 본다.

그러므로 불평등체계는 노동력의 구매와 판매라는 진정한 관계로부터 발생하며 인간의 소외가 없는 상품으로서의 노동력의 소외는 규범적이지 못하고 시장에서 부여받은 것이다. 따라서 우리는 노동력의 구매와 판매라는 전체의식을 인식하지 않고 깊은 구조를 이해할 수 없으며 구조의 위기의 기본이 되는 완전의식이 있을 때에만 구조의 변혁이 초래될 수 있음을 인지할 필요가 있다.

베버도 가치는 구조를 지니지 않는다고 본다. 마르크스에 있어서 사회적 필요성의 개념은 베버에 있어서 공식적 합리성에 대한 개념과 흡사하다. 구체적 사회과정의 일부분으로서의 사회적 필요성은 단일 기준으로 분석되는 반면, 합리성은 전문의식, 경험주의, 기존의 일반규칙 같은 조건들의 여러 가지 변형으로 분석된다. 가치자유, 무목적, 비인간적 그리고 기술적이라고 특성지어지는 관료화는 기존의 엘리뜨에 의한 전통적 지배형태로부터의 혁명적 이탈이라고 볼 수 있으며 관료적 노동의 가치는 충성과 관료직에의 헌신으로 풀이된다. 베버의 변증적 분석도 목적과 무목적 사이의 갈등과 귀족에 의한 지배와 훈련된 전문관료의 지배 사이의 갈등에서 출발하고 있다. 그 곳엔 대중이 있는 것이 아니라 규범적인 권력의 두 개 정점만이 있을 뿐이다.

변증분석은 항상 구조의 재생산을 전제로 한다. 그런 관점에서 볼 때 마르크스와 베버는 모두 확대의 개념을 사용하고 있다. 관료구조의 재생산은 일정한 확장율에 의해 이루어지나 비인간적인 목적을 갖는다. 이는 마르크스에 있어서 잉여가치의 개념에 해당한다. 잉여가치를 창출하는 과정은 한정된 점을 넘어서는 가치를 계속 생산하게 되지만 새로운 가치는 항상 노동력으로부터 오고 있음을 간과해서는 안 된다. 자본은 노동력의 생명의 길이에 대하여 돌보지 않기 때문에 자본주의적 생산양식은 인간의 정상적·도덕적·물리적 발달과 기능조건을 빼앗아감으로써 인간의 노동력을 퇴보시키고 있다고 마르크스는 말한다. 확대에 의한 구조의 재생산은 두 계급의 상반된 목표를 명확하게 만드는데 돈·생산수단·생존수단의 소유자는 다른 사람의 노동력을 구매함으로써 가치를 증식시키는 반면, 자유로운 노동자들은 자기 자신의 노동력을 파는 자로 전락한다. 다시 말하여 특정한 경제적 전체성의 생산과 재생산은 반드시 특정한 사회적 전체성의 생산과 재생산의 과정으로 변환되고 있으므로 재생산과정으로서의 자본주의적 생산은 상품과 잉여가치를 생산할 뿐만 아니라 자본가와 노동자의 자본주의적 관계를 만들어 낸다고 볼 수 있다.

반면 베버의 변증분석은 권력에의 투쟁이 시발점이 된다. 그는 법적 지배체계가 카리스마적 지배체계와 전통적 지배체계와 마찬가지로 변환되어야 한다고 보며 어떤 지배체계도 합법성에 대한 신념이 바뀜에 따라 변할 수 있는데 그 변동이 권력투쟁으로 나타나지만 지배체계 자체의 파괴가 아닌 관료기구의 장악의 변동으로 귀결된다고 보고 있다.

마르크스가 구조의 핵심요소간의 관계를 분석하여 자본주의사회의 붕괴라는 유일한 결말을 지적한 반면, 베버는 상대적 입장에서 여러 갈래의 길을 제시하였다. 그러나 그들은 사회구조를 분석하는 데 있어서 변증분석을 다같이 사용하였다.

이 두 거성의 이론과 사상은 그 후대의 사회 이론에 지대한 영향을 주었고 사회를 설명하고 이해하는 두 개의 다른 모형을 형성하게 만들었다.

세계 제2차대전 이후 1940년대와 1950년대의 사회학의 주도적인 세력은 미국의 탈콧 파슨스를 중심으로 한 구조기능주의였다. 이들 세력에 대한 비판이 일기 시작한 것은 50년대 말에서부터 60년대에 걸쳐서였고 그 열기는 그 후 더욱 강해지고 있다고 볼 수 있다. 우리는 여기서 비판의 소리를 요약해 보고 비판이론들을 분류하여 검토하면서 사회학이론의 재구성의 방향을 모색해 보기로 하자.

구조기능주의에 대한 첫번째 비판은 그 이론이 사회적 갈등과 변동을 제대로 보지 못하고 있다는 데 있다. 이는 사회의 체계적 속성들이 기능적으로 상호의존적이며 사회변동은 외부환경의 충격 같은 외재적 요소에 기인하여 점진적으로 이루어진다는 구조기능주의의 입장에 대한 정면적인 도전이었다. 사실상 현대사회가 겪은 갈등과 급격한 변동은 구조기능주의의 틀 속에서는 제대로 설명할 수가 없는 것도 사실이었다. 두번째로 구조기능주의의 추상적 개념들이 비역사적이라는 비판이다. 사회체계에 대한 연역적 개념 틀을 끄집어내어 사회체계의 일반이론을 만들어내려는 노력을 경주해 온 것은 어떤 면에서 구조기능주의의 장점일 수도 있으나 구체적 사회의 구체적인 역사적 맥락 속에 존재하고 있기 때문에 허구적 틀로서는 보편현상을 설명하는 것 같으면서도 구체적 역사성을 간과하는 큰 약점을 지니고 있다는 것이다. 세번째의 비판은 구조기능주의에서 보는 인간의 문제가 피동적인 역할수행자로 간주하는 데 있기 때문에 능동적 주체로서의 인간을 설명하는 데 큰 약점을 지니고 있다는 점이다.

이러한 비판을 바탕으로 사회학에서 대립모형(counter-model)을 제시한 이론의 흐름을 아이젠슈타트는 여섯 가지로 정리하고 있다.[9)]

첫째 모형은 갈등모형이다. 이들의 입장은 구조기능주의가 합의(consensus)와 가치규범적(value-normative)이라는 메카니즘으로 사회를 분석한 데에 반대를 하고 사회구성원의 가치와 규범이 합의를 이루고 있는 사회는 사실상 존재하지 않고 이해관계의 갈등이 항상 존재한다고 보는 입장이다. 이들 가운데는 다렌도르프, 밀스(C.W. Mills), 렉스(J. Rex) 등이 있다.

두번째는 첫번째의 모형과 연관되어 있는 것인데 구조 기능주의가 사회분업에 의한 사회체계 모형을 지니고 있는 데 반하여 집단이해의 갈등의 체계로 설명하고 그로 인한 변동을 설명하려는 입장이다. 여기에는 벤딕스가 포함된다.

세번째는 미시적 차원에서 구조기능주의를 비판한 세력으로 개인적 합리모형(individual rational model)이라고 부를 수 있다. 이들은 인간의 자율적인 합리적 행동을 구조기능주의가 설명하지 못한다고 보고, 합리적 인간을 강조하거나 그를 바탕으로 한 교환관계를 주장한다. 하사미(J.L. Harsamyi), 호만스, 블라우 등이 이에 속한다.

네번째 역시 미시적 차원에서의 비판모형인데 구조 속에 가려져 있는 인간의 상징적 상호작용을 중시하고 그 작용을 통해 구조가 재구성

---

9) S.N. Eisenstadt, 앞책, 194~210쪽.

되는 사회적 실재를 강조한다. 여기에는 상징적 상호작용주의자와 민족방법론자 그리고 인지사회학자들이 포함된다.

다섯번째는 상징적 구조주의(symbolic-structuralism)의 입장으로서 구조기능주의가 겉으로 나타난 주어진 구조를 강조하고 있지만 이는 숨겨진 깊은 구조를 못보는 것이며 실제로 사회는 이러한 깊은 구조와 그 구조의 법칙에 의해 움직이고 있으며 그 구조법칙은 대체로 대응하는 변증적 관계를 가지고 있음을 강조한다. 여기에 레비 스트로스가 포함된다.

여섯번째는 역사적 체계 모형(historical systemic model)으로 신마르크스주의의 입장을 말하는데 이들의 비판은 구조기능주의가 특수한 역사구조의 상황을 보지 못하고 허구적인 개념들로서 사회를 설명하고 있다는 데 있다. 여기에는 프랑크푸르트학파, 특히 하버마스, 알랭 뚜레인 등이 포함된다.

이들의 비판모형은 모두가 가치 있는 것으로 받아들여지는데 이는 구조기능주의가 그만큼 문제가 많았다는 데 연유하고 있는 것이다. 이들 비판세력이 주장한 비판의 내용들은 바로 현대사회학 발전에 공헌하고 있는 점이다. 구체적으로 갈등과 교환모형은 구체적으로 정치체계의 상이한 유형들을 비교적으로 접근하게 하는 틀을 제공해 주었으며 상징적 상호작용주의와 민족방법론은 사회가 자율적 인간들의 상호작용을 통하여 실제로 재구성되고 있음을 보여 주었고, 상징적 구조주의는 사회의 숨겨진 구조를 발견하게 하고 그 법칙성이 상징적 과정과 연관되어 있음을 인식하게 하는 데 도움을 주었고 역사적 체계 모형은 숨겨진 구조를 역사구조와 이어보며 비교하는 비교사회학의 틀을 제공하여 주었던 것이다.

4·4 사회학 이론의 재구성

그러면 이러한 비판과 공헌이 어떻게 받아들여져 새로운 사회학 이론의 재구성이 가능하겠는가? 사실상 1960년대 말까지 사회학의 분파 사이에는 표면적인 합의가 이루어진 것같이 느껴졌었다. 이는 바로 산업사회의 이론(theory of industrial society)을 통하여 미국에서 립셋, 벨, 파슨스 그리고 유럽에서 아롱, 다렌도르프가 진보적 자유주의의 이념 아래 공통적 사회이론을 형성하는 것 같았으나 사실상 이는 기능주의와 자연주의 사회철학을 기반으로 한 것이었다. 그 후 이와 같은 강력한 비판모델들이 나타났고 사회학의 세력은 다양성을 띠게 되었다. 이를 실망과 환멸로 보는 사람도 있었고, 어떤 희생을 치루고도 안정을 찾으려는 교조주의자(정통 마르크스주의도 포함)도 있었고 오히려 다양화를 바람직한 것으로 보려는 사람도 있었다.[10]

그러나 사회학 이론은 보다 더 바람직한 방향으로 재구성되어야 할 것이다. 그러기 위하여는 지금까지의 표면적인 합의사항이 약점을 지니고 있음을 인정해야 한다. 안토니 기든스는 이를 다섯 가지로 지적하고 있다.[11] 첫째, 자연과학을 통하여 사회학의 기원을 스스로 해석하려는 오류, 둘째, 이미 퇴색했고 결함이 있는 언어철학에 의존하는 점, 세째, 자연주의적 전제에 근거한 지나치게 단순한 사회과학의 모형에 의존한다는 점, 네째, 진정한(능동적으로 재구성시키는) 행위이론이 결여되어 있다는 점 그리고 다섯째, 자연과학의 논리실증 모형에 지나치게 가깝게 매여 있다는 점이다.

10) Anthony Giddens, *Central Problems in Social Theory: Action, Structure and Contradiction in Social Analysis*, Berkeley: Univ. of California Press, 1979, 238쪽.
11) 윗책, 240~259쪽.

구조기능주의와 비판이론 사이의 생산적인 대화가 가능한 것인가 아니면 둘 중의 하나를 포기할 것인가 하는 문제는 우리가 심리학에서 다루었던 과제와 마찬가지로 인본주의와 행동주의의 관계와 비유될 수 있다. 이들의 생산적인 대화의 보기를 몇 가지 들어 본다.[12] 구조기능주의는 방법론의 차원에서 보면 논리실증주의에 근거하고 있는데 이를 비판하는 입장에 있는 Gurvitch는 경험연구와 비교연구의 유용성을 인정하고 있다. 또한 반덴버그나 프리드리히는 모두 변증법과 기능주의가 꼭 정면으로 대립하는 것은 아니라고 주장하고 있으며[13] 좀카도 기능주의와 마르크스주의와의 연계성을 설명하고 있다.[14]

그리고 사회학적 접근에 미시적 접근을 접합시키려는 시도로는 우리, 테일러, 렉스의 시도를 들 수 있다.[15] 또한 마르크스, 미드, 프로이트의 공통점을 찾는 쟈이트린, 짐멜, 마르크스, 베버의 공통점을 찾는 콜린과 마코우스키의 노력[16] 등은 생산적 대화의 또 다른 보기라고 볼 수 있다.

그러나 생산적인 대화는 단순한 평면적 결합으로는 오래가지 못한다. 우리는 보다 깊숙히 현대사회가 지니고 있는 기본적 쟁점을 다시 한번 인식하고 사회학이 마땅히 해야 할 과제를 재정리해 보고 새로운 이론의 재구성으로서 안토니 기든스의 입장을 제시하기로 한다. 현대 산업사회가 당면하고 있는 근원적 문제는 첫째, 사회 또는 국민국가 사이의 자율과 의존관계가 심각한 구조를 가지고 있다는 점이다. 다시 말하여

12) S.N. Eisenstadt, 앞책, 304~312쪽.

13) R.W Friedrichs, "Dialectical Sociology: toward a resolution of the current crisis in western sociology", *British Journal of Sociology*, 1972, 23, 263~274쪽.

14) P. Sztompka, *System and Function*, New York: Academic Press, 1974.

15) J. Urry, *Reference Group and the Theory of Revolution*, London: Routledge and Kegan Paul, 1973; I. Taylor, P. Walton and J. Young. *The New Criminology: for a Social Theory of Deviance*, London: Rontledge and Kegan Paul, 1973; J. Rex, *Sociology and the Demystification of The Modern World*. London: Routledge and Kegan Paul, 1974.

16) R. Collins and M. Makowski, *The Discovery of Society*. New York: Random House. 1972

세계의 각 국가는 커다란 세계경제체계의 구조와 세계적 군사질서의 체계 속에서 자율성을 상실해 가고 의존체제를 심화시키고 있다는 점이다. 둘째는 사회체계의 상이한 부문 또는 지역 사이의 불평등한 발전이 이루어지고 있다는 점이다. 이는 계급, 인종차별, 지역주장으로 강하게 나타나고 있다. 세째로 정치적 혁명을 포함하건 안 하건 간에 사회의 주요기관들의 기존의 연합이 변환되는 급진적 사회변동이 일어나고 있는 중요한 국면을 맞이하고 있다는 점이다. 네째로는 개구리 뛰는 식의 변동이 있을 수 있다는 점이다. 이는 선진국가들이 어떤 환경 아래서는 오히려 변동이 억제되고 후진국가들은 처음에 느린 변동을 겪다가 어떤 상황 아래에서 급격한 발전을 할 수 있다는 생각인 것이다.[17)]

이상과 같은 사회변동의 와중에 있으면서도 사회학은 기본적인 사회질서의 문제에 관심을 가져야 함은 물론이다. 첫째, 사회질서 문제의 뿌리를 찾는데 인간의 생물학적 타고남과 인간환경의 구성을 동시에 연구하여야 하고 둘째, 행위자, 목표와 자원 그리고 사회적 분업 사이의 관계에 있어서 불확정성을 연구하여야 하며 세째, 사회생활의 의미 있는 질서를 찾고 사회적 상호작용의 근원적 규칙을 설정하는 문제를 연구하여야 한다. 네째는 인간활동의 상징적 차원을, 다섯째는 사회적 상호작용의 근원적 규칙을 제도화시키는 문제를, 여섯째는 사회적 상호작용의 근원적 규칙을 깊은 구조의 원칙으로 보는 문제를 그리고 일곱번째로는 사회질서를 구성하는 데 있어서 긴장·모순·갈등·변동이 흔히 있는 일이라는 것을 밝혀야 한다.[18)]

여기서 모순(contradiction)과 갈등(conflict)의 개념을 구분해 볼 필요가 있다. 갈등은 명백한 사회적 실제로서 표현되는 행위자들 또는 집합

17) Anthony Giddens, 앞책, 225쪽.
18) S.N. Eisenstadt, 앞책, 347~375쪽.

체들 사이의 투쟁을 의미하는 반면 모순은 체계조직의 구조적 원칙이 분리되는 것을 뜻한다. 마르크스에게는 모순의 개념이 보편적인 존재론적 조건으로의 존재의 종말을 뜻하는 것이 아니라 인간사회질서의 보편적 유형이 아닌 잠정적인 것으로서의 계급사회의 종말을 의미하는 것이다. 따라서 우리는 모순이 역사적 변동을 퇴보시킬 수 있을 가능성을 생각해야 한다. 그러면 현대 자본주의사회의 모순은 무엇인가? 일차적 모순은 사적 소유와 사회생산의 모순이며 이차적인 모순은 국민국가의 헤게모니와 자본의 국제화의 모순이고 이로 인한 체계의 퇴행은 우파의 전체주의(파시즘)로 나타난다는 것이다. 그런데 사회주의에서는 이것이 좌파의 전체주의(스탈린주의)로 나타난다는 것도 잊어서는 안 된다.

그러면 현대 사회학 이론의 분파의 다양성을 넘어서서 어떠한 새로운 방향으로 재구성되어야 할 것인가? 그 입장을 선명하게 제시하고 있는 안토니 기든스는 그것을 구조화의 이론(theory of structuration)이라고 부른다. 구조화는 구조의 계속성 또는 변환 그리고 체계의 재생산을 지배하는 조건으로 정의를 내릴 수 있는데 이는 행위와 구조의 상호의존성을 인정하면서 사회체계의 시간·공간적 구성을 설명하는 이론이라고 본다.[19] 이 이론은 구조의 이중성을 전제로 하는 비기능주의적 선언(non-functionalist manifesto)이며 사회적 재생산에서의 목적론을 강조한다. 그러한 점에서 기든스는 구조주의이론이 중요한 공헌을 해 왔다고 보고 있으며 재래식의 기능주의를 포기하고 사회적 행위자가 자기행위의 조건을 깨달으면서 자기행위를 재구성해 나가는 진정한 행위이론(theory of action)이 나타나야 한다고 본다. 그는 구조주의이론이 공헌하고 있는 점을 다음과 같이 지적하고 있다.[20] 첫째, 구조주의 이론은

19) Anthony Giddens, 앞책, 2~3쪽.
20) 윗책, 46쪽.

언어와 사회의 구성에 있어서의 차이를 통하여 공간의 중요성을 지적하고 있다는 점, 둘째, 구조주의이론은 그 분석의 중심에 바로 시간적 차원를 결합시키는 시도를 하고 있으며, 세째, 시간에서의 거리는 어떤 중요한 국면에서는 민족지적 거리와 같다는 것을 이야기하는 점, 네째, 기능주의보다는 사회적 전체성을 보다 만족스럽게 이해하고 있다는 점, 다섯째, 주체와 객체의 이원론을 초월하려는 시도를 하고 있는 점, 여섯째, 주체를 연구의 중심으로부터 떨어뜨려 핵심을 보게 하는 방법을 사용한다는 점 그리고 일곱째, 문화적 가치의 생산을 분석하는 데 공헌하고 있다는 점을 들고 있다.

이와 같은 기든스의 생각은 이미 우리가 앞에서 분석한 구조기능주의에 대한 비판모형들의 생각을 종합한 것과 비슷함을 알게 된다. 능동적 주체로서 인간을 보는 틀, 사회체계의 숨겨진 깊은 구조와 그 법칙성을 발견하는 틀 그리고 역사적 구조 속에서 작용하는 능동적 인간과 숨겨진 구조와의 상호작용을 보는 틀을 현대사회학은 필요로하고 있다는 결론에 도달하게 되며 이러한 생각들을 고전사회학이론에서 재음미하고 기존의 사회학 이론을 비판적으로 재구성함으로써 그러한 작업이 가능해진다는 사실을 깨닫게 된다.

4·5 사회학 이론과 조직의 문제

심리학 이론들이 조직의 문제를 해결하는 데 기본적 이론의 틀이 되거나 조직관리의 기법이 되었던 것과 마찬가지로 사회학 이론은 그 자체가 조직이론이라고 부를 만큼 조직을 설명하는 뼈대가 되어왔다. 우리는 흔히 사회학 이론은 사회전체를 이해하고 사회전체의 문제를 해결하는 데 도움을 주는 것이지 단위가 적은 조직의 문제와는 직접적으로 연관되어 있지 않다고 생각할 수 있으나 그러한 생각은 조직의 기본이론이 결국 사회학 이론이라는 사실을 모르는 데서 오는 착각이라고 볼 수 있다.

나는 특별히 이 책의 머리말에서 큰 사회체계를 다루는 이론적 입장이나 작은 사회체계(조직)를 다루는 이론적 입장이 다르지 않다는 것을 자세히 설명하였다. 또한 사회의 문제와 조직의 문제는 본질적으로 같은 것이라는 것은 이 책의 제3편에서 더욱 자세히 설명할 것이기 때문에 여기서는 지금까지 언급한 사회학 이론과 조직문제가 어떠한 맥락을 같이하고 있는가만을 살피기로 한다.

첫째로 막스 베버의 이론이나 그 후 탈콧 파슨스의 구조기능주의 이론은 소위 공식조직이론(theory of formal organization)의 기본틀이라고 볼 수 있다. 관료제(bureaucracy)를 중심으로 한 모든 조직의 원칙들은 베버의 거시이론을 미시적 조직현상에 적용시킨 데 불과하며 합의(consensus), 유지(maintenance), 환경과의 관계, 균형매카니즘, 사이버네틱 이론 등은 모두 구조기능주의의 이론적 틀에서 나온 조직의 개념들이라고 볼 수 있다. 따라서 조직의 구조나 변동을 설명하고 분석하는 데 있어서 사용하는 개념이나 이념적 입장이나 분석틀은 구조기능주의에 대한 철저한 이해 없이는 언급하기 어려우며 사회학이론이 철저한 밑거름이 되어야 한다.

두번째로 구조기능주의에 대한 비판적 이론으로 나타난 사회학의 이론들도 마찬가지로 현대 비판적 조직이론의 기본이 되고 있다는 사실이다. 갈등과 변동을 강조하는 사회학 이론들은 조직의 문제를 바로 그러한 이해의 갈등으로 보기 때문에 조직갈등의 이론들을 탄생시켰으며 상징적 상호작용을 중시하는 사회학 이론들은 조직 내의 눈에 보이지 않는 상호작용이 조직의 움직임에 미치는 영향을 설명하는 데 크게 공헌하고 있으며 깊은 구조와 역사적 구조를 중시하는 사회학의 이론들도 조직에서의 계급구조, 조직의 역사성을 강조하는 비판적 조직이론의 형성에 영향을 주고 있는 것이다. 이러한 세력들이 합쳐져서 관료제를 극복할 수 있는 조직이 방향을 구체적으로 제시하는 데 밑거름이 되고 있다.

이처럼 현대 조직이론은 사회학 이론의 발달과정과 불가분의 관계를 지니면서 형성되고 있기 때문에 상식수준에서 또는 실증적 자료분석의 수준에서 논의되는 조직문제는 극히 단편적이고 수박 겉핥기 식의 접근이라고밖에 볼 수 없는 것이다. 나는 이러한 문제를 좀더 자세하게 「제3편 현대사회 및 조직의 구조와 변동의 문제」에서 분석해 보일 것이다.

5. 문화와 사회심리학 이론이 이바지한 것들

문화의 문제를 독자적으로 연구하는 학문이 설사 문화인류학이라고 하여도 이는 항상 사회현상과 심리현상과의 상호작용 속에서 그 의미가 살아나기 때문에 보다 넓은 문화와 사회심리이론의 틀을 통하여 음미할 필요가 있다.

이 장에서는 우선 문화와 인성이론을 중심으로 이론적인 동향을 살펴보고 다음으로 비교문화의 관점에서 지금까지 주도적인 틀이었던 서구문화의 틀과 다른 비서구문화의 틀을 분석하려고 한다. 특히 요즈음 문화비교의 관점이 모든 사회과학과 응용사회과학에서 새롭게 부각되고 있기 때문에 사회과학의 구심의 역할을 담당할 수 있는 조직행동을 연구하는 데는 문화비교의 관점이 절대로 요청되고 있는 것이다. 우리가 살고 있는 한국과 관련있는 동양문화권의 틀을 비교적으로 인식하는 일을 가장 중요한 작업으로 보아야 할 것이며, 두번째로 동양과 마찬가지로 역사와 전통이 깊은 유럽의 국가들 가운데 사회주의 국가가 된 나라들을 살펴봄으로써 사회주의 국가의 문화적 틀을 이해하는 것이 현대를 사는 우리들에게 필요하다고 본다.

그 다음 우리는 문화와 조직의 문제를 연결시켜 봄으로써 조직의 문제가 문화적 틀을 도외시하고는 존재할 수 없음을 밝히고자 한다.

5·1 문화와 인성이론의 의미

크로버와 클럭혼은 문화를 다음과 같이 정의하고 있다.

> 문화는 가공물을 포함하는 인간집단의 독특한 성취를 구성하는 상징에 의하여 획득되고 전수되는 행동의 명시적 혹은 묵시적 유형이다. 문화의 본질적 핵심은 전통적(역사적으로 유추되고 선택된) 사상과 그에 밀착된 가치를 포함한다. 문화체계는 한편으로는 행동의 산물이며 다른 한편으로는 미래행위를 조건화시키는 요소이다.[1)]

문화라는 문맥에서 보는 인성은 문화의 개념과 같이 넓은 뜻을 포함하며 인간의 생물학적, 생리적 잠재력과 한계로부터 유추되는 심리적 구조라고 볼 수 있다. 이런 의미에서 챠일드는 인성을 두 가지 의미로 구분한다.

> 첫째 의미로 볼 때 인성은 방대한 내적 및 외적 힘에 의하여 지시받고 유인되는, 일상생활에서 나타나는 인간의 복잡한 심리과정이며…… 좁은 의미의 인성은 보다 제한된 주제를 다루는데 일상생활에서의 차이보다는 안정된 내면적 특성에 관련된 사람 사이의 차이, 즉 한 사람의 행위를 기준으로 하는 내면적 일관성을 말한다.[2)]

르바인에 의하면 문화와 인성 사이의 관계에 대한 다섯 가지 견해가 있다. 첫째 입장을 반 문화인성이론(anti-culture-personality theory), 둘째는 심리학적 환원주의(psychological reductionism), 세째는 문화=인성이론(culture is personality theory), 네째는 인성중개이론(personality mediation theory), 다섯째는 두 체계이론(two systems theory)이다.[3)] 정통사회학자

1) A. L. Kroeber and C. Kluckhohn, "Culture: a Critical Review Concepts and Definitions", *Papers Peabody Mus.*, 1952, 47, No. 1.
2) I. L. Child, "Personality in Culture", In E. F. Borgatta and W. W. Lambert (eds.), *Handbook of Personality Theory and Research*, Chicago, Ill.: Rand McNally, 1968. 82~83쪽.
3) LeVine, R.A., *Culture, Behavior and Personality*, Chicago, Ill.: Aldine Publishing Co., 1973, Chapter 2.

와 상호작용이론가들이 취하는 반 문화인성이론은 개인 밖에 있는 환경체계를 행동의 문화적 변형의 원인으로 보고 관찰가능한 행위에 있어서 집단간의 차이는 깊숙한 심리적 요인에 대한 증거 없이도 개인이 경험한 상황적 압력에 의하여 설명할 수 있다고 본다. 두번째의 심리학적 환원주의는 개인의 심리적 요인이 문화사회행동을 결정하는 독립된 요인으로 보고 문화유형을 범인간적인 동기·정서·선입관의 표현으로 본다. 세번째의 문화적 상대주의는 문화적 가치의 차이, 즉 선과 미에 대한 관념의 차이를 중시하며 개인의 정서적 반응과 인지적 능력이 전반적 문화 디자인에 따라 계획되는 국면으로서의 인성을 다룬다. 인성중개이론은 인성을 통합의 공약수로 보는 상호연관체계이론이고 두 체계이론은 사회문화체계와 인성체계의 상호작용을 중시하는 견해이다. 르바인의 문화와 인성 사이의 관계모형을 수정하여 제시하면 다음과 같다.

문화와 인성과의 관계[4)]

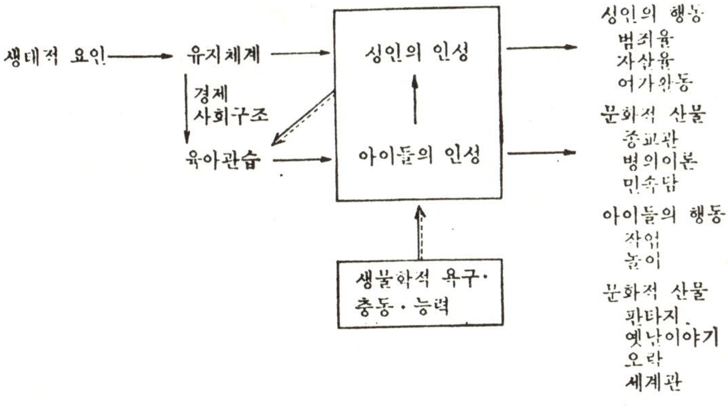

문화와 인성이론 가운데에서 처음 세 가지 입장들은 모두 결정론적 견해를 지니고 있기 때문에 요즈음 잘 받아들여지지 않고 있으며 네번째

---

4) 실선은 LeVine의 모형이고 ⟹ 은 내가 수정한 것이다(저자와 발행인의 허락을 받음). R. A. LeVine and B. B. LeVine, *Nyansongo*, New York: Wiley, 1966.

와 다섯번째의 입장이 보다 바람직한 견해라고 볼 수 있다. 그러면 이들 이론이 어떻게 문화변동에 공헌할 수 있는가를 살펴보기로 하자.

왈라스가 제시하는 문화변동과정[5]의 유형 중에서 재활력화 과정은 역사와 전통이 깊은 사회의 문화변동과 지속을 설명하는 개념적 틀로서 유용하다. 안정의 상태로부터 개인적 긴장이 증가하는 시기로 넘어가기 위하여서는 기후의 변화, 전염병, 전쟁과 정복, 사회적 존중, 문화이식 등이 필요하며 이러한 요인이 아노미와 환멸을 가져와 문화적 균열의 시기가 된다. 이 시기에 개개인들은 개인적 균형을 되찾기 위하여 역기능적 행위에 가담하게 되는데 약물중독, 암시장, 성도덕과 가족윤리의 파괴, 매점매석, 노름, 속죄양의 속출이 이에 해당된다. 이를 해결하기 위한 재활력화 시기에는 목표문화(goal culture)를 확립하기 위한 규범의 제정과 이의 소통을 위한 조직화, 파괴적 강제가 없는 내적 사회순응을 거친 뒤 일상화되며 새로운 안정의 상태로 돌아온다.

그러면 외부적 압력의 차이가 뚜렷하지도 않으면서 어떤 사회는 다른 사회에 비하여 높은 수준의 내부적 원동력을 가지며 또한 비슷한 외부적 압력에 다르게 반응하는가를 설명할 수 있는가는 한 사회문화현상의 개체적 분석으로는 불가능하며 두 가지 이상의 사회문화현상 사이의 상호작용을 이해하여야만 가능하다. 이러한 움직임은, 종래의 미국 인류학이 이론에 회의를 갖는 점진적 실증주의에 빠져있는 데 대한 비판으로 영국의 사회인류학파와 미국의 심리인류학파로 나타났다. 이들은 이론이 역사적 재구성 이상의 것으로 보며 문화적 특징보다는 문맥·유형·

5) 왈라스는 문화변동과정의 유형을 거시모형과 미시모형으로 크게 구분하고 거시모형 속에 Oscillation model, Partial-ordering evolution, Stochastic evolution, The Age-area diffusion model을, 미시모형 속에 Moving equilibrium processes, Paradigm development processes, Revitalization Processes를 포함시키고 있다. 구체적인 설명은 Anthony F. C. Wallace, *Culture and Personality*(2 nd ed.), New York: Random House, 1970, 178~206쪽을 볼 것.

구조를 강조하는 이론적 재구성이 필요하다고 본다.

문화변동 혹은 문화지속을 설명하는 이들의 개념은 개인적 욕구와 문화규범 사이의 갈등이다. 문화적 순종이 사회적으로 처방된 과업 수행의 형태이든지, 또는 사회적으로 금지된 행위의 억제의 형태이거나, 사회의 기능적 요건이기 때문에 이러한 갈등이 문화규범과 일치하는 방향으로 해소되거나 개인의 욕구충족이 개인적 적응의 요건이기 때문에 적어도 욕구충족의 최저수준을 허용하는 방향으로 해소될 것이다. 문제는 갈등이 개인과 사회의 기능적 요건을 동시에 만족시키는 방향이어야 한다는 점이다. 문화적 불복종의 상황을 세 가지로 구분한 스피로는 심리인류학의 접근이 퍼스낼리티체계에 지나치게 관심을 보이고 있음을 비판하고 사회문화적 체계와의 상호작용을 설명하고 있는데, 심리적으로 촉발된 불복종에 대한 선호, 구조적으로 촉발된 불복종에 대한 선호, 불복종의 욕구 자체가 문화적으로 인정받지 못할 경우를 분석하는 데 있어서 종래의 심리학의 접근이 다룰 수 있는 상황은 첫번째이며, 두번째와 세번째의 상황은 사회문화체계의 분석의 도움을 필요로 한다고 본다.[6] 금지된 동기가 초자아의 공포나 사회적 규제 때문에 억제된다고 하여도 이러한 동기를 활성화시키는 욕구는 소멸되지 않는다. 사회적 통제의 수단이 개인적 적응이라는 기능적 요건을 만족시키는 것을 방해하지만 문화적 및 구조적으로 촉발된 금지된 동기(문화적 불복종)의 경우에는 사회적 통제가 금지된 동기의 표현을 억제하게 된다. 이러한 경우 계속되는 욕구불만은 인성체계의 역기능적 결과를 가져오며 이어서 사회통제의 파괴(문화적 불복종의 동기가 문화적 복종의 동기보다 강한 경우)도

6) Melford E. Spiro, "An Overview and a Suggested Reorientation", In Francis L. K. Hsu(ed.), *Psychological Anthropology*(New ed)., Cambridge, Massachusetts: Schenkman Publishing Co., 1972, 573~607쪽. 욕구불만을 통한 문화변동과 자아방어를 통한 문화지속을 대비시키고 있는 그는 공격성, 억압, 전환, 승화의 개념을 이용한 심리인류학적 분석을 자세히 설명하고 있다.

초래한다고 본다.

5·2 동양문화에 대한 비교적 인식

동양사회에 대한 서구사회에서의 인식은 순수한 학문적 입장에서의 관심이 하나이고 다른 하나는 실질적인 강국으로의 부상(중공, 일본)에 대한 경쟁적 관계에서의 관심이라고 볼 수 있다. 그것이 어떠한 동기에서 연유한 것이건 간에 동양사회에 대한 관심의 열기가 높아가고 있는 것만은 사실이다. 문화와 사회심리이론이 공헌할 수 있는 영역이 바로 이러한 비교인류학적 틀의 구성일 것이다. 나는 여기서 동서양사회의 틀을 구조적으로 비교하면서 비서구문화의 중요한 유형으로서의 동양문화를 인식하고 그것를 귀납적으로 실증자료에 의해 증명하고자 한다.

샤에간은 서구사상의 진화에 있어서 그 중심이 지능에서 본능으로, 종말론에서 역사로, 영혼에서 이성으로, 자아가 절대에서 상실되는 무아의 명상으로부터 자아를 신과 자연에 대항시키는 강한 긍정으로 하향하고 있다고 보고, 동양사상에서 보는 인간은 다면적 우주이며 세계는 이성의 투명이나 수학적 및 물리적 논리의 망이 아닌 객체의 객관화로 나타나지 않는 전체로서의 존재라고 보고 있다.[7] 동서양사회(한국·중국·일본 중심)의 구조적 차이를 내나름대로 몇 가지 정리하여 보고 다른 학자의 견해를 덧붙이기로 한다.

첫번째는 인간의 평등성과 계급에 대한 인식의 문제이다. 서양은 인간이 태어날 때 불평등하게 태어난다고 보아 왔다. 타고난 인간성과 관련없는 구조적 조건, 즉 부모의 계급, 재산 등과 같은 외면적 조건이 인

7) D. Shayegan, "The Challenge of Today and Cultural Identity", *East Asian Cultural Studies*, vol. XVI, 1977, 31~44쪽.

간의 불평등성을 결정한다는 것이다. 따라서 이러한 구조적 불평등성을 인간이 살아가면서 극복하고자 하는 노력이 생겨났으며 이는 그들의 양심으로 부르짖어지든지, 아니면 혁명과 같은 구조적 변혁으로 나타나든지 했었다. 따라서 구조적으로 얽매인 불평등성을 비인간화로 보고 계급현상을 부정적으로 인식하려는 흐름이 있다. 이는 일종의 외면적 결정론이며 구조적 개혁을 단행하는 처방에 강한 속성을 보이고 있는 것이다. 반면 동양에서는 보수적인 공명사상이나 혁신적인 노·장사상이 모두 인간의 평등성의 문제를 같이 인식하고 있었다. 인간은 태어날 때부터 모두 평등하게 태어난다는 것이다. 그러면 인간의 평등성은 어떻게 결정되는가? 이는 모든 인간이 태어날 때부터 지니고 있는 인간의 사물을 판별할 수 있는 마음 때문이다. 누구나 그 마음을 가지고 있다는 사실이 인간의 평등성을 의미하는데, 실제로 나타나는 사회의 계급현상은 그 마음을 살아가면서 얼마나 깊이 닦느냐에 있다고 본 것이다. 즉 인간의 내면적 차이(도덕적 수양)가 인간이 현실적으로 사회에서 점하는 계층을 결정한다고 본다. 그러므로 사회적으로 높은 계층에 있는 사람은 당연히 도덕적 수양을 높이 쌓은 사람이라고 내면화시킨다. 이는 서양과 달리 내면적 결정론을 의미하며 이상과 현실의 괴리가 발생했을 때 이를 좁히는 구조적 노력을 못하게 만들 수 있는 약점을 스스로 지니고 있다. 물론 동양의 이상은 모든 높은 계층에 있는 사람들이 스스로 깨달아 내면적 마음 구조의 차이를 만드는 것일 것이다. 이 때에 모든 사회구성원은 도덕적 수양의 차이를 스스로 인정하고 그 이상을 향하여 일생을 노력할 것이다. 그러나 이 방법도 웬만한 노력이 없이는 실현 불가능할지 모른다. 동양이 잘못된다면 거꾸로 겉으로 나타난 계층과 구조의 차이를 마치 내면적 차이로 돌리는 내면화가 일어나기 쉽고 이러한 심성이 굳어지면 막연하게 기다리거나 초월적인 힘이 문제를 해결해 주겠거

니 하는 심성이 될 가능성이 있는 것이다. 이것이 잘못되면 무조건적 복종이나 주술적 경향을 불러 일으킨다. 따라서 동양도 평등화를 위한 구조적 노력을 함께 경주해야 될 필요가 있는 것이다.

두번째로 비교할 것은 동서양사회의 발전의 논리이다. 서양의 발전의 관념은 변증적 논리 위에 기초하고 있다. 세상이 인간과 물질로 구성되어 있다면 그 구성요소 사이의 갈등적 관계를 인식하고 그를 적극적으로 해결해 나가야 한다고 본다. 인간과 인간 사이에는 생물학적 조건의 차이를 비롯하여 이해관계의 차이에 이르기까지 항상 대립과 갈등이 존재한다. 이를 해결하기 위한 제도적 장치가 참여를 강조하는 민주제도이다. 또한 인간과 물질 사이에도 갈등이 존재하는데 이를 적극적으로 해결한 것은 과학의 발전과 산업화라고 볼 수 있다. 따라서 서양의 발전은 겉으로 나타난 물량적 단위에 있는 것이 아니라, 그 밑에 깔려 있는 갈등정신에 있는 것이다. 물론 서양은 상대적으로 인간과 물질의 관계보다 인간과 인간의 관계를 소홀히 해왔다는 약점을 지니고 있다. 반면에 동양의 발전의 논리는 궁극적 화합에 기초를 둔 음·양·태극 사상이다. 인간과 인간, 그리고 인간과 물질의 궁극적 화합을 그 사회의 발전으로 본 것이다. 여기서 문제가 되는 것은 궁극적 화합에 대한 해석이다. 만일 이를 적당한 타협이나 얼버무림, 또는 억눌린 강제적 일체감으로 해석한다면 그것은 동양사상을 오도시키는 것이다. 궁극적 화합은 항상 갈등을 전제로 한다. 갈등의식이 없이는 서로를 초월하는 궁극적 화합을 이룩할 수 없다. 보기를 들어 가정의 화합을 생각해 보자. 이를 평면적으로 생각하면 아버지 권리가 적당히 누르면 된다든지 또는 어머니 주장이 적당히 지배하면 된다든지 하면 된다고 볼 수도 있지만 진정한 화합은 아버지와 어머니의 갈등, 부모와 자식의 갈등, 형제의 갈등을 인식하고 난 뒤 서로가 가정의 총체적 발전을 위하여 노력할 때 이루어지는 것이다.

세째로는 동서양 사회의 가치관의 변동의 문제이다. 가치관은 부성적 가치(patric value)와 모성적 가치(matric value)로 구분되는데 부성적 가치는 힘을 바탕으로 한 수직적 가치관이고, 모성적 가치는 사랑과 정을 바탕으로 한 수평적 가치를 뜻한다. 서양사회는 이 두 상대적인 가치가 교차되면서 변동하고 있음을 볼 수 있는데 암흑시기(A. D. 400~1000)에는 모성, 후기중세(1000~1400)에는 부성, 문예부흥기에는 모성, 개혁시기에는 부성, 계몽주의 시기에는 모성, 빅토리아 시기에는 부성, 그리고 1880년부터 지금까지는 모성이 지배하고 있다고 볼 수 있다. 물론 이러한 시대적 구분은 거친 것이지만 대체로 서양사회가 어느 시기 특히, 근세에 들어 100년 주기의 가치관을 지니고 있다고 본다. 그러면 부성과 모성이 교차하는 이유는 무엇인가? 모성이 꽃피는 시기는 순수한 형태의 인본주의로 나타나는데 이러한 모성이 변질되어 타락하게 되면 쾌락주의가 된다. 이 때 타락한 모성을 바로잡는 순수한 부성이 나타나고 대체로 이성에 호소하게 된다. 그러나 부성이 오래 가면 권력의 부패로 변질되기 때문에 다시 이를 바로잡는 순수한 모성이 출현하는 것이다. 반면 동양사회는 지금까지 부성과 모성이 강하게 공존해 온 특성을 지니고 있다. 동양을 부성의 가치만이 지배한다고 보는 것은 동양의 숨겨진 본질인 모성을 보지 못하고 있는 것이다. 따라서 동양사회의 기본구조가 흔들리지 않으려면 부성을 강하게 하는 것이 아니라(부성을 동양사회에서 약화시키기는 어렵다) 약화되는 모성을 살리는 길이다. 특히 현대 산업사회가 모성을 빼앗아가고 있으므로 이를 제도적으로 보존하는 길이 동양의 가치관을 바로잡는 길인 것이다.

흔히 동양을 전근대성·보수성·원시성의 구조로 보는 견해가 있으나 이는 비교문화적 틀을 제대로 간파하지 못한 단견이라고 볼 수 있다. 가족을 통한 생활방식 자체에서 동서양사회의 근본적인 차이를 밝힌 수(Hsu)는 가족의 중요성을 새로 태어나는 모든 사람과 그 동료와 맺어지는, 또 그들을 통하여 자신의 부분으로 존재하는 사회를 지배하는 생각과 행동의 전반적 유형과 연결짓는 관계의 원초적 망이라고 본다. 가족의 유형을 네 가지로 구분한 그는 부자(父子)관계를 중시하는 A 유형(중국·한국·일본)이 지배하는 사회에서의 생활방식을 영속성·포괄성·상호의존성으로 분석한다.[8] A 가족유형 속에서 사는 사람들은 그 성장경험이 복수중심적이어서 세상을 절대적 기준으로 보기 보다는 상대적 관점에서 보려 하고, 추상적인 쟁점에 끌려 들어가지 않는다. 가족 안에서의 진정한 단합이 중요했기 때문에 새로운 통치자가 개인의 사생활이나 관계에 적극적으로 개입하는 경우를 제외하고는 정치적 변화가 개인을 고려해 본 적이 없다. 그러므로 동양의 정치적 조직이 서방국가와 대면했을 때 무기력하게 보였다고 한다.[9]

변동에의 원동력이 대체로 결여되어 있는 점도 가깝고 영원한 인간의 유대가 사람들로 하여금 지적으로, 정서적으로, 물리적으로 아직 경험하지 않은 미지의 길로의 탐험을 막기 때문이다. 이러한 사회의 대부분의 사람들은 추상적이고 직접 이해할 수 없는 현실과 괴리된 이념에 적극적으로 개입하려는 경향이 없다. 이들 사회가 변동에의 상황에 처하게 되는 경우에는 불가피한 확장을 강요하는 인구의 증가가 있거나 외부적 압력과 침략이 있는 경우이다. 군사적 또는 문화적인 외부의 압력에 대항하여 성공적일 수 있었던 것은 그들 사회의 기본적 단합 때문이며 정복이 되었다 하더라도 전통적인 요소와 이질적 요소 사이의 새

---

8) Francis L. K. Hsu, "Kinship and Ways of Life: An Exploration", F. L. K. Hsu(ed.), 앞책, 515~516쪽. 그의 가족유형은 서구사회의 B 유형, 모슬렘·힌두사회의 C 유형, 아프리카사회의 D 유형으로 분류된다.

9) 윗글, 521쪽.

로운 통합을 통하여 쉽게 회복된다. 그들은 이질적 요소의 강압적 주입에 대하여는 무장학거보다는 조심스러운 지속을 통하여 그 강압의 효과를 무산시킨다. 이러한 생활방식의 강도는 죽은 자와 산 자와 태어날 자 사이의 영원한 단합에 있다. 그들은 지속의 과정 속에서 조금씩 변모할 뿐이다. 현란하고 급격한 변화는 그 뿌리가 약하여 오히려 지속을 공고하게 한다. 이러한 유형의 사회는 정복, 자원의 고갈같은 물리적 수단을 강구하거나 심지어 그들의 생활방식을 종속시킨다 할지라도 쉽게 소멸되지 않는다.[10]

일본사회에 대한 구조적 분석을 통하여 일본의 틀조직(frame organization) 성향을 설명하는 나까네의 견해에 대하여 드보스는 가족 내에서의 상호의존성을 계속적으로 강조하는 일본인의 사회경험이 뒷받침하고 있음을 심리 인류학적 관점에서 보완하고 있는데, 일본인은 자선적인 기대감이 충족되지 않을 때 외부사회나 특정 개인을 비난하기를 꺼리는 문화적 특징을 지니고 있어서 사회적 항거를 경원시하는 심리적 메카니즘을 지니고 있다고 분석한다.[11] 그는 일본문화가 자기의식의 근대화를 수행하면서도 일본적인 것이 산업화된 서구의 과학적이고 미학적 전통을 흡수하고 법·제도·기술의 변화를 가져오면서까지 지속하는가를 투시한다. 인생의 후반부에 학습된 의식적인 사회적 태도와 이념이 가족 내에서 초기 사회화과정에서 학습된 깊숙한 정서적 반응보다 빨리 변할 수 있음을 심리적 지연이라고 부르는 그는 의식적 태도 밑에 깔려 있는 일본인의 정서적 생활을 분석할 필요가 있음을 강조한다. 현대 일본인의 사회적 역할행위를 분석한 와까지마는 성취·능력·책임·통제·경

10) 윗글, 522쪽.
11) George A. DeVos, "Apprenticeship and Paternalism", In Ezra F. Vogel(ed.), *Modern Japanese Organization and Decision-making*, Berkeley: Univ. of California Press, 1975, 210~227쪽.

쟁·협동같은 도구적 행동유형은 과거 일본문화에서 발견되는 것과는 조금 상이하지만, 서구의 근대화의 행위와도 일치하지 않으며, 자기표현·애정·조화·자애같은 행동유형과 도구적 행동유형이 일본문화에 의해 사회화되어 온 일본인의 대인적 욕구측면에서 보았을 때 면면히 이어지고 있음을 밝히고 있다.[12]

중국에서도 사람들은 집단문맥을 떠나서는 완전한 인간이 될 수 없다고 믿게 되는 어린시절과 성인시절의 사회화과정 속에서 체면의 손상을 개인적 문제로 보지 않고 전체집단의 불명예로 보는 심리적 매카니즘을 지니고 있다. 미국인과 중국인을 비교한 수는 중국인의 복종지향성이 서양에서의 타자지향성과 동일시되거나 중국의 생활방식이 산업이전의 유럽사회로 해석되는 것을 비판한다. 그는 리스만(Riesman)의 견해에 있어서 두 가지 문제를 지적하고 있는데, 첫째는 복종에의 지나친 강조가 극단적 자주라는 불가피한 부수효과를 가져온다는 것이다. 자주적 인간은 자기 위에 있는 자와 같아지려고 애쓰고 있는 동시에 자기 밑에 있는 자에 대한 부단한 방어의식을 갖는다. 그들은 동료와 경쟁해야 하며, 지위부여집단에 소속해야만 하고 그 목적달성을 위한 수단으로 게임의 관습이나 열망에 순종해야 한다. 따라서 내면지향성이 타자지향성과 역함수관계에 있는 것이 아니라, 오히려 함수관계에 있다고 본다. 둘째로 그는 중국이 전통지향성이 아니라, 타자지향성을 지니고 있다는 점을 지적한다. 다만 타자로부터의 신호가 서양의 경우 멀거나 가깝고, 그 원천이 다양하며, 그 속도가 빠른 것이 아니고 복잡한 수신장치가 필요없는 문화적 단조성에서 온다고 그 차이를 분석한다.[13]

---

12) Hiroshi Wagatsuma, "Status and Role Behavior in Changing Japan: Psychocultural Continuities", In G. A. DeVos(ed.), *Socialization For Achievement*, Berkeley : Univ. of California Press, 1973, 10~60쪽.

13) Francis L. K. Hsu, *Americans and Chinese: Reflections on Two Cultures and Their*

계급문제에 대한 수의 해석은 일반적으로 인식되는 사농공상(士農工商)을 부인하고 고전을 섭렵한 자와 나머지 민중의 두 계급으로 분류한다. 근본적 계급구분은 사람들이 계급이라는 생각에 어떻게 반응하는가이다. 또한 중국인의 초자연적인 것에 대한 접근도 세속적인 것에 대한 접근과 동일하다. 그들은 당장 부딪친 곤경에 대하여 즉각적이고 구체적인 도움을 받는 한 어떠한 초월적인 힘에도 의존한다. 중국인의 종교의식은 점(占)·다신론이다. 중국인은 초자연적 존재의 공존을 믿으며 신의 선과 악을 동시에 믿는다. 유일종교가 강요되면 그것을 항상 다신적 유일신으로 변형시킨다. 베버가 서구의 자본주의와 합리성과를 중국의 경제행위와 중국문화의 비합리적·신비적·물활적 요소와를 연관시킨 것을 인종중심적 오류라고 비판한 그는 신교윤리와 자본주의의 발전과의 인과적 관계가 존재하는 것이 아니라 두 가지를 서양의 기본적 생활방식인 개인주의적 지향성의 결과로 해석한다.[14]

지금까지 동양사회가 지니고 있는 구조적 특징을 서양과 비교하여 보았다. 여기서 조금 더 실증적 자료를 통하여 그 차이를 부분적으로 증명할 필요가 있다. 나는 지난 6,7년간 줄곧 비교문화적 관점에서 서양의 문화와 사회심리이론과 모형을 한국사회에 검증하여 왔다.[15] 지금까지의 잠정적인 결론은 한국인들의 사회심리구조가 서양과 다르다는 것을 발견한 사실에 있다. 여기서 간단히 몇 가지 결과를 중심으로 그 특징을 살펴보기로 한다.

첫째, 우리는 흔히 서양사회를 개인주의사회로, 동양사회를 집단주

People, New York: Doubleday Natural History Press, 1970, 126쪽. 그는 서양의 conformity에 대응시킬 말이 중국에 없다고 보며 순종이 문화적으로 인정된 행위이므로 인간의 정서를 고려에 넣지 않은 서양의 맹목적 복종과 동일시할 수 없다고 주장한다.

14) 원책, 303쪽.

15) 자세한 것은, 오세철, 「한국인의 사회심리」, 박영사, 1982를 볼 것.

의사회로 부르는 경향이 있다. 이는 동양사회가 개인보다 집단을 더 중요하게 생각하는 구조적 특징에서 비롯된다고 본다. 나까네 지에가 말한 틀사회의 개념과 유사하다. 틀사회와 대비되는 속성의 사회(attribute society)는 속성 즉, 혈연, 성, 계급, 직업으로 갈라질 수 있는 사회를 뜻하는데 일본은 속성이 다르더라도 하나의 틀(조직 또는 사회) 안에 들어오면 하나로 뭉쳐지는 사회라는 것이다. 여기서 우리는 한국 사회가 과연 집단주의적 사회인가를 따져 볼 필요가 있으며 집단을 우선시한다면 개인의 이해가 무조건 희생될 수 있다는 뜻인가를 살필 필요가 있다. 휘쉬베인의 행동예측모형을 한국 표본에 검증한 결과는 미국의 연구결과와 대조적임을 나타내 주고 있다.[16] 즉 한 사람의 행동 또는 행동의도는 그 자신이 가지고 있는 특정한 태도와 그가 속해 있는 준거집단의 신념에 의하여 영향을 받고 있다는 모형은 미국에서 거의 절대적으로 개인의 태도에 의해서 결정된다고 나타난 반면 한국에서는 개인의 태도와 동시에 그가 속한 준거집단의 신념이 강하게 그의 행동에 영향을 미치고 있음을 발견하였다. 이는 한국의 젊은 세대가 개인주의와 집단주의의 양면성을 지니고 있음을 나타내 주고 있는데 여기서 우리가 검토해야 할 점은 집단의 규범이 합법성을 지니고 있는가 하는 점이다. 즉, 동양사회에서는 신의나 의리라는 개념을 조심스럽게 분석해야 한다는 것이다. 중국에 비하여 한국과 일본은 신의의 개념이 좁은데 이는 자기가 속한 특정집단의 규범에 강하게 얽매여 있음을 말한다. 동양인들이 소집단의 규범에 영향을 받는 것이 사실이라면 소집단규범과 대집단의 규범(보편적 정의의 문제) 사이의 관계를 거시적 틀 속에서 다시 분석하여 과연 한국 사람들이 보편적 정의를 저버리면서까지 소집단의 이해관계에 매달리는지를 비판적으로 검토해야 할 것이다.

---

16) 윗책.

동양사회는 개인과 집단을 평면적인 대립관계로 보지 않고 궁극적 화합의 관계로 보기 때문에 개인을 희생시키는 전체주의적 집단주의는 동양적 틀이 아니라고 볼 수 있다. 나와 우리가 진정한 하나가 될 수 있다는 뜻은 나와 너의 분명한 인식을 통해 전체가 인식된다는 뜻이다. 동양사회 가운데에서 한국사회는 일본에 비해 집단주의 성향이 더 약하고 개인주의 성향이 더 강하다는 차이도 두 사회를 비교할 수 있는 비교틀이 될 수 있다.

개인과 집단에 대한 성향을 알아보기 위한 또 하나의 연구는 귀인과정(attribution process)에 대한 비교연구이다. 사람은 일단 일어난 자신과 남의 행동에 대하여 그 원인을 유추하는 심리과정을 지니고 있다. 서양사회는 개인경쟁사회의 구조를 가지고 있기 때문에 항상 행동의 결과가 성공 또는 실패로 드러나게 되고 그 결과에 대하여 서양사람들은 일관성 있는 원인유추를 하고 있음을 발견한다. 즉 자기의 성공과 남의 실패에 대하여는 내적 귀인(자기의 능력 또는 남의 무능)을 하고 자기의 실패나 남의 성공은 외적 귀인(자기의 불운 또는 남의 행운)을 한다는 것이다. 우리에게는 서양인의 이러한 속성이 이상하게 보일지 모르나 실상 개인주의적이고 합리주의적인 서양의 전통 속에서는 극히 당연한 일이라고 볼 수 있다. 이를 한국에 검증하기 위하여 우선 모형을 수정할 필요가 있다. 하나는 나와 남의 구분에 있어서 동서양의 차이가 난다는 점이다. 서양에서는 나를 제외한 다른 사람은 남의 범주에 속하지만 동양에서는 나를 포함하고 있는 소집단(가족, 동료 등)은 남으로 여기지 않기 때문이다. 따라서 나 개인은 '작은' 나이고 소집단은 '큰' 나가 된다. 또한 남에 대한 인식도 무작위적인 다른 한 사람을 뜻한다기보다 내가 속한 집단과 경쟁적 관계에 있는 집단에 소속한 사람을 가리키는 것이다. 두번째의 문제는 동양사회가 전반적으로 경쟁적 사회라기보다는 협동적 사회라고 볼 수 있는 점과 경쟁이 집단을 기준으로 일어난다는 점이다. 따라서 이 연구는 개인경쟁상황과 집단경쟁상황을 구분하여 검증하였는데 개인경쟁상황의 경우는 미국의 경우와 비슷하게 나타났지만 집단경쟁의 경우는 동양사회의 구조적 특징이 발견되는 색다른 결과를 얻을 수 있었다.[17] 그 중에서 몇 가지를 보기로 들어보자. 내가 성공했을 경우 한국 사람들은 내적 귀인도 하며 동시에 외적 귀인도 한다는 점이다. 이를 나는 '덕분의식'이라고 부르겠다. 자기의 성공이 꼭 자기가 잘나서가 아니라, 자기에게 영향을 준 부모, 스승, 동료의 덕분이라고 생각하는 심성을 말한다. 물론 이러한 덕분의식이 마음으로부터 우러나오는 진실된 것인가 아니면 위선적인 형식인가는 잘 따져봐야 할 문제이다. 다른 사람에게 잘 보여야 구조적으로 출세할 수 있다는 얄팍한 행동이 형식적으로 만연되는 사회라면 좋은 의미의 덕분의식도 없고 또한 좋은 의미의 개인주의도 발전하기 어렵기 때문이다. 그러면 자기의 실패는 어떻게 생각하는가? 이 결과 역시 외적 귀인의 경향과 내적 귀인의 경향이 모두 나타나고 있다. 외적 귀인의 문제는 '탓'의 심리라고 부를 수 있다. 한국 사람에게서 내적 귀인의 현상이 나타난 것은 '내탓'으로 보는 동양사람의 특성이라고 보아야 한다. 흔히 서양문화를 죄의 문화, 동양문화를 수치의 문화라고 하지만 동양의 심성은 문제를 자기 자신으로부터 발견하려는 데에 있기 때문에 강한 자책감이 동양문화의 핵심이라고도 생각할 수 있는 것이다. 자책을 할 수 있는 개인주의가 진정한 개인주의이기 때문에 자기 실패를 내적 귀인 할 수 있는 현상은 바람직한 것으로 받아들여져야 한다.

세번째는 동양사회에서 발견되는 역할헌신(role dedication)의 현상에 대한 연구이다. 역할과 역할을 담당하는 사람 사이의 거리가 아주 멀다

17) 윗책.

면 그 사람은 유기체적 몰입(organismic involvement)을 전혀 하지 않은 상태이며 그 거리가 점점 가까와지면서 역할과 역할수행자가 하나가 된다. 역할과 역할수행자가 완전히 하나가 된 상태를 '무당'의 경지라고 볼 수 있는데 서양사회는 지금까지 역할과 역할수행자 사이의 거리를 적당히 유지하면서 역할성과를 최대한으로 증진시키는 것을 정상적인 역할현상으로 간주해 왔으며 지나치게 역할에 몰입하는 현상은 비정상적인 의식상태로 여겨왔다. 즉 자아가 역할에 용해되는 것을 자아상실과 비합리성으로 동일시했다고 볼 수 있다. 그러나 동양사회는 주어진 역할에 최선을 다하여 헌신하는 문화적 속성을 지니고 있으며 이러한 역할헌신의 행위는 사회적으로 바람직한 것인 동시에 역할성과를 극대화시킬 수 있다고 믿어왔다. 한국에서의 연구결과는 역시 동양사회의 특성을 나타내 주고 있으며[18] 신들린 것 같은 역할수행이 역할성과를 높히고 있다고 밝혀졌다.

그러나 문제는 주어진 역할 자체가 규범적으로 정당한 것인가 아닌가 하는 점이다. 보기를 들어 어머니의 역할, 관료의 역할이 어떤 것이어야 한다는 역할기대의 합의가 민주적으로 정당성을 가졌을 때 그 역할에 대한 헌신적 노력은 바로 동양사회의 발전의 밑거름이 된다. 그러나 주어진 역할 자체가 정당성을 상실한 가운데 만들어지고 그 역할에 대한 헌신이 일어난다면 정당하지 못한 역할의 구조를 더욱 굳히게 하여 역할성과는 떨어질 수가 있는 것이다. 따라서 구조적으로 정당한 역할의 형성 그리고 그 역할과 역할수행자의 궁극적 합일이 동양사회의 바람직한 역할 현상인 것이다. 서양사회도 요즈음 역할헌신의 현상에 대해서 긍정적으로 받아들이고 연구하려는 경향을 보이고 있어 주목의 대상이 되고 있다.

---

18) 윗책

네번째는 동서양사회의 대인지각구조 또는 의사소통구조의 차이에 관한 문제이다. 루프트는 죠하리 창문(Johari window)이라는 모형을 통하여 인간, 집단, 조직, 사회 또는 문화가 4개의 창을 가지고 있다고 본다. 자기 자신에게 알려져 있거나 안 알려져 있는 차원과 다른 사람에게 알려져 있거나 안 알려져 있는 차원의 두 차원의 조합을 이루면 4개의 국면이 생겨나는데 그는 일반적으로 열려진 창(자신에게나 남에게나 알려져 있는)의 크기가 시간이 지나면 지날수록 커진다는 것을 주장하고 있다. 여기서 우리는 이 창의 사용이 문화적으로 비교적인 틀을 갖고 있음을 중시할 필요가 있다. 서양사회는 열려진 창을 강하게 사용하는 사회로서 이를 제도적으로 발전시켜 왔다. 토의와 참여를 통한 장치는 이것의 단면이라고 볼 수 있다. 반면에 동양사회는 숨겨진 창(자신은 알고 있지만 남에게는 알려져 있지 않은)을 주요통로로 사용하는 전통을 지니고 있다. 다른 사람에게 드러나지 않는 부분은 기(氣)에 해당한 칠정(七情)이며 드러난 부분은 리(理)에 해당한 사단(四端)이다. 이는 도덕적 수양이 완벽한 사람으로부터 발견되며 우리가 다른 사람을 이해하기 위하여는 스스로 도덕적 수양을 쌓을 수밖에 없다고 보는 관점인 것이다. 이러한 능력을 우리는 통찰력(insight)이라고 부른다. 만일 숨겨진 창을 들여다보기 위하여 겉으로 나타낸 부분만을 지각한다면 이는 바로 눈치가 되는 것이다. 물론 현대 동양사회는 열려진 창을 제도적으로 발전시킬 필요가 있으며 또한 숨겨진 창을 볼 수 있는 능력의 계발도 요구되고 있다. 동양사람이 서양사람보다 자아의 노출지수가 적다는 것은 연구결과에 잘 나타나 있다.[19]

19) 윗책.

5·3 동구문화에 대한 인식

비서구문화권 중에서 동양사회 다음으로 우리의 관심을 끄는 것은 동구라파 사회주의 국가들이다. 특히 이들 국가들은 동양사회처럼 장구한 역사와 문화적 전통을 가진 사회로서 근래에 사회주의 국가가 된 나라들이다. 여기서 우리는 획일주의적인 사회주의 이념과 제도 속에서 어떻게 전통문화가 지속되는가를 살핌으로써 문화적 틀의 중요성을 다시 한번 강조하려고 한다. 먼저 슬라브족의 원형으로서 러시아문화를 그리고 폴란드, 유고슬라비아, 체코슬로바키아를 차례로 분석하면서 전통문화의 지속성을 살펴보자.

사회와 인간을 유일한 이념체계로 형성시키려는 사회주의는 하나의 문화로 존립하고 있다. '사회주의적 인간이나 사회주의적 이상사회'라는 국가적 목표가 모든 사회제도와 일상생활을 결정짓고 그 속에서 새로운 사회주의 문화가 형성된다는 논리는 환상일 수가 있다. 쇼련과 동구제국이 공산사회로 전이된 역사적 사실을 전통사회가 깨지는 혁명적 변혁으로 인식하고 전통문화가 완전히 소멸되는 과정으로서의 사회주의 개혁을 분석한다면 우리는 공산사회의 심리문화체계의 상호작용을 인식할 수 없는 오류를 범하기 쉽다.

우선 소련과 동구제국의 문화지속을 분석하기 전에 범슬라브주의(pan slavism)의 역사적 배경과 공산동구제국의 이념적 갈등을 이해할 필요가 있다. 러시아의 범슬라브주의의 정신적인 지주로서 슬라브의 영혼을 불러 일으킨 것은 도스토에프스키이며 이는 마치 괴테가 독일의 영혼을 말한 것과 같이 해석된다. 물론 러시아의 범슬라브주의의 배경에는 침략주의적 의도가 깔려 있긴 하지만 슬라브왕국을 건설하려는 낭만적이고 소박한 꿈이라고도 해석할 수 있다. 유럽과 러시아의 관계는 그들 정신의 심각한 내면적 갈등의 이해를 통하여 비추어질 수 있다. 개인주의와 합리적 과학, 정치적 자유라는 특징을 유럽이 가진 반면 러시아는 그 반대의 성향을 지니고 있었고 비잔틴정교가 러시아정교로 화하듯 마르크스주의가 러시아교회가 되었다.[20] 마르크스주의의 교조적 이상주의 속에서 러시아 대중은 그들 신념과의 유대를 발견하였고 과학과 기술수단에 의한 구원을 보았다. 물론 유럽의 사상에 대한 강한 적대의식이 내면에 깔려 있어서 근대 유럽문명의 상업주의에 반발하였지만 독일의 신비주의의 물결에 추종하였다. 루소의 영향을 받아 원시적이고 평화로운 슬라브 민족주의를 상상하였고 농촌의 자유와 조화의 빛을 뫼하는 슬라브왕국의 위대한 미래를 꿈꾸었다. 구교의 합리주의와 신교의 개인주의의 산물인 유럽과 달리 러시아는 일체감과 영혼의 통합을 믿었고 좁은 의미의 민족주의가 아닌 범인간적(범슬라브의) 전통을 지니고 있었다. 즉 구교는 단합 때문에 자유를 희생하여 전체주의로 전락하고, 신교는 자유 때문에 단합을 희생하여 무정부상태가 된다고 보았다. 그 후 세계대전을 겪고 난 후 1948년에 일어났던 새로운 범슬라브주의는 백년전 프라하에 세워졌던 범슬라브의회가 가졌던 서구적이고 자유주의적 사상에 근거하지 않았으며 러시아의 메시아적 민족주의와 세계적 혁명공산주의가 연합한 세력이 주축이 되어 서구를 불신하고 러시아만이 진정한 종교와 사회질서를 가진 나라로 보는 신념과 세계의 갈등과 혼란을 해결할 수 있는 길은 러시아의 신념과 조화로 보는 슬라브주의가 탄생하였다. 분명히 소비에트 마르크시즘은 서구의 철학적 전통과 기독교에 대한 도전으로서 러시아의 오랜 전통과 로마법에 근거한 정치

20) Hans Kohn, *Political Ideologies of The Twentieth Century*(3 rd ed.), Harper Torch Books, 1966, 91~96쪽.

제도를 포함하고 있다. 그러나 이러한 소련의 마르크스주의가 그대로 폴란드를 포함한 동구제국에 원형대로 이식되지는 못하였다. 특히 폴란드는 소련의 인민민주주의 모형과는 독립적인 다른 형태의 인민민주주의를 향한 정치적 및 사회적 변동을 겪고 있으며 이는 러시아와 유럽의 의식구조, 생과 죽음에 대한 태도, 개인과 국가 사이의 관계에 대한 태도, 철학과 종교, 정치, 도덕, 미에 대한 태도 사이의 근본적 갈등을 의미한다고 볼 수 있다.

1. 러시아의 전통문화의 지속

우선 러시아의 전통문화가 소련 사회에 어떤 형태로 지속하는가를 보기로 하자. 딕스는 소련사회의 퍼스낼리티 체계와 사회체계 사이의 관계를 분석하면서 문화를 공식적으로 나타난 가치지향성, 비공식적 가치지향성, 그리고 무의식적 욕구체계로 구분하고 있다.[21] 소련의 공식적 목표지향성은 새로운 소련인, 즉 자기규율과 애국심과 대의에 복종하는 이상적 인간상을 그리고 있으나 비공식적으로는 이를 수행하는 경직되고 무모한 관료적 도구들에게는 불만을 표시하고 있으며 사회구조는 전통 러시아의 미르(mir)의 특성을 지니고 있다. 무의식 속에는 서양의 병적인 문명을 능가하겠다는 러시아인의 사명에 관한 오래 되고 깊은 신념과 열망이 지속되고 있다고 본다. 소련인의 퍼스낼리티 체계가 지니는 또 하나의 중요한 특성은 오래된 러시아의 구강성격구조(oral character structure)와 항문성격(anal character) 사이의 갈등이다. 즉 수다스러움, 끊임없는 호기심, 수동성, 숙명론, 통제할 수 없는 변덕 같은 구강적 성향과, 재산축적, 질서성, 절차의 규칙성 등의 항문적 성향이 항상 갈등

21) Dicks H. V., "Observation on Contemporary Russian Behavior", *Human Relations*, 1952, 5, 111~175쪽.

을 일으키고 있다. 이러한 성격의 갈등을 엘리뜨와 대중의 차이라는 관점에서 보고 있는 고러와 리크맨은 다음과 같이 말하고 있다.[22)]

> 소련의 엘리뜨와 대중 사이에는 현격한 성격의 차이가 있다. 대중은 죄의식과 적대감에 쌓여있지만 불안을 표시하지는 않는다. 그들은 갑작스럽게 폭력에서 친절로, 능동에서 피동으로, 축제적 몰입에서 검약적 금욕으로 전환할 수 있다. 물리적 고통을 강한 인내로 견디지만 다른 사람의 고충에는 무관심하다. 또한 그들은 고립과 외로움의 무의식적 공포와 개체의 감정의 결핍 사이에서 방황하므로 자아는 집합영혼 속에서 동료와 하나가 된다. 그들은 그들과 같다고 생각되는 사람에게는 따뜻함과 동정은 베풀지만 누가 순간적으로 적대의 대상인가에는 신경을 쓰지 않으면서 그들과 다르다고 생각되는 사람들에게 막연하고도 무의식적인 적대의식을 나타낸다. 그들은 그들과 그들 나라가 분리할 수 없는 유일한 진리를 가졌다고 보기 때문에 세상의 누구보다 우월하다고 생각한다. 그리고 그들은 질서, 효율, 시간엄수 등에 신경을 쓰지 않으며……위로부터 내려오는 강력한 권한에 선뜻 복종하고 이상적인 지도자적 인물과 동일시한다……대중과는 달리 엘리뜨는 감정에 반대되는 의지의 힘을 높이 평가하고 계발하려 하며 질서, 효율, 시간엄수를 강조한다……(189～190 쪽).

결국 소련 체제와 문화적 특성이 일치한다고 보는 딕스는 대중의 기대에 부응하는 엘리뜨의 권위가 열성과 자선을 보이는 데 도덕적 압력을 강조함으로써 소련인의 평등적이고 애정적 심리체계의 특성을 만족시키고 있음을 분석한다. 소련인의 퍼스낼리티 체계의 형성에 영향을 준 요인들 가운데 농업사회, 가족, 그리고 종교를 포함시킬 수 있다. 농민들은 원래 추상적으로 사고할 수 있는 능력을 가지고 있지 않으며 항상 구체적으로 개인적 현상과 결부시켜 이해하는 원시적 마음을 지니고 있다. 러시아의 농민들도 개인적 정체의식이 결여되어 있고 사적인 호·불호, 야망, 양심 등이 가족과 공동체에 매몰되어 버리는 속성 때문에 미르(mir)를 유일한 세계로 인식하였으며 비사회적 충동을 억누르고 집단

---

22) G. Gorer and J. Rickman. *The People of Great Russia: A Psychological Study*. New York: Norton, 1962.

을 개인보다 우월하다고 생각하였다.[23] 고대 슬라브족의 기본적 사회단위들 50~60명의 혈족으로 구성된 종족공동체였고 그 족장(bol'shack)은 지능과 권위의 상징이었다. 흔히들 러시아의 원시공동체와 소련의 집단농장(kolkhozy)의 연관성을 생각하는 학자들은 농업사회의 공동체적 특성을 그 근거로 들고 있다.

코뮨이 가족을 해체시켰다는 피상적 관찰은 가족공동사회를 기반으로 한 러시아사회의 완전한 해체를 주장하며 전통의 단절을 이야기한다. 그러나 우리는 코뮨 속에서 가족사회가 되살아나고 있음을 주시할 필요가 있다. 러시아혁명 초기에 부정되었던 부모의 권한이 부활된 것은 1953년 8월 2일 제정된 어린이를 위한 20개 규칙에 잘 나타나 있다. 규칙 13은 「부모에게 공손하고 학교, 거리, 공중 앞에서 점잖고 복종적으로 행동하라」고 되어 있으며 규칙 17은 「부모님에게 복종하고 어린 동생을 돌보는 데 부모님을 도와라」고 쓰여 있다. 물론 소련의 가족생활이 급격한 사회변동과정 속에 전혀 변하지 않았다는 뜻은 아니다. 다만 소련이 취했던 공식적 가족정책에는 크게 영향을 받지 않았다는 사실을 중시하는 것이다.[24] 가족은 사회적 변동에 대한 가장 강력한 저항자로서 체제를 당황하게 만들며 결국 타협하도록 한다. 예를 들면 계급 내에서 뿐만 아니라 종족간의 결혼관습을 깨뜨리려는 평등정책이 실패하였던 점을 보아도 알 수 있다. 그리고 가족의 응집력이 혁명 후에 더 강화되고 있음은 혁명으로 인간와해와 변화 아래에서 따뜻한 개인적 지원을 필요로 했기 때문일 것이며 체제의 전율과 공포가 가중될수록 내면지향성이 강화되는 사실을 보여 준다.

---

23) Richard Pipes, *Russia under The Old Regime*, London: Weidenfield and Nicolson, 1974, 157~158쪽.

24) Alex Inkeles and Raymond Bauer, *Soviet Citizen: Daily Life in Totalitarian Society*, New York: Athenum, 1968.

소련인들의 정신을 지배하고 있는 또 하나의 문화요인은 종교이다. 러시아 농민들이 그들의 종교생활에 굉장한 헌신을 한 이유는 영혼의 구제를 바랐기 때문이다. 십자를 계속 그으며 빠짐없이 기나긴 교회의식에 참여하는 그들의 일상생활은 종교를 그것이 지니는 영혼의 의미나 삶의 형식으로 이해했기 때문이 아니다. 러시아정교의 기본 교리는 실제로부터의 완전한 절연을 강조하는 동양적 전통을 지니고 있어서 이 땅의 존재를 증오하고 참여보다는 체념을 강조한다. 그리고 운명을 참을성 있게 감내하며 조용히 고통을 견디는 삶을 가르친다. 사실상 러시아 농민의 종교는 숙명주의였다.[25] 소련공산주의자들이 쉽게 공공생활로부터 정교회를 제거했던 것은 러시아정교가 지니고 있는 내면적 보수성에 있다고 볼 수 있다. 러시아정교의 반지성적 보수성은 교육받은 사람들에게는 용납되지 않았으며 자유화의 기수로서의 역할의 장애가 되었음은 어떤 형태의 기독교에서도 찾아볼 수 없는 현상이었다. 기독교의 정신은 역사상 사회적 및 정치적 불의에 무관심한 적이 없었으며 실제로 동구에서는 구교가 공산당국의 압제에도 불구하고 독립된 기관으로 존립하도록 저항했다는 사실과 대조된다. 따라서 러시아의 경우 영혼의 구원자로서의 정교회가 국가로서 대체되는 자연스런 과정을 밟을 수 있었음은 바로 러시아정교가 지니는 숙명주의와 보수성 그리고 러시아민족의 국민성의 상호작용의 결과로 보여진다. 반면 러시아의 일부 상류층은 피터 1세 이후 채택된 서구의 교육방법에 영향을 받아 토착적 정신풍토에서 고립되었으며 허무주의에 빠질 수밖에 없었는데 보수주의자들은 이들을 사상과 생활의 괴리 속에서 부정만을 일삼는 자로 규정하였다.

러시아국민이 지니는 또 하나의 의식구조, 즉 사명감과 애국심은 공산체제의 수용을 용이하게 한 요인이었다고 볼 수 있다. 모스크바를

25) Richard Pipes, 앞책, 161쪽

제 3의 로마로 보는 신비스러운 관념은 러시아인 특유의 우월의식이다. 이교도에 의한 첫번째 로마의 멸망, 그리고 터키인에 의한 두번째 로마(콘스탄티노플)의 멸망 후에 유일한 마지막 기독교의 중심지로 모스크바를 생각하고 순수한 사회주의 노선을 마르크스에 의한 첫번째 국제공산당, 두번째 국제공산당에 이은 세번째의 국제공산당의 본거로 모스크바를 보는 그들의 우월의식은 러시아인의 의식 속에 깊이 자리하고 있다. 러시아인들은 목사가 신과 직접 만나듯이 당의 지도자들은 세상을 사는 방법에 대한 명확한 통찰력을 가지고 있으며, 인간의 경제적 및 정치적 진화법칙에 대한 정확한 지식이 있고 그러한 법칙에 따라 행위하는 능력을 지니고 있다고 믿는다. 인류의 역사상 특수한 사명을 수행할 책임감이 러시아인의 피 속에 흐르고 있으며 이러한 제국적 사명의 충동이 위대한 러시아인의 환상을 공고히 하고 있다. 또 이에 덧붙여 러시아인이 가지고 있는 애국심이 소련체제를 수용하게 된 사회심리적 메카니즘이었다. 왜냐하면 러시아인들은 체제에 대한 애국심과 헌신을 가족에 대한 충성 다음으로 높이 평가하는 전통을 지니고 있기 때문이다.

이상의 분석에서 우리는 러시아인이 지니고 있는 성격적 특징, 전통사회의 가족관계, 숙명적 종교관, 그리고 애국심과 사명감이 혼합된 열정 등이 현 소련체제를 수용하는데 도움을 주었다고 볼 수 있으며 또한 러시아혁명 이후의 급격한 구조적 변동은 숨겨진 문화심리체계에 적응하는 상호작용을 하고 있다는 사실을 알아 보았다.

2. 폴란드의 문화변동과 지속

그러면 폴란드를 포함한 동구제국의 전통문화의 구조와 그 지속성을 살피기로 하자. 폴란드를 포함한 동구제국은 모두 기독교국가로서 교구와 신교라는 강한 정신적 지주를 가지고 있었기 때문에 공산주의와 심각한 갈등을 경험하였다. 동구제국의 중앙집권적 문화정책은 기존 종교를 극복하려는 모든 노력을 경주함으로써 교육과 공공문화생활로부터 근대 유럽문화가 지니고 있는 세 가지 전통(성서적, 희랍적, 과학적)을 제거하려고 하였고 참다운 영감의 원천의 하나로서 기독교가 가지는 힘을 공산주의로 대체시키려고 하였다.[26] 그러나 이러한 갈등관계를 해소시키려는 마르크스주의자의 주장은 기독교와 마르크스주의가 보는 공통적 견해, 즉 인간은 사회적 존재라는 점, 역사를 심각하게 본다는 점, 그리고 미래지향적이라는 점을 들어 조화를 모색하고 있다. 이러한 융화의 모색은 여러 관점에서 해석될 수 있으나 심리인류학적 관점에서 보면 문화심리체계에 이념적 체계가 적응하려는 시도라고도 해석할 수 있다.

구교의 영향력이 가장 강한 폴란드는 그 힘이 민족주의 정신과 연관되어 있다. 중세기 폴란드는 경제적 이유 때문이 아니라 폴란드 특유의 귀족문화의 존재로 고전적 봉건제도가 존재하지 않았고 귀족민주주의가 형성되었으며 서구와 달리 민족문화의 중심은 도시가 아닌 농촌이었다. 유럽인들이 일반적으로 귀족을 과거 역사에 묻혀버린 썩은 집단으로 보고 있지만 폴란드인은 이들을 자기들 국가의 머리와 심장으로 비호하였기 때문에 유럽이 독립적이고 혁명과 개혁을 추구한 반면 폴란드는 복고를 주장하였던 것이다. 지식계층의 새로운 일원이 된 폴란드인은 그들의 사회적 신분을 높이기 위하여 전통문화를 받아들였으며 옛날 귀족문화와 연관된 자기들 스스로의 문화를 발전시켰다. 이를 위하여 교육에 중점을 두고 이상적 관습과 가치를 전수시키며 위대한 시인, 작가, 예술가가 지닌 성격의 유형을 강조하였다. 이와 같은 상향적 평등화(upward eqalization)는 하향적 평등화의 사상을 포함하는 볼셰비키나

---

26) Jan Milič Lochman, *Church in a Marxist Society: A Czechoslovak View*, London: Scm Press, 1970, 184쪽.

서구의 대중문화와 날카롭게 대조를 이루고 있다. 따라서 비합리와 낭만 그리고 반 실용주의를 내세우는 내면적 자유의 존엄성을 구가하는 폴란드인은 실용성이 행복을 승화시키고 삶의 미를 찾는 데는 아무런 상관이 없다고 생각한다. 전통과 내면지향성이 합쳐져 있는 폴란드인의 의식구조는 비실용성, 육체적 노동에 대한 숨겨진 경멸감, 경솔, 방종, 자만심, 넘쳐흐르는 개인주의를 특징으로 하고 있다. 따라서 심리문화적 변동이라는 관점에서 보았을 때 전통문학, 사고, 음악, 미술에 대한 애착과 소련 공산주의에 영향을 받은 새로운 대중교육과 문화정책 사이에 갈등을 일으키고 있으나 지속적으로 전통적 문화형태가 새로운 세대들에게 전수되고 있으며 새로운 세대는 그들의 역사적 유산을 아무런 감정적 저항 없이 받아들이고 있는 것이다. 공산체제 아래에서 사회화되는 사상들은 자연히 오랜 전통에 근거한 가치목표, 즉 일, 돈, 쾌락, 권위, 애국에 대한 태도에 영향을 받아 약화되고 있다. 오늘날 폴란드 지식계층이 당면하고 있는 중요한 문제는 현대적 삶을 부정하는 것이 아니라 폴란드 역사 속에 면면히 흘러온 위대한 도덕적 가치를 구하고 그것에 적응하는 것이라고 볼 수 있다. 즉 훌륭한 공산주의자보다는 훌륭한 폴란드인을 만드는 것이 사회화의 목표인 것이다.

폴란드의 전통적 문화가치가 현사회체계 내에서 지속되고 있는 현상은 그들의 집단 메카니즘에서도 찾아볼 수 있다. 작업의 리듬을 규제하는 공식조직의 영향만을 강조하는 사회주의체제 내에서 비공식 집단의 사회적 규범이 내면적으로 작용하고 있음은 폴란드의 공장을 대상으로 한 실증연구에 잘 나타나 있다.[27] 사회집단의 기능의 중요성은 작업집단에서뿐만 아니라, 종교집단, 농민집단, 문화집단 속에서도 인식

27) K. Doktor, "Research on Behavior and Opinions of Workers in a Polish Factory", *The Polish Sociological Bulletin*, 1962, No. 3~4, 113~116쪽.

되고 있다. 작업집단에서 일어나는 노동자의 자기관리(self-management)의 원리는 전통적으로 이윤을 분배하고 할당하는 관습과 연관되어 있으며 이러한 평등화정책은 사회경제적 생활의 민주화와 경제 및 경영의 합리화 사이에 모순을 드러내기도 한다. 종교집단의 경우도 구교가 공산주의의 경쟁자로서 정치적 집단의 기능을 수행함으로써 단일정치정당을 부정하고 교회의 상대적 자율성을 갖게 된 것은 러시아와 다른 점이며 폴란드 특유의 정치기능이다.[28)]

레인은 폴란드 사회에서 사회집단이 지니는 중요성을 다음 몇 가지로 지적하고 있다. 그는 폴란드에는 현재 협의적 권위주의체제(consultative authoritarianism)가 생성하고 있다고 보고, 문화적 요인과 역사적 유산의 힘이 급격한 변화를 꾀하려는 정치적 엘리뜨 집단에게 계속적인 제약으로 작용하고 있음으로 해서 소련으로부터 수입된 국가사회주의 체제를 반대할 것으로 예상한다. 또한 중앙집권과 강제를 수반하는 산업화를 제어시키는 힘은 폴란드의 사회집단으로부터 나올 것이며 문화 지식층과 정치적 엘리뜨의 갈등은 결국 문화 사회적 가치의 중요성이 지속되는 방향으로 해소될 것으로 본다.[29)]

사회적 신분으로 보았을 때 그 순서는 대학교수, 의사, 공원으로 나타나며 이러한 직업의 계층순서는 혁명기간 동안에도 쉽게 변하지 않았는데 이는 지식계층이 폴란드 민족문화의 중요한 가치를 유지발전시키는데 큰 역할을 담당한다고 보았기 때문이다. 그런데 사회주의 체제에서 생산의 핵심적 역할을 담당하는 노동자는 아직 고용된 노동자이며 사회주의 혁명이 사회경제체제 내에서의 지위를 변경시켰지만 기계에

28) D. Lane, "Structural Social Change in Poland", D. Lane and G. Kolankiewicz (eds.), *Social Groups in Polish Society*, London: Macmillan, 1973, 1~28쪽.
29) D. Lane, "The Role of Social Groups", D. Lane and Kolankiewicz(eds.), 윗책, 302~326쪽.

대한 노동자의 관계나 공장의 기술체제 내에서의 그들의 지위를 변경시키지는 못하였다. 전통적으로 폴란드 사회는 직업을 사회적 가치로 인식하지 않았고 인간행위를 사회적 및 윤리적 가치로 평가하려는 경향이 있기 때문에 1961년에 조사된 결과에 의하면 사람을 효율과 물질적 성공의 기준에 의하여 평가하려 하지 않고 지식계층에 의하여 창조·유지되어온 사회문화적 가치로 판단하고 있음을 알 수 있다.[30] 그리고 계층 사이에 일어나는 인간관계는 전통적으로 상호협조와 도덕적 지원을 강조하는 문화적 가치와 장인제도로부터 유래되는 온정적 인간관계로 맺어져 있고 사람을 관리하는 데는 적극적인 방법을 사용하는 관습이 배어있기 때문에 사회주의체제 하의 공식적이고 관료적인 관리방법도 효과를 거두기가 어렵다. 실제로 1971년 고물카정권이 무너진 뒤 전통적 인간관계를 강조하는 새로운 관리방식이 채택되고 있음을 주시해 볼 필요가 있다.[31]

폴란드의 지도층은 사회주의의 가치, 규범, 목표를 내면화시킴으로써 마르크스주의자의 지식을 갖도록 노력하기보다는 현실과 현실의 법칙을 무감각하게 받아들이는 단순한 법의식을 갖도록 하는데 만족하고 있다. 그 이유는 폴란드의 공산혁명이 민족적 토양 위에서 일어나지 않았다는 데 있으며 이러한 의견은 폴란드 대중의식 속에 뿌리박혀 있고 가족과 교회라는 혁명 이전의 전통적 사회기관에서도 살아남아 있기 때문에 새로운 사회주의 기관들은 사회주의 성격유형을 형성시키기보다는 적절히 권위체계를 유지하는 데 현실적 문제를 안고 있다고 볼 수 있다. 따라서 폴란드의 사회화 과정이 새로운 이념을 지향하는 도덕적 가치나 현대 산업사회에서 요구되는 산업문화의 규범에의 동화를 강조하지만

---

30) J. Szczepański, *Polish Society*, New York: Random House, 1970, 916쪽.
31) A. Makejko, "Work and Management in Poland (Chapter 20)", R. Dubin (ed.), *Handbook of Work, Organization and Society*, Chicago: Rand McNally, 1976, 915쪽.

폴란드의 관리와 영속되고 이어지는 인간상을 창조하려는 시도를 함으로써 폴란드 당국은 합법성을 찾고 있는 것이다.[32)]

지금까지 우리는 전후 폴란드 사회가 사회주의 이념의 실현과 산업화라는 급격한 사회변동을 겪으면서 어떻게 그들이 지녀왔던 문화적 전통과 가치를 보존하고 수용해 오고 있는가를 살펴보았다. 그들의 문화변동과 지속의 과정은 한마디로 말하여 통합의 과정이라고 볼 수 있다. 겉으로는 계속적인 분해과정을 겪고 있는 것 같으면서도 내면적으로는 재통합되는 과정을 밟고 있는 것이다.

3. 유고슬라비아의 문화변동과 지속

유고슬라비아는 가장 복잡한 다민족국가로 알려져 있으며 티토이즘, 유고슬라비즘, 자기관리(self-management)정책, 또는 자본주의적 사회주의를 성공적으로 실현시키는 유일한 공산국가 등으로 인식되고 있다. 그러나 최근에 표면화된 민족주의 사이의 갈등, 자기관리라는 유고슬라비아 모형의 내면적 모순이 유고슬라비아 문화 및 역사와 깊이 연관되어 있으며 유고의 대부분의 정책노선이 이와 같은 민족감정과 문화적 갈등의 산물로 나타나고 있음을 살피는 사회심리적 통합분석은 별로 없었다. 따라서 이 글에서는 정치, 경제, 문화, 종교의 복합적 배경을 가지고 있는 민족주의의 갈등으로 인한 유고슬라비즘의 실패와 자기관리(self-management)의 공식적 정책노선이 전통문화와 맺고 있는 연관성 및 갈등으로 빚어지는 딜레마를 분석함으로써 유고슬라비아가 표면적으로 내거는 주의(主義)가 전통문화와 상호작용하는 과정을 설명하려는 데 그 목적이 있다.

1918년부터 1941년까지 유고슬라비아는 Serbs, Croats 그리고

32) J. R. Fiszman, "Poland: The Pursuit of Legitimacy", I. Volgyes(ed.), *Political Socialization in Europe: A Comparative Framework*, New York: Praeger, 1975, 137쪽.

Slovenes의 왕국으로 반봉건제적 군주국이었는데 세르비아에게 헤게모니가 주어졌고 세르비아와 크로티아 사이의 오래전부터의 적대감이 더 깊이 뿌리박히게 되었다.

유고슬라비아의 종족은 7/8이 남슬라브족인데 Serbs가 40%, Croats가 22%, Slovenes가 8%, Bosniaks(Bosnian Moslems)가 8%, Machedonians가 6%, Montenegrins가 3%이며, 비슬라브족으로는 Albanians가 6%, Magyars가 2%를 차지하고 있다. 소수민족의 문제는 전체의 비율의 개념으로도 볼 수 있지만 다른 연방 내에 사는 다른 민족의 문제(예를 들면 크로티아 내에는 10%의 세르비아인이 살고 있다)로도 볼 수 있다.[33] 1971년 센서스에 의한 종교의 분포는 정교가 41%, 로마카톨릭이 32%, 모슬렘이 12%, 나머지는 종교가 없는 사람이다. 1948년부터 1955년 사이에 유고당국은 전통적, 문화적, 비사회주의적 감정이 해결되기를 기다렸으나 정치적 통제가 느슨해지고 공화국과 소수민족의 권한이 증대되고 민족주의적 권한이 증대되자 민족주의적 감정이 다시 표면화되었던 것이다. 따라서 그 후 10년간 유고당국은 단합과 다양성, 중앙집권주의와 연방주의 사이의 균형을 유지하려고 노력하였고 중앙집권적 유고슬라비즘은 사실상 불신임을 당하게 되었다. 유고슬라비즘을 고양하는 작업은 오히려 민족적 적대감을 강화시켰으며 민족전통과 문화가 초국민적 정체로 용해될 수 없었던 것이다. 민족 사이의 보편적 편견보다는 해결되지 못한 경제적, 정치적, 문화적 문제로부터 민족주의적 감정이 되살아났는데 특히 세르비아와 크로티아 사이의 적대적 대립이 유고슬라비아의 모든 갈등을 전형적으로 대변해 주고 있다.

33) David Mackenzie, The Background: Yugoslavia Since 1964, George W. Simmonds(ed.), *Nationalism in the USSR and Eastern Europe: in the Era of Breznev and Kosygin*, Detroit, Michigan: Univ. of Detroit Press, 1977, 452쪽.

우선 경제와 연관된 민족주의문제를 살펴보기로 한다. 1965년 경제적 의사결정을 분권화시킨 이후 개발지역(크로티아)이 아닌 미개발지역(세르비아 등)에 대한 투자와 건설을 유고당국이 추진하자 지방관리들은 유고 전체의 이익을 고려하지 않고 자기들 공화국을 이롭게 하는 정책에만 찬동하게 되었고 다른 공화국에 대한 저항을 노골적으로 나타내었다. 크로티아를 중심으로 한 북부지역은 경제적 분권화와 투자자금의 지방통제를 주장한 반면 세르비아를 중심으로 한 남부지역은 집권화와 연방적 투자를 내세웠다. 이 두 경제권의 갈등은 실상 정교를 믿는 보다 러시아적인 세르비아의 문화권과 카톨릭을 믿고 문화적으로 서구지향적인 크로티아 문화권의 갈등인 것이다.

종교와 문화가 다른 세르비아와 크로티아의 적대적 관계는 또 하나의 역사적 사건 뒤에 점철되어 있다. 1945년 봄, 오스트리아의 Bleiberg에서 공산주의자들은 20만명이 넘는 크로티아의 군인, 관리, 시민, 여자 및 어린이를 학살했던 대학살(Operation Slaughterhouse)이 있었고 이를 계기로 크로티아는 독립국가를 세우려고 하였다. 그러나 세르비아의 인텔리겐챠는 재빨리 새로운 공산국가의 구조에 적응하였으며 세르비아를 포함한 크로티아, 보스니아, 헤르체고비나의 정부에서 절대적 우위를 차지했을 뿐 아니라 군대, 경찰, 연방정부, 경제적 및 재정적 통제까지도 장악하여 다민족국가를 실제로는 세르비아가 주도하는 단일국가로 변형시켰고 크로티아인을 유고슬라비아의 적으로 생각하였다. 1945년부터 1964년까지는 세르비아의 크로티아에 대한 박해의 연속이었다고 해도 과언이 아니다. 크로티아의 인텔리겐챠는 거의 모두 비밀경찰의 사찰을 당하였으며, Obzar라는 크로티아 자유적 신문이 폐간되었고 출판소인 Matica Hrvatska가 폐업조치 되었다. 한마디로 크로티아의 문화적 생활은 거의 절름발이가 되었으며 소멸당하는 위기에 직면하게 된 것이다.[34] 또한 크로티아의 카톨릭교회를 박해하였고 추기경인 Alozzije Stepinac은 투옥되었고 크로티아 농민당의 정치적 지도자는 숙청되었다. 티토까지도 크로티아의 피가 섞여 있다고 하여 Alexander Ranković(비밀경찰 OZNA와 UDBA의장)에 의해 감시를 당하였다.

Ranković이 제거되고 연방주의가 제청된 후 1965년부터 1971년까지 크로티아에는 민족적, 정치적, 경제적 그리고 특히 문화적 재건의 물결이 일었는데 이를 '크로티아의 봄'의 시기로 부르고 있으며 마치 크로티아가 19세기 중엽에 누렸던 민족적 소생과 견줄 만한 것이다.

크로티아 사람들은 세르비아의 언어와 문화에 크로티아가 동화되는 것을 두려워 하였는데 이는 언어와 민족주의가 일치한다는 동구라파의 일반적 견해를 그들도 가지고 있기 때문이며 1967년 3월 이후, 크로티아는 세르비아 언어와는 완전히 다른 그들의 언어를 재정립하기로 결정하였던 것이다.[35] 크로티아의 민족주의적 감정이 얼마나 거세었던가는 쟈그레이브 대학의 경제학 교수 Sime Djodan의 말에서 잘 드러나 있는데 그는 크로티아가 오스트리아-헝가리 제국에서보다 사회주의 유고슬라비아에서 더욱 핍박받고 있음을 비판하고 이러한 유고슬라비아의 현실을 마르크시즘의 명백한 부정이라고 공박하였다.[36]

그러나 1971년 11월 22일, 각 공화국이 연방정부에 무역, 관광, 해외송금의 일부를 내야 한다는 법에 대하여 대대적인 학생 데모가 있었으며 세르비아의 장군이 이끄는 군대에 의하여 소요가 진압되었다. 티토는 그 당시까지의 크로티아 민족주의를 '썩어빠진 자유주의와 국수주

34) Bogdan Ruditsa, Nationalism in Croatia Since 1964. George W. Sinmonds (eds.), 앞책, 461쪽.

35) D. Mackenzie, 453쪽.

36) 그는 지금 감옥에 있다. Mr. S. Djodan, "The Revolution of the Economic System of Yugoslavia and the Economic Position of Croatia", *Journal of Croatian Studies*, No. 13, 1972, 3쪽.

의적 민족주의'로 규정하고 유고슬라비즘이라는 이념적 경직성을 떰과 동시에 '크로티아의 봄'은 사라지게 되었다. 이는 상대적으로 이야기하면 세르비아의 민족주의의 승리라고도 볼 수 있는 것이다. 비잔틴 문화의 세르비아와 로마카톨릭의 문화 속에서 발전된 크로티아의 문화적 대립은 불가피한 것이기 때문에 모든 크로티아 사람들은 독립국가로서의 크로티아만이 살아 남고 번성할 수 있다는 신념 속에 단결되어 있었던 것이다. 그래서 그들은 지역담당군대의 설치, 벨그라드로부터의 경제적 독립, 그리고 다른 크로티아 공화국인 보스니아, 헤르체고비나와의 긴밀한 협동을 가로막는 장벽의 제거를 요구하였던 것이다.

유고의 민족주의를 세르비아의 입장에서 보면 크로티아의 경우와 반대되는 민족문화와 의식을 발견하게 된다. 세르비아의 민족주의는 세르비아의 정교회와 불가분의 관계를 가지며 이는 러시아 정교회와 러시아 민족주의와의 관계만큼 종교와 민족주의가 결합된 형태이다. 애국심과 자부심은 모든 세르비아인이 가지고 있으며 그들은 단순히 세르비아의 민족으로만 생각하지 않고 조국의 창조자이며 방어자로 인식한다. 조국에의 강한 주체의식은 여러 세대 동안 영웅적 서사시가 어린아이들에게 읊조려지고 이것이 일생 동안 자기 조국(세르비아)을 사랑하게 만드는 것이다.

유고의 민족주의는 민족의 권리를 찾은 지속적 투쟁의 역사를 가진 어떤 민족집단과 마찬가지로 민족감정을 표현하는 데 있어서 예민하고 낭만적이며 공격적이다. 이들의 문제에 있어서 타인에 대한 동정심은 견해차이에 대한 이해를 통하여 항상 일어나지는 않지만 공격에 재빠르고 불만을 잊는 데는 시간이 걸린다. 이러한 기질을 가지고 있는 사람들에게는 서로 협동하는 체제로 운영하게 하기는 어려운 것이다. 심지어 공산주의 지배 하에 있더라도 순수한 지방적 욕구와 전통적 민족열망은 변하지 않고 오히려 공산당이 이러한 태도를 지속시키는 데 공헌하여 왔던 것이다. 유고의 국민은 대체로 두 가지의 민족성의 특징을 지니고 있다. 해외에서는 쉽게 국부적 자만심이나 전통을 잊어버리고 그 자신 유고인으로 내세우지만 국내에서는 자신의 공화국의 국민으로서 행동하려고 한다. 이와 같은 이중성은 해외에서의 유고인의 행동으로는 깊이 뿌리박힌 종족간의 갈등을 이해할 수 없다는 사실을 시사하고 있는 것이다.

자기관리의 이념을 유고의 공식정책으로 정립한 이면에는 유고의 전통문화와 사회주의 문화와의 역학관계를 이해할 필요가 있다. 벨그라드대학의 철학교수 Svetozar Stjanović은 1969년 유고가 혁명전기의 이론으로부터 떠나 혁명후기의 실재로 나아가야 함을 주장하면서 집합주의적이고 금욕적 혁명윤리와는 달리 발전된 공산주의 원리는 인간주의적 쾌락주의와 작업에 따른 물질적 보상의 자극을 포함해야 한다고 본다. 즉 유고의 구세대들은 젊은 세대에게 사회주의를 위한 투쟁(borba za socijalizam)과 돈을 버는 투쟁(trka za dinarom)을 일깨우며 잘 살기를 바라고 있다. 그러나 25년간의 사회주의와 자기관리는 명확한 공식이념에도 불구하고 아직 새로운 의식을 형성하지 못하였다고 볼 수 있다. 이는 500년간의 오토만 그리고 오스트리아-항가리의 식민주의, 이들 왕국과 스탈린 치하의 관료주의 그리고 전통적인 경제가 지니는 게마인샤프트의 역사적 뿌리가 박혀 있기 때문이다.

물론 전통사회와는 달리 방문, 편지 등의 개인적 상호작용은 줄어들었지만 부모와 친척을 부양하는 책임은 지속되고 있다. 가족과 가까운 친척은 그들 행동을 형성하게 하는 유고인들의 비판적 타인을 형성하고 있다. 즉 상호의존, 이기주의적 욕구의 인내 등이 유고인의 대표적 행동유형이다. 그들의 공적인 자아는 공공장소에서 보다는 집에서 나타난다. 이들 유형은 공적인 자아가 발달된 서구의 유형과는 다른 것이며 사회주의적 자기관리가 필요로 하는 책임있고 사려깊은 공적인 자아를 전제로 하는 유고의 이념을 실현하는 데 장애가 되고 있는 것이다. 보기를 들어 세르비아의 kafana 같은 공공장소에서 충동적 행동을 폭발시키는 것이 사회적으로 묵인되는 반면 만일 집에서 그러한 행위를 했을 때는 비난의 대상이 될 수 있다. 자식에 대한 부모의 지나친 몰입, 주정뱅이 같은 사회적 일탈자에 대한 친구의 관용, 버스나 kafana에서의 이완된 행동은 공공장소에서 비판적 타인이 될 수 없게 만들고 따라서 자기관리의 이상적 규범이 일상생활에 영향을 주지 못하게 하는 것이다.

관료는 서어비스 정신이 없으며 대중은 관료를 믿지 않는다. 자기관리제도 밑에서 종업원들은 경제적 이해관계에만 신경을 쓰게 되고 관료의 서어비스 정신의 결여는 전통적인 남부 슬라브인들이 가지는 관료상이다. 임의대로 비개인성과 개인주의의 상반되는 극단으로 행동할 수 있는 것은 오랜 동안의 식민주의 지배 밑에서 형성된 유고 관료주의가 비합리적인 성향을 띠고 있음을 말해주고 있다. 또는 혁신에 대하여 저항하는 농민문화적 특성은 사회인도주의의 필수요건이 과학적이고도 실험적인 사고와 태도를 형성하게 하는데 장애물이 되고 있는 것이다.

4. 체코슬로바키아의 문화변동과 지속

20세기에 들어서서 체코슬로바키아의 역사는 크게 두 시기로 구분될 수 있다. 1918년부터 1938년까지, 1945년부터 1948년까지, 그리고 1968년 몇 달은 개인적 자유와 사회정의가 이룩되고 신장되는 밝음의 시기였던 반면, 1938년부터 1945년까지, 1948년부터 1968년까지는 좌절과 어둠의 시기였다고 볼 수 있다. 그러나 보다 긴 안목에서 체코슬로바키아의 역사를 더듬어 보면 끊임없이 인본주의와 민주주의의 맥박이 흐르고 있고 그 줄기는 사회주의 속에서도 찾아질 수 있는 현상을 발견하게 된다. 이를 위하여 우리는 1918년 이전 약 600년간의 체코의 역사를 더듬어 그들의 전통적 애국자의 사상과 정신을 현재와 이어 볼 필요가 있다.

체코의 전통적 인본주의와 민주주의 사상은 위대한 Jan Hus(1369~1415)의 사상, Hussitism으로부터 유래한다. 그는 특히 중세교회와 그 사회적 구조를 신랄하게 비판하였으며 그를 잇는 민족사상가들로는 Josef Jurgmann, Josef Dobrovský, Jan Kollár, Pavel. Josef šafárik, Karel Havliček, František Palacký 등이 있으며, 이들의 사상은 종교적 인내와 자유주의, 합리주의 그리고 낭만주의를 결합한 인본주의 사상으로 점철되고 있다.[37] Masaryk(1850~1937)은 'Czech Humanism'을 종교와 사회정의의 종합으로 보고 사회주의도 민족주의와 같이 인간성의 이상적(理想的) 표현의 하나로 해석하면서 인본주의와 사회주의와의 연계를 설명하고 있다.[38] Jan Hus의 사상을 근대 체코의 역사문헌에서 찾아 재평가하고 있는 Josef Macek는 Hussitism의 추종자들의 교회와 귀족과 대항하여 싸운 것을 시발로 하여 그 끝은 체코의 공산당이 맺었다고 해석하고 있으나[39] 순수한 의미의 Hussite이념이 마르크스주의 Hussite이념과 동일하다고 보기는 어렵다.

그러나 Kalivodu에 따르면 체코의 혁명적 시기에 있어서 대부분의 혁명적 국면을 민중의 마음 속에 신의 형상을 변환시키는 것, 즉 초

37) Josef Korbel, *Twentieth Century Czechoslovakia: The Meaninsg of Its History*, New York: Columbia Univ. Press, 1977, 7쪽.
38) 윗책, 12쪽.
39) Václar Mudroch, The Age of John Hus Join Recent Czechoslovak Historical Literature(1948~1961) in Miloslav Rechgigle, Jr.(ed.), *Czechoslovakia Past and Present*, vol. 1, Political, International, Social and Economic Aspects, The Hague: Mouton, 1968, 581~582쪽.

월자로서의 신의 생각을 포기하고 인간화된 신의 생각을 갖게 되는 것이라고 볼 수 있으며,[40] 그러한 의미에서 Hussitism의 혁명적 인본주의 사상을 사회주의와 연관시키는 작업이 이루어지는 것 같다.

Hussitism보다 더 거슬러 올라가면 9세기 중엽 도입된 전형적인 인본주의의 표현양태인 기독교정신이 체코의 모든 문화적 정치적 생활과 직결되어 왔기 때문에 처음부터 체코 사람들의 정신생활의 이념적인 기초는 민족적이고 인본적이었다. 최초의 순교자이며, 인도주의자인 St. Ludmila와 St. Wenceslas의 생애를 다룬 기념비는 명확히 인본주의적이고 기독교적이었으며 민족적인 사상을 담고 있었고, 973년에 세운 프라하 사교구는 체코인의 정신생활에 막대한 영향을 주었다. 또한 12세기 초엽 라틴어로 쓰여진 'The Cosmas Chronicle of Bohemia'는 체코의 민족주의 사상과 인본사상을 결합시키고 있다.[41] 바로 이러한 민주적 개념이 중세에 내려와 혁명의 요소를 띠게 된 것이다. 체코의 정신개혁에 있어서 인본주의적이고 민주적이며 교육적인 노력은 기독교정신이 섹트 사이의 차이, 지역 사이의 갈등에 상관 없이 민중을 형제처럼 묶어놓는 최상의 도덕적 힘이라고 본 Jan Amos Komenský의 작품 속에서 그 절정을 이룬다.[42] 그 후 18세기와 19세기에 영국의 이신론(理神論), 불란서의 백과사전학, 독일의 합리주의가 체코의 문화경제생활에 영향을 주게 되었고, 특히 불란서혁명과 나폴레옹의 개선이 체코의 민족주의와 범슬라브주의를 촉진시켰다고 볼 수 있다.

그러나 우리는 체코슬로바키아가 약 300년간의 식민통치 하에 겪었던 경험을 간과해서는 안 된다. '체코인'의 정신을 얼마나 지켜왔는

40) 윗책, 592쪽.

41) Jiři, Škvor, Humanistic and Democratic Thouhgt in Czech Literature, Miloslav Rechgigle, Jr.(ed.), *The Czechoslovak Contribution to World Culture*, The Hauge: Mouton, 1964, 30쪽.

42) 윗책, 33쪽.

가를 알아보는 것이 그들의 이중적 심리구조를 이해하는 데 도움이 되기 때문이다. 유럽의 대부분의 국가들이 위대한 유럽의 정신적이고 정치적인 자유의 전통의 의미를 이해할 능력을 상실했던 반면 유일하게 체코가 자유와 자율의 조화에 기반을 둔 정부를 유지할 수 있었던 이유는 지금까지 설명한 민주적인 민족 이념의 계승뿐만 아니라 식민통치 하의 경험을 승화시킨 데 있다고 볼 수 있다. 사실상 체코의 역사를 가로지르는 두 개의 생활철학이 갈등을 일으키고 있는데, 하나는 슬라브적인 것으로 평화적, 평등적, 원시적 민주주의의 정신이고 다른 하나는 독일적인 것으로 공격적인 권위주의와 귀족주의이다. 바로 이러한 갈등이 15세기 Hussite 혁명으로 나타났으며, 이는 로마와 독일의 봉건주의의 정신적 절대주의에 대한 공격으로서 근대민주주의를 형성하게 된 최초의 횃불이 되었던 것이다.[43]

체코의 근대정신의 지주였던 František Palacký(1798~1876)에 대한 평가가 새롭게 이루어지는 가운데 중세 이전과 중세에 보여 주었던 체코의 인본주의와 민주주의 정신이 현재의 사회주의 이념과 관련이 있음이 다시 조명되고 있는데 Bedrich Šindelar 같은 사람은 Palaký가 인민의 열망과 소망 그리고 정당한 요구를 이해하지 못하고 노동자계급을 전통적인 인도주의 입장에서 보려 했음을 지적하는 반면 J.F. Začek는 Palacký가 보다 높은 이상으로 뭉쳐진 전체로서의 슬라브왕국이 새로운 세계를 형성하는 데 결정적인 요인이 될 때 자유와 평등의 '슬라브'의 시대가 온다고 믿었다고 보면서 위대한 예언자로서의 Palacký는 오늘날의 세계적 사건을 예견했다고 본다.[44] 분명히 체코의 학자들은

---

43) Václáv Beneš, Background of Czechoslovak Democracy, Miloslav Rechgigle, Jr.(ed.), 윗책, 268쪽.

44) Joseph F. Záček, Palacky: A Marxist Portrait, Miloslav Rechigigle, Jr.(ed.), *Czechoslovakia Past and Present*, The Hague: Mouton, 1968, 600~601쪽.

Palacký의 정치적 활동과 같이 체코의 역사와 철학이 정신적으로 무장되어 있는 체코의 소시민들의 정치적이고 문화적인 열망을 지원하는 이념이 되고 있음을 깨닫고 있으며, 현재 체코의 마르크스주의자들도 Palacký를 그들의 과거의 위대하고 진보적인 인물의 하나로 평가하고 있는 것이다.

Palacký의 제자인 Thomas Masaryk은 슬라브족 성격에 대한 스승의 분석에 순종하지 않고 체코의 개혁(Hussitism에 나타난)의 유산에 초점을 맞추어 Palacký의 사상을 보완하고 확대한 민족지도자이다. 그는 인간의 기본적 권리에의 추상적 신념과 인민의 사회복지에 대한 실용적 관심을 결합시킴으로써 Palaký의 인도주의적 이상을 쓸모 있는 생활철학으로 만드는 데 공헌했던 것이다. Masaryk은 자기와 자기 스승의 철학을 두 가지, 즉 종교적 이상주의와 계몽적 합리주의로 구분하고 현대의 체코와 슬로박의 이념과 실천의 근간으로 삼았다. 종교적 이상주의는 도덕적 완전성을 엄밀하게 강조함으로써 체코의 민주주의에 정신적 배경과 정당성을 부여하였으며 계몽적 합리주의는 문화적 진보와 계몽을 강조함으로써 실천적 행동계획을 마련하는 데 공헌하였다.[45)]

그러나 그들의 논리가 너무 추상적이고 학문적이었기 때문에 체코의 민중에게 쉽게 이해될 수 없었고 도덕적 경직성과 절대적 성격 때문에 구체적인 국민적 정치계획으로서 보다는 멀리 떨어져 있는 이상적 목표로서 간주되었다고 볼 수 있다. 물론 Masaryk의 철학이 완전히 이해되지 못하고 가끔 비난을 받기도 하였지만 그의 인도주의적 이념은 1918년 이후의 체코슬로바키아 민주주의의 정당성과 이념적 초석으로서의 역할을 담당했다는 것을 부인할 수 없을 것이다. 또한 실천적인 측면에서도 전통적 민주주의가 현재 체코의 민주주의적 실천계획에 이어

45) Václav Beneš, 앞글, 269쪽

지고 있다고 볼 수 있다. 문화적, 경제적, 정신적, 그리고 복지조직에 있어서 체코 사람들은 민주주의의 실천적 수련을 쌓고 있는 것이다. 대부분의 이들 자원적 조직 속에서 Sokol 정신운동이 일어나고 있는데 이는 합리주의와 결합된 민주훈련계획으로서 체코사람들의 축적된 에너지의 분출구로서 뿐만 아니라 형제애의 기반으로서 작용하고 있다.[46)]

물론 식민지통치 하에 있을 때 오스트리아의 지배자들은 체코 사람들의 민족적 열망에 부응하는 양보를 하기를 꺼려했지만 비엔나정권의 불의와 부당한 조치에도 불구하고 1860년 이후 실현된 입헌정치가 체코의 문화 및 경제생활을 지속시키는 데 도움이 되었다.

나는 지금까지의 논의에서 약 천년에 걸친 체코의 민주주의적, 그리고 인도주의적 전통이 300년간의 식민통치 하에서도 소멸되지 않고 이어져 왔으며, 그러한 사상과 철학이 Palacký와 Masaryk와 같은 근대의 민족지도자의 사상으로 계승되고 다시 이것이 사회주의의 이념과 결합되어 해석되는 맥락을 간단히 살펴보았다. 이러한 평등주의는 현실적으로도 체코가 다른 사회주의국가에 비하여 계층의 평등화속도가 빠르게 나타나고 있는 사실에서도 그 특징이 살아나고 있다. 물론 평등화의 속도가 빠른 이유는 농민계층이 적은 나라에서의 노동력의 흡수 때문이라고 볼 수 있지만 '사회적 평등성'의 개념이 오래전부터 지속되어 온 사회문화적 환경 때문이라고 볼 수 있다.[47)] 그들의 사회적 의식은 강하게 사회주의의 분배국면을 편들고 있으며, 이는 국유화를 통한 소득 정책으로 이어지는 것이다. 즉 체코슬로바키아는 유고슬라비아나 폴란드와 다르게 생산수단의 집단소유를 한 번도 약화시켜 본 적이 없으며 유고와 같이 중앙통제경제 내에 시장요인을 폭넓게 허용한 적도 없다는

46) 윗글, 273쪽.
47) Jaroslav Krečji, *Social Change and Stratification in Postwar Czechoslovakia*, New York: Columbia Univ. Press, 1972, 30쪽.

것[48])은 평등주의로 향한 체코의 사회문화적 특성을 웅변적으로 말해 준다.

체코의 역사적 전통 속에 담겨져 계승된 민주주의 · 인본주의의 맥락과 평등주의 사상뿐만 아니라 또 하나의 역사적 전통은 비폭력주의라고 볼 수 있다. 이러한 비폭력적 전략은 19세기 초 체코의 민족지도자의 지나치게 신중한 행동에 나타나 있으며 국가의 멸망이라는 비극적 운명으로부터 기적적으로 회생한 체코의 전반적인 위약성이 이를 말해 주고 있다.[49]) 체코의 민족적 열망을 달성하는 수단으로서의 혁명은 그것이 Austroslavism의 전략뿐만 아니라 현대의 체코인의 심리와도 갈등관계에 있었기 때문에 긍정적으로 받아들여지지 않았으며 1848년 단 한번 일단의 젊은 급진주의자들이 혁명을 기도한바 있을 뿐이다. 그들의 행위는 앞서 언급한 민족지도자인 Palacky뿐만 아니라 실제적으로 모든 민족지도자들로부터 비난을 받았다. 물론 1908년 Masaryk은 폭력에 대항하는 힘의 사용은 필요할 수도 있다는 견해를 표명한바 있지만 1918년 10월 28일 민주적인 방법으로 체코슬로바키아가 탄생한 사실이 수십년간 체코사람들이 추구해온 본질적으로 비폭력적이고, 진화적이며, 민주주의적인 정치적 전략을 정당화시켜 주었던 것이다.[50])

체코의 정신적 바탕을 독일주의와의 지속적 갈등을 이겨내는 정신으로 보는 Pekař는 유럽과 독립된 체코 특유의 정신을 계발함으로써가 아니라 유럽문화의 중요한 부분으로서의 체코정신을 강조하지만 민족성은 역시 역사적 사실로부터 분석해야 한다는 입장을 취하고 있는 Peroutka의 분석은 종교, 언어 그리고 역사 속의 국민성에서 그 특징을 보고 있다.[51]) 그는 체코의 전통의 뿌리가 종교개혁에 있다기보다 오히

48) 윗책, 136쪽.
49) Václav Benes, 앞글, 274쪽.
50) 윗글, 275～276쪽.
51) 윗글, 21～22쪽.

려 카톨릭에 있다고 보았으며, 종교적 신비주의보다는 불란서의 합리주의에 더 가깝고 종교적 정신이 존재한다면 그것은 역시 카톨릭이라고 말한다. 또한 그는 체코어는 단어의 첫 음절에 항상 악센트가 있기 때문에 처음의 행동은 매우 강렬하게 추진되지만, 그 결말은 흐지부지해진다는 Enanuel Chalupný의 견해를 인용하면서 예상이론(anticipatory theory)을 전개한다.

예상이론에 의하면 체코 사람들은 지나치게 세부적인 것에 집중하여 복잡하고 보편적인 개념으로 사고하기가 어렵고 그 세부적인 것이 항상 단순하여 민족성의 경향이 단순성을 지향하게 되며 세부적인 것이 특별한 관심을 끌게 되므로 체코의 유모어의 특징인 풍자, 기지, 조롱을 낳게 한다는 것이다.[52] 체코 사람들이 보여주는 신비주의와 사실주의의 결합은 지적인 넓이와 깊이를 보여주는 것이기도 하지만 동시에 그것은 불안과 불확실성을 나타내기도 한다. 신비주의는 문화적 업적, 특히 소설 부문에 강하게 표현되며 사실주의는 실생활에서의 행위로 나타나는 것이다.

이와 같은 묘한 결합은 Hussitism의 전통이 지배했던 영광의 역사 300년에 그들이 지녔던 민족적 자만심과 그 후 300년간 식민통치 하에 겪었던 수모의 감정이 섞여 나타난 역사적 산물이라고 볼 수 있다. 따라서 체코사람들은 국가가 흥성할 때 인간성의 이상을 구현하기 위하여 모든 노력을 경주하며, 만일 국가가 존망의 위기에 처해 있을 때는 그들의 머리를 숙여 나라를 구하는 민족성을 지니고 있는 것이다.[53] 따라서 1945년부터 1948년까지 그리고 1968년 몇 달 보여 주었던 자유와 정의의 물결은 Hussitism의 부활이었다고 평가할 수 있으며 스탈린 시

52) 윗글, 23쪽.
53) 윗글, 24쪽.

대와 1968년 이후의 체코는 수모의 역사라고 볼 수 있다. 1968년 학생들은 자유와 주권을 최상의 가치로 평가한 반면 소련과 다른 사회주의 국가와의 선린관계 그리고 제국주의에 대한 투쟁은 낮게 평가하였으며,[54] 1969년 군징집대상에 대한 의견조사에서는 75%의 응답자가 소련과의 우호관계가 회복되는 것을 반대하였던[55] 것을 보면 스탈린시대 억눌려 있던 전통 체코의 사상적 숨결이 자유화의 물결에 숨쉬고 있었음을 발견할 수 있다. 프라하의 봄에 언론도 꽃을 피웠는데 1968년 3월 20일 인구 2백만의 프라하에서 팔린 일간신문이 557,192매에 달한 것[56]을 보면 그 열기를 짐작할 수 있을 것이다. 그 동안 언론이 다루었던 내용을 보면 첫째, 과거에 대한 비판으로 공산주의체제 자체에 대한 이론적 비판과 1968년 이전의 구체적 정책비판이 실렸으며, 둘째로는 현재에 대한 토의로서 새로운 진로에 대한 지지, 새로운 지도자에 대한 비판, 그리고 구체적 제안에 대한 토의가 있었고, 세째로는 미래에 대한 전망이 다루어졌다.[57]

이와 같은 비판정신은 옛날 Hus가 보여 주었던 체제비판의 전통적 민주주의, 인본주의정신의 계승이었다고 볼 수 있다. 지금까지의 논의에서 우리는 체코의 전통적인 사상과 철학이 담고 있는 민주성·평등성·인간성·비폭력성 등이 현대 사회주의국가인 체코슬로바키아에 면면히 이어지고 있음을 이해할 수 있었다. Hus로부터 Palacký와 Masaryk에 이어지는 민족지도자들의 사상이 단순하게 사회주의로 대체된 것이

54) Frantisek Povolny, Student and Post-January Development, *Nova mysl*, No. 4 (April 1969), 432~442쪽.

55) Otto Ulc, Czechoslovakia: From the winter of discontent to the despair of Husak's Autumn, Ivan Volgyes(ed.), *Political Socialization in Eastern Europe: A Comparative Framework*, New York: Praeger, 1975, 62쪽.

56) Vladimir V. Kusin, *Political Grouping in the Czechoslovak Reform Movement*, New York: Columbia Univ. Press, 1972, 109쪽.

57) 윗책, 110~111쪽.

아니고 그들 사상과 구체적 정치계획 속에 담겨진 체코의 민주주의전통이 사회주의이념 속에서 수용되고 또한 사회주의체제에 대한 비판적 정신으로 승화되고 있음도 이해할 수 있었다. 이제는 논의의 초점을 지식계층으로 옮겨 사상의 주체인 체코의 지식인이 지녔던 전통이 어떻게 이어지고 있는가를 살펴보기로 한다.

체코에 있어서 인텔리겐챠가 지도자의 위치를 쉽게 차지하는 이유는 어디에 있는가 하는 질문에 답하기 위하여는 역시 그들의 역사적 전통을 이해하여야만 한다. 그 뿌리는 보헤미아와 모라비아의 귀족계급이 지니고 있었던 특유한 지위, 체코 인텔리겐챠의 구성과 그 지향성과 관련을 갖고 있다.

대부분의 체코사람들은 귀족계급을 토착적인 것으로보다는 외래적인 것으로 보고 침입자나 정복자의 집단으로 간주하였으며 귀족신분을 지도성의 원천으로 받아들이지 않았다. 따라서 귀족계급이 지배하고 있었던 도시와 농촌에서 지식계층이 낮은 신분의 합법적인 대변자로서 그리고 조직책으로 부상했던 것은 우연이 아니다. 체코의 인텔리겐챠의 거의 절반이 농민, 장인 그리고 상인계층에서 배출된 것이다.[58]

그러나 체코 인텔리겐챠의 서민주의의 원인은 근원적으로 독일화에 대한 두려움, 나아가서 민족의 뿌리를 잃어버린다는 것에 대한 두려움 때문이었다. 즉 그들은 체코의 민족의 뿌리를 흔들며 위협했던 오스트리아계 독일인들의 문화적 성취에 매혹되지 않게 하기 위하여 그들 자신의 경쟁적 이상을 창조하였다. 그들이 창조한 이상은 교육받지 않고 지성적이 아닌 평범한 사람들이 창의성과 도덕성에 대한 강렬한 신념 밑에서 형성되었던 것이다.

---

58) Jan Hajda, The Role of the Intelligentsia in the Development of the Czechoslovak Society, Miloslav Rechgigle(ed.), *The Czechoslovak Contribution to World Culture*, The Hague: Mouton, 1964, 308쪽

또 한 가지의 중요한 사실은 체코 인텔리겐챠가 창조한 제도적 장치가 근대 체코역사에 있어서 지방적 중요성보다는 더 위대한 토착적인 제도였다는 점이다. 즉 대학, 짐나지움, 극장, 신문, 잡지, 출판소, 서점, 미술관, 관현악단, 합창단, 기타 예술클럽의 연결망은 체코 사람들의 비향토적 협동을 폭넓게 표현하는 최초의 제도적 장치였으며, 합부르크체제와 다른 그들 자신의 제도적 표현이다.[59]

그러나 슬로박의 경우는 체코의 경우와 사정이 달랐다. 슬로박 인텔리겐챠의 대부분은 마갸르화(Magyarization)에 동조하였을 뿐만 아니라 사실상의 귀족계급이 되었던 것이다. 따라서 자신들을 민족의 선각자로 생각하기보다는 '선택된 자'로 생각하였으며, 부다페스트나 비엔나에서 향수를 느끼는 교육받은 지식인들이었다. 따라서 체코와 슬로박을 연결하는 제도적 장치가 전혀 없었으며, 1918년 체코슬로바키아의 탄생은 점진적인 정치적·경제적 과정의 산물이라기보다는 이념의 통합에 불과하였다. 상호간의 인식부족과 갑작스런 통합은 두 지역 사이의 인텔리겐챠의 관계를 조화시키지 못했으며 현재의 체코와 슬로박 사이의 관계의 뿌리깊은 쟁점의 원인이 되기도 한다.[60]

인텔리겐챠의 제도적 장치가 향토적 지방성에 머물지 않는 것과 마찬가지로 체코의 학문전통도 편협과 국수주의를 지양하고 국제적 학문의 틀과 객관성을 강조한다. 항상 이론과학이 응용과학보다 우선되며 사상의 논리적 계승과 조직화를 강조한다. 극단적이고 급진적인 이론보다는 절충주의의 경향을 보이지만 인간과 그의 인생에 항상 강렬한 관심을 표명하는 것이 그들 학문세계의 특징이다. 따라서 학자들은 보다 넓은 학문영역을 섭렵한 사람들이다.[61] 그들은 자신을 학문적인 꿈에 몰

59) 윗글, 309쪽.
60) 윗글, 310~311쪽.
61) Otakar Machotka, The Character of Czech Scholarship: A Contribution to

입해 있거나 마음의 욕망에 따라 움직이는 사람으로서보다는 국가와 전문영역의 봉사자로서의 사회적 산물로 생각한다. 옛날 오스트로-항가리제국에서 살았던 체코 사람들은 정치적·행정적 지위에 오를 기회가 없었기 때문에 교육을 강조해 왔으며, 이는 특히 민족복원운동에 의해 더욱 강화되었었다. 국가의 운명에 책임을 느끼는 지적 전통은 그들 정치적 지도자 가운데 자연히 학자가 많이 나타나는 경향을 띠게 되었고 따라서 학자의 사회적 지위와 위신은 높히 평가받고 있는 것이다. 우리는 이러한 체코의 인텔리겐챠와 학문이 지니는 전통적 특성을 이해하면서 1968년 자유화 개혁에 공헌했던 인텔리겐챠의 집단의 면모를 자세히 살펴볼 필요가 있다.

러시아의 공산주의혁명은 인텔리겐챠의 큰 공헌 없이도 이루어질 수 있었지만 체코의 경우는 그 반대의 경향을 보이고 있다. 1948년 이후 체코의 인텔리겐챠의 사명에 대한 정의는 공산당의 정책형성의 문서에 나타나 있지 않으며 교육, 문화 및 이념과 같이 인텔리겐챠에 영향을 주었던 문제들은 순수한 개념적 전망보다는 보다 실용적인 관점에서 다루어졌다. 체코에 있어서 인텔리겐챠는 두 가지 범주로 구분되는데 하나는 odhorníci로서 교육받은 전문가를 가리키고 다른 하나는 duševni pracovníci로서 화이트 칼라와 전문노동자들을 포함한다.[62] 앞서 인텔리겐챠 계층이 정치적 지도계층에 포함되고 있는 체코의 특성을 설명한 바 있는데 1968년 공산당에 가입된 각 범주별 체코의 인텔리겐챠의 비율은 다음과 같다. 경제관료는 70~80%, 사회조직의 관료는 80~90%, 중앙기관의 관료는 85~90%, 문화 및 공공교육기관의 종사자는 70%, 초중등교 교사는 60%, 산업 및 농업기술자는 30~40%, 연구개발분야

---

the Sociology of Knowledge, Miloslav Rechgigle(ed.), 앞책, 299쪽.

62) Vladimir V. Kusin, 앞책, 57쪽

의 노동자는 40~45%, 그리고 의사는 25~35%가 공산당원으로 나타나 있다.[63] 물론 1968년 제 14차 공산당회의는 정치와 독립된 과학의 자율성을 약속하였지만 1970년 개혁에 대한 전면적 숙청이 단행된 이래 과학의 독립성이 보장되지 않고 있다. 그러나 인텔리겐챠가 공산당원을 점하는 비율이 반드시 정치로부터의 과학의 예속성을 나타내는 것은 아니다.

사회주의국가의 문학에 있어서 항상 쟁점이 되는 것은 문학을 사회적 관계의 역사적으로 조건화된 반사로 이해하는가 아니면 미학적 특수성을 지니느냐 하는 점인데 체코의 경우 스타일이나 예술적 정열 그리고 단순한 동료애로서 자연스럽게 뭉쳐진 집단 대신에 작가조합이 강조되고 당원인 작가들은 비당원작가의 견해가 개진되기 전에 모든 쟁점을 결정할 특권을 가지고 있다. 1968년 슬로박 작가조합은 정치문화적 견해를 반영하는 것보다 예술적 가치를 우선시하고 연방화보다 문학의 민주화를 주창했었는데 1970년 숙청 이후 체코정권은 작가조합의 중립성에 만족하지 않고 조합원이 현정권에 부응하는 정치적 관점을 지니도록 촉구하고 있다.

tvurči svazy로 불리는 창조조합(creative unions)은 예술조합과 문화조합으로 구성되고 있는데 이 조합의 경우도 1968년 조합원들이 보여 주었던 자율성이 쇠퇴하고 정치에 예속되는 결과를 낳았다. 물론 체코의 지식인들은 역사적으로 항상 정치적 동물로서의 특징을 살려 왔기 때문에 순수한 의미에서 볼 때 문화는 정치적이며 동시에 전문적인 결속으로서 존재해 왔다. 어떤 면에서 볼 때 이러한 역사적 전통은 문화를 정치의 도구로 여기는 공산주의의 문화에 대한 이해와 일치하는 것 같이 보인다. 정치적 권력을 쟁취하려는 도구가 되는 것으로부터 문화

63) 윗책, 66쪽.

는 1948년 2월 이후 권력을 보존하고 안정화시키는 수단의 하나가 되었다. 그러나 지식인에 대하여는 그들의 성미에 맞는 정치와 문화의 조화 있는 결합이 아니었고 항상 단순한 도구의 역할에 그치고 말았던 것이다. 그러나 진정한 문화의 개념은 지성인들이 영혼의 엔지니어로서보다는 국가의 양심으로서 행동할 수 있는 모든 창조적 세력에 의한 활동의 총체[64]인 것이며, 이러한 의미에서 체코의 인텔리겐챠가 정치적이라는 뜻이 있다. A.J. Liehm은 1968년 3월 제4차 작가회의에서 다음과 같이 말하고 있다.

> 문화는 현대인의 종교이며, 우리는 그 높은 형식을 버려서는 안 된다. 영국은 그들의 해군이 있으며, 미국은 우주비행, 불란서는 원자탄이 특징이다. 체코슬로바키아는 아무 것도 없다. 그러나 우리는 문화를 지니고 있다. 이러한 본질은 상업시장의 가치기준으로 재서는 안 된다. 왜냐하면 문화와 예술을 통하여 사회는 그 자신을 깨닫고 그 자신의 질과 결점을 인식할 수 있기 때문이다.[65]

이 창조조합의 공통적인 방침은 문화성에의 예속을 종식하는 행위의 자유, 문화정책결정에의 참여, 1968년 이전에 결여하고 있었던 인간적, 정치적 권리와 가치의 회복을 강구하는 것이었다.

체코의 학자들은 작가가 예술가에 못지 않게 전통적으로 잘 조직화되어 있으며, 그들의 의사를 나타내는 기회를 많이 가지고 있다. 과학원(Academy of Sciences)이 체코에 20개, 슬로박에 17개가 있으며, 이들을 통하여 그들의 견해가 표현된다. 학자들의 '정치적' 열망은 작가나 예술가 못지 않게 자유지향적이고 비판적이다. 그러나 1968년 이후 역시 체코에 있어서 창조적 사회과학은 거의 소멸되어 버렸던 것이다.[66]

---

64) 윗책, 82쪽.
65) 윗책, 83쪽.
66) 윗책, 119쪽.

지금까지의 논의에서 우리는 체코의 인텔리겐챠가 전통적으로 지니고 있는 계급적 특징과 그들의 정치적 열망, 그리고 자유주의적 기질을 엿볼 수 있었다. 특별히 그러한 전통이 1968년에 일어났던 자유운동 속에 찬연히 발현되고 있음도 살필 수 있었다. 이는 제 1 절에서 다룬 전통적 민주주의와 인본주의사상과도 맥락을 같이하고 있는 것이다.

5·4 문화와 사회심리이론과 조직의 문제

지금까지 우리는 서구문화와 비서구문화의 구조적 틀이 다른 기반을 지니고 있으며 그러한 기반이 사회현상에 미치고 있는 영향을 검토하여 보았다. 이 과정에서 우리는 문화가 어느 사회의 조직현상에 중대한 영향을 미치는 요인이라는 것을 인식할 수 있었다. 여기서는 조금 구체적으로 조직문제에 초점을 맞추어 문화와 조직과의 관계를 설명하고 그 의미를 응용적 차원에서 음미하기로 한다.

래머즈과 힉슨은 문화가 조직에 미치는 과정과 그 결과를 다음과 같이 이야기한다.[67] 첫째, 법적인 요구조건이나 정부규정 속에 내재되어 있는 일반화된 사회적 가치, 규범 및 역할의 존재를 통하여 영향을 미치는데 왜냐하면 그러한 요구조건이나 규정들이 조직을 평가하는 방식과 주요한 공중의 반응에 영향을 주기 때문이다. 둘째, 조직이 무엇이 될 수 있고 또한 무엇이 되어야 하는가 하는 데 대한 사회적 모형과 약속의 존재를 통하여 영향을 미치는데 이는 조직체제를 설계하고 재설계하는 사람들의 개념에 영향을 주기 때문이다. 세째, 외부로부터 수입된 가치, 규범 및 역할로부터 나온 방식으로 역할을 수행하고 서로

67) C. J. Lammers and D. J. Hickson, "Are Organigations Culture-Bound?", in *Organizations Alike and Unlike*, 402~419쪽, eds., C. J. Lammers and D. J. Hickson, London: Koutledge and Kegan Paul, 1979.

관련을 맺는 엘리뜨와 조직구성원의 신념과 행위를 통하여 영향을 미친다. 이러한 문화의 영향은 첫째, 특정 변수에서의 정도의 차이를 가져 오며(보기를 들어 미국조직은 영국조직보다 더욱 공식화되어 있다), 둘째, 특정 변수가 문화적 한계에 의해 제약을 받는 특성의 차이를 가져 오고(보기를 들어 인종중심주의가 강하여 특정 종족을 고용하지 않음), 세째 관계의 차이를 가져 오며(보기를 들어 페루 사람들은 가까이서 감독받기를 좋아한다.), 네째 유형의 차이를 만든다(보기를 들어 일본경영이 미국경영과 유형이 다르다).

이처럼 문화적 차이가 조직에 미치는 영향은 매우 크다고 볼 수 있다. 나는 앞서 동서양사회의 문화적 틀을 비교한 적이 있는데 이를 조직문제에 결부시켜 동서양조직을 비교하겠다.

이 글에서는 비교문화적 입장에서 우리 사회가 아직 살리지 못하고 있는 특질을 인식함으로써 한국조직이 나아갈 앞으로의 방안을 밝혀보려는 것이다. 동양조직과 서양조직의 시스템 특징은 다음 세 가지 차원에서 비교하여 볼 수 있다.

서양조직은 기술적 능력을 우선시하며 이에 상응하는 합리적 보상체계를 연결시키고 있다. 현대의 동양조직은 이러한 서양의 좋은 점의 메카니즘을 받아들여야 할 것이다. 그러나, 동양조직은 이러한 제도적 장치만으로는 불충분하고, 기술자정신이라는 동양정신이 새로 이에 더 요구된다.

이 정신은 일본의 장인정신과 같은 것인데, 장인정신은 장인과 도제의 관계에서 비롯되는 전통적 기술조직이 갖고 있는 정신으로서, 도제가 일생의 목표를 장인에게 두며 현재의 역경을 이겨나가는 힘이 되어 왔던 정신인 것이다. 일본사회에서의 장인과 도제의 관계는 단순한 기술적 차이를 넘어서서 전 인간적 관계로 맺어졌으며, 이는 동양사회가 갖고 있는 공통된 특질로서 이상적인 모델을 향하여 부단히 학습·실천하는 사회의 원동력이 되었다. 일본이 그렇게 빨리 근대화되고 대국으로 발전된 원인이 바로 조직 배후에 이런 기술자정신이 있었기 때문이라고 해도 과언이 아닐 것이다.

두번째는 자기가 몸담고 있는 조직과의 관계를 어떻게 보고 있느냐의 문제이다. 서양사회는 철저한 계약관계를 설정하고 계약 이상도 이하도 아닌 정도의 계약의 정신을 발전시켰다고 본다. 이러한 계약정신하에서 서양은 노동조합과 같은 대등한 힘의 조직을 낳게 되었고, 또한 공적인 생활과 사적인 생활을 엄격히 구분하는 합리적인 정신도 탄생시켰던 것이다. 서양사회에서의 관리는 작업시간 내의 통제에 그치므로 그 관리가 간단한 셈이고, 또한 다분히 제도적이고 기술적인 측면을 갖고 있다.

이에 비하여 동양사회는 계약을 넘어서서 심리적 관계를 발전시켰다고 볼 수 있는데, 예를 들어, 중국사회는 계약 이상을 신의로 지킨 사회라고 볼 수 있으며, 또한 일본사회는 종업원 복지문제 등의 제도적 장치로서 계약 이상을 실현하였던 것이다. 그러나 우리 나라는 비판적으로 볼 때, 계약에 의한 제도적 장치의 발전도 없었고, 뿐만 아니라 계약을 넘어서는 동양정신도 결여되었다고 볼 수 있는데, 지금 이 양자를 극복하는 것이 시급하다. 동양사회는 가족, 작업집단, 동료집단의 분화가 잘 되어 있지 않기 때문에 서양사회와는 달리 관리가 작업집단에서만 끝나지 않고, 가족이나 동료집단의 영역까지 포괄하게 되었다. 따라서 우리 나라의 관리는 이러한 특징을 살려 기술적인 한 계약적인 차원에서 끝날 것이 아니라, 좀더 개인적인 심리적 영역에까지 관련짓지 않으면 안 될 것이다.

세번째는 동양사회와 서양사회는 지도자 역할에 대한 의미가 서로 다르다는 점이다. 서양의 조직에서는 지도자의 지도력, 즉 권위의 출처를 법적, 합리적, 제도적 장치에서 나온 것으로 본다. 따라서 서양은 제도에 궁극적으로 승복함을 중시한다. 반면에 동양사회에서 리더십은 지도자 스타일로부터 상당한 영향을 받는다고 보고 있다. 동양의 조직은 대인적 관계를 항상 밑바닥에 깔고 있으며 이러한 대인적 관계를 무시해서는 결코 리더십이 성립되지 않는 특질을 갖고 있다.

동양의 인간관계는 힘의 차원과 정의 차원에서 구분하여 살펴볼 수 있다. 먼저 힘의 차원은 수직적으로 맺어지는 인간관계인데 이러한 힘의 원천은 인간적 존경에서 가능하며, 동양사람은 인간적으로 진심으로 존경할 때에만 최종적으로 승복하는 특질을 갖고 있다. 즉, 제도적 승복 이상의 인간적 승복이 있을 때 맺어지는 관계인 것이다. 또한 정의 차원은 수평적으로 맺어지는 인간관계인데 여기에는 특수주의적 정과 보편주의적 정으로 나누어 볼 수 있으며 조직이 잘 되기 위하여는 특수주의적 정을 극복한 보편주의적 정의 관계가 요구된다.

사람이 인간관계를 맺는 수직적 수평적 양차원을 +−+−로 콤비네이션하여 네 가지 스타일로 만들어 볼 수 있는데, 그 중 조직을 가장 강하게 이끌어가는 동양사회의 지도자 스타일은 존경을 받는 동시에 보편주의적 정으로 인간관계를 맺는 사람이다. 이는 동양에 이상적인 리더십의 스타일이 있다는 것을 의미한다. 그리고 이렇게 지도자의 스타일을 중시함은 서양사회가 개인적 특질보다는 합리적 제도적 장치에 의하여 조직을 이끌어간다는 점에서 차이점이 있다.

앞으로 우리 나라는 서양사회가 이룩해 놓은 이러한 법적 제도적 장치를 받아들이는 동시에 이러한 인간관계에 입각한 이상적인 리더십 정신을 살리는 것이 중요하다고 본다.

이렇듯 동양조직과 서양조직을 구분하여 문화적으로 비교함으로써 조직 밑바닥에 동양정신을 기초로 하였을 때 조직이 강하게 움직이는 것을 살펴보았다. 불행히도 우리 나라는 이러한 특질을 제대로 살리지 못하고 있다는 점에서 결함이 있다.

동양조직의 움직임의 공통점을 도시하면 다음과 같다.

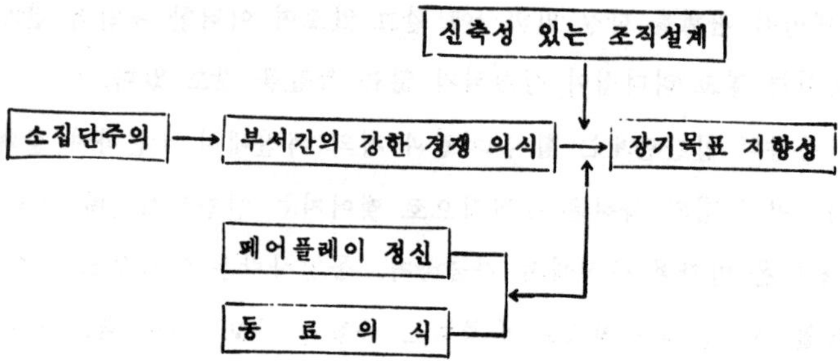

제3편

현대사회 및 조직의 구조와 변동의 문제

6. 머리글—문제를 보는 틀의 새로운 구성

제 2 편 조직행동이론의 틀에서는 개인을 다루는 심리학, 사회구조를 다루는 사회학 그리고 문화를 다루는 문화인류학을 다루면서 이러한 개별 사회과학이 스스로 반성하고 재구성해 나가는 면모를 살필 수 있었다. 이러한 흐름은 종국적으로 학문 사이의 엇물림의 관계로 나타나고 그 엇물림의 현장은 바로 우리가 제 3 편에서 중점적으로 분석하려는 조직(또는 사회체계)임을 깨달을 수 있다. 제 2 편에서 또 한 가지 강조한 것은 미시적 구조의 문제나 거시적 구조의 문제나 그 구조가 지니고 있는 본질적 문제는 같은 것이며 그 공통적 구조(또는 언어)를 발견하는 것이 조직행동이론의 임무라는 사실이었다. 따라서 조직이라는 개념을 미시적으로 보든 거시적으로 보든 그 본질적 문제는 동일하다는 전제가 제 3 편에서 이어지고 있는 것이다. 제 3 편의 전체적 윤곽을 제시하기 전에 먼저 조직에 대한 정의와 유형을 정리해 보는 것이 독자들에게 도움을 줄 것으로 생각되어 스코트(W. Richard Scott)의 책(*Organizations: Rational, Natural, and Open Systems*. Englewood Cliffs, N.J.: Prentice-Hall, 1981)을 중심으로 간단히 소개하기로 한다.

지금까지 조직을 정의해온 견해를 종합하여 세 가지로 분류하는 스코트는 합리적 체계, 자연적 체계 그리고 개방체계의 입장에서 다음과 같이 조직을 정의하고 있다. 첫째, 합리적 체계로 보는 조직은 집합적으로 비교적 구체적 목표를 추구하는 지향성과 비교적 고도로 공식화된 사회구조를 나타낸다. 둘째, 자연적 체계로 보는 조직은 그 성원들이 공식구조 또는 공식적 목표에 영향을 받지 않으면서 체계의 생존에 공통적 이해를 나누어 갖고 이를 보존하기 위하여 비공식적 구조로 집합적 활동에 참여하는 집합체이다. 세째, 개방체계로 보는 조직은 협상에 의해 목표를 발전시키는 이해집단들의 단합체인데 단합의 구조, 활동 및 결과는 환경적 요인에 의하여 강하게 영향을 받는다고 본다.[1] 그는 세번째의 개방체계로 보는 조직의 입장을 가장 바람직한 것으로 보고 있다. 첫번째 합리적 체계로 보는 조직개념에는 과학적 관리(scientific management), 경영원칙의 추구(search for administrative principles), 베버의 관료제(Weber's bureaucracy) 그리고 사이먼의 경영행동이론(Simon's theory of administrative behavior)이 포함되며, 두번째 자연적 체계로 보는 조직개념에는 엘톤 메이오와 인간관계학파, 셀즈닉(Selznick)의 제도적 접근 그리고 파슨스의 사회체계모형이 포함되고, 세번째 개방체계로 보는 조직개념에는 시스템설계, 컨틴전시(contingency)이론, 환경적 접근(자연선택모형과 자원의존모형) 그리고 칼 와이크의 조직화모형이 포함된다. 이를 시대구분을 통하여 도식화하면 〈표 6—1〉과 같다.[2]

그러면 조직의 유형은 어떻게 분류할 수 있는가? 스코트는 분류기준을 크게 목표, 사회구조, 기술, 참여자, 환경으로 구분하고 그 기준에 따른 유형구분모형을 자세히 정리하고 있다. 첫째, 목표에 의한 구분에는 다음 모형이 포함된다. 첫째, 표준산업분류(Standard Industrial Cla-

1) W. Richard Scott, *Organizations: Rational, Natural and Open Systems*, Englewood Cliffs, N.J.: Prentice-Hall, 1981, 21~23쪽.

2) 윗책, 128쪽.

〈표 6—1〉 조직에 대한 주요 이론모형 및 이론가들

닫힌 체계 모형		열린 체계 모형	
1900∼1930	1930∼1960	1960∼1970	1970∼
합리모형 제 1 유형	자연모형 제 2 유형	합리모형 제 3 유형	자연모형 제 4 유형
Taylor (1911)	Roethlisberger and Dickson (1939)	Udy (1959)	Hickson et al. (1971)
Weber (1947, 번역)	Mayo (1945) Katzetal. (1951)	Woodward (1965)	March and Olsen (1976)
Fayol (1949, 번역)	Roy (1952)	Thompson (1967)	Meyer and Rowen (1977)
Gulick and Urwick (1937)	Dalton (1959) McGregor (1960)	Perrow (1967) Pugh et al. (1969) Blau (1970) Galbraith (1973)	Pfeffer and Salancik (1978)

ssification)에 의한 것으로 제조업, 서어비스업 등으로 나누는 방법이다. 둘째는 파슨스의 AGIL(Adaptation, Goal attainment, Integration, Latency)에 따른 구분방법으로서 적응기능은 경제적 생산을 담당하는 기업을, 목표달성은 정부, 은행 등을, 통합은 정당이나 사회통제기관을, 체계의 문화적 가치를 창조, 유지, 전달하는 잠복기능에는 문화조직, 교육기관, 종교기관을 포함시킨다. 세째는 블라우와 스코트의 분류로서 〈표 6—2〉와 같이 혜택을 받는 사람을 기준으로 분류하는 방법이다.

두번째로 사회구조를 기준으로 분류하는 방법으로 다시 이를 규범적 구조를 강조하는 모형과 행위구조를 강조하는 모형으로 나눈다. 규범적 구조를 강조하는 분류로는 베버의 전통적, 법적·합리적 및 카리스마적 권위구조의 분류, 굴드너의 분류(mock bureaucracy, representative bureaucracy, punishment-centered bureaucracy), M. 마르크스의 분류

〈표 6—2〉 블라우와 스코트의 분류

주요 수혜자	조직유형	구체적 보기
일반 조직 성원	상호혜택의 기관	정당, 노동조합, 친목회, 클럽, 전문협회, 종교단체
소유자와 경영자	이익기관	기업, 도·소매업, 은행, 이익 기관
접촉하는 대중(고객)	서어비스조직	사회봉사, 병원, 학교
일반대중	공공조직	정부, 군대, 경찰, 소방서, 연구회사, 교도소

(guardian bureaucracy, caste bureaucracy, patronage bureaucracy, merit bureaucracy)가 있고 행위구조를 강조하는 분류로는 두버저(Duverger)의 분류(The Causes, The Branch, The Cell, The Militia), 복종에 근거한 에치오니의 분류(〈표 6—3〉 참조)와 실증적으로 도출한 요인에 근거한 Aston 그룹의 분류(〈표 6—4〉 참조)가 있다.

〈표 6—3〉 에치오니의 분류

권력의 종류	개 입 의 종 류		
	소 외 적	계 산 적	도 덕 적
강 압 적	1 (강압적)	2	3
금 전 적	4	5 (공개적)	6
규 범 적	7	8	9 (규범적)

세번째로 기술에 의한 조직분류에는 다음과 같은 모형이 포함된다. 우드워드의 기술적 복잡성에 근거한 분류로서 단위 및 작은 배취(small-batch) 생산, 큰 배취 및 대량생산, 공정생산으로 나누는 방법, 톰슨의 분류(투입물과 산출물이 획일적인 long-linked 기술, 투입물이 다양하고 산출물이 획일적인 mediating 기술, 투입물과 산출물이 모두 다양한 intensive 기술로 나눔)

〈표 6—4〉 퓨, 힉슨, 히닝스의 분류

조 직 유 형	차 원 (요 소)		
	구조화의 활동	권한의 집중	작업흐름의 비개인적 통제
완전 관료제	높 다	높 다	높 다
순수 완전.관료제	낮 다	높 다	높 다
작업흐름 관료제	높 다	낮 다	높 다
순수 작업흐름 관료제	중 간	낮 다	높 다
작업흐름 이전 관료제	낮 다	낮 다	높 다
인사 관료제	낮 다	높 다	낮 다
묵시적으로 구조화된 조직	낮 다	낮 다	높 다

〈표 6—5〉 페로우의 분류

차 원	산업에서의 보기	비산업분야의 보기
적은 예외와 분석가능한 추구	일상제조업	직업훈련소
적은 예외와 분석불가능한 추구	공예산업	학 교
많은 예외와 분석가능한 추구	중공업	계획학습 학교
많은 예외와 분석불가능한 추구	비일상제조업(우주산업)	엘리뜨심리치료 병원

그리고 페로우 분류(〈표 6—5〉 참조)가 여기에 속한다.

네번째로 참여자에의한 모형으로는 레프톤과 로젠그렌의 분류를 들 수 있다. (〈표 6—6〉 참조)

다섯번째로 환경에 의한 조직분류에는 완전경쟁, 독점적 경쟁, 과점, 완전독점으로 분류하는 시장분류방법, 봉건, 부르조아, 프롤레타리아사회로 분류하는 마르크스의 분류, 의사결정의 마당(field) 형태로 보는 워렌의 분류(unitary, federative, coalitional and social-choice contexts) 그리

〈표 6—6〉 레프톤과 로젠그린의 분류

고객의 차원		서어비스 조직의 보기
폭	시간	
좁다	짧다	일반치료병원
좁다	길다	결핵병원
넓다	짧다	단기 심리치료 병원
넓다	길다	장기심리치료 병원, 인문대학

〈표 6—7〉 진화형태에 기초한 맥켈비의 유형

년도	시대	주요환경요인	기술혁신	조직형태
1940～1970	연구개발 생산지향조직	기술변화 생산혁신 및 다양화	유기체형태 그리드 및 매트릭스 형태	유기체형태 매트릭스형태
1900～1940	조립라인	작업장 상호의존성	순서적 조정	순서적 형태
1700～1900	증기기관	대규모 작업장 수많은 작업	작업장 조정	공장형태
1500～1700	방직혁명	가계와 면방산업의 결합	같은 지붕밑이 아닌 곳에서 많은 단위들의 조정	방직형태
기원전 2100～1750	전바빌로니아 왕조	왕조의 위약성	상호의존의 중재 : 공리적 합법성	상업형태
기원전 2900～2100	메소포타미아의 왕조	도시간 전쟁 위협	상호의존의 중재 : 강압적 합법성	궁전형태

고 진화형태로 보는 맥켈비의 분류(〈표 6—7〉 참조)가 있다.

이상과 같은 조직유형의 분류를 스코트는 요약하여 〈표 6—8〉로 제시하고 있다.

지금까지 요약정리한 바와 같이 조직을 분류하는 기준은 다양하다.

〈표 6—8〉 조직요소로 분류한 조직유형

조직요소	유 형	주 요 변 수
목 표	1. 산업표준분류 2. 파슨즈의 AGIL 모형 3. 블라우—스코트의 수혜자 모형	산업분류(기능적 범주) 사회기능 주요수혜자
사회구조 규범적 구조	1. 베버의 권위유형 2. 굴드너의 규칙의 유형 3. M. 마르크스의 관료제 유형	권력구조를 합법화하는 신념체계 규칙을 지지하는 집단의 아이덴티티 관료제에 있어서 임명의 기준
행위적 구조	4. 에치오니의 복종유형 5. 두버저의 정당유형 6. 퓨의 실증적 구조유형	제재의 주요타입 정당구조의 기본요소 주요구조요소
기술	1. 우드워드의 산업기술의 범주 2. 페로우의 기술유형 3. 톰슨의 기술유형	기술의 복잡성 기술의 불확실성 투입물과 산출물의 변형
참여자	1. 레프톤—로젠그린의 고객차원 2. 에치오니의 복종유형	고객의 조직에 대한 시간·공간관계 하위수준참여자의 몰입
환경	1. 시장유형 2. K. 마르크스의 정치·경제체제 3. 워렌의 조직마당의 유형 4. 맥켈비의 진화모형	시장집중의 정도 이해관계의 계급집단 의사결정구조의 포괄성 주요 환경·기술체계

그러나 그 분류가 어느 한 요인에 초점을 맞추었기 때문에 다양한 모형이 존재하고 있다고 볼 수 있다. 이 책의 머리장에서 이미 언급한 바와 같이 조직과 사회는 어느 한 요인만으로 구성된 것이 아니라 모든 요소를 한꺼번에 포함하고 있다. 스코트는 해롤드 리비트가 조직의 구성요

소로 본 목표, 사회구조, 기술, 참여자에 환경을 덧붙이고 있다. 내가 제 3 편에서 현대사회와 조직을 설명하는 틀도 이들의 틀과 비슷하다. 나는 이틀을 다음과 같이 그린다.

현대사회와 조직의 구조와 변동을 보는 틀

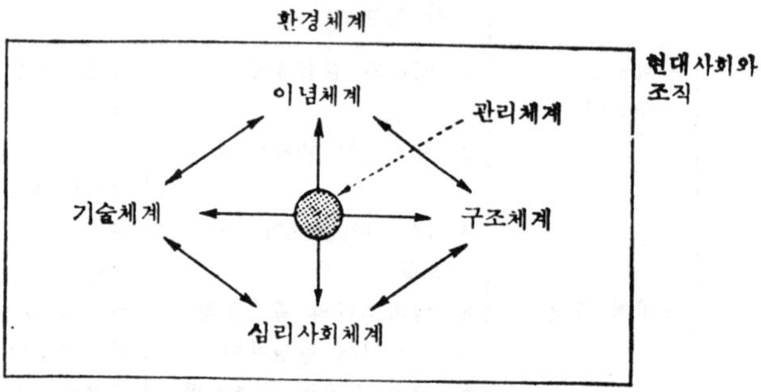

사회전체를 거시적으로 보았을 때나 단위조직을 미시적으로 보았을 때나 그 체계가 공통적으로 지니는 하위체계는 위에 그린 이념, 구조, 기술, 심리사회체계들이며 이러한 네 가지 체계를 서로 연결시키고 다시 이것을 환경체계와 연결시키는 기능체계를 우리는 관리 또는 행정체계라고 부를 수 있다.

제 3 편에서 분석하려는 방향은 크게 두가지로 나눌 수 있다. 첫째 방향은 현대사회와 조직의 단면을 구조적으로 분석하는 작업이다. 이를 순서대로 환경체계, 이념체계, 구조체계, 기술체계, 심리사회체계, 관리체계로 분석해 가면서 거시적 차원에서의 현대사회 전체의 문제와 미시적 차원에서 현대조직의 문제를 동시에 다루려고 한다. 둘째 방향은 현대사회와 조직의 구조적 문제가 늘어난다면 그것을 어떻게 해결하고 변화시킬 수 있겠는가하는 사회변동 및 조직변동의 방향을 제시할 수 있어야 한다. 거시적 변동을 무시한 미시적 변동이 의미가 없는 것과 마찬가지로 미시적 변동을 무시한 거시적 변동 역시 무의미하다.

제 2 편에서 다루어온 이론적 틀이 미시적 현상과 거시적 현상을 연결시키는 작업이었던 것은 바로 현대사회와 조직의 문제를 한꺼번에 종합적 안목으로 볼 수 있게 하는 밑거름이 되고 있다. 현대사회와 조직은 분명히 큰 전환점에 서 있으며 구조적 변혁이 요구되는 위기를 안고 있다. 이 위기를 뛰어넘는 길은 현대사회와 조직의 기본적 문제의 핵심을 꿰뚫어보고 그를 해결하는 지혜와 법칙을 갖는 길이라고 생각한다. 이는 사회와 조직의 지도자뿐만 아니라 모든 사회와 조직구성원이 깨달아야 할 과제인 것이다. 그러한 점에서 제 3 편은 제 2 편보다 현실사회와 조직의 문제를 다루는 데 더욱 직접적인 도움을 줄 것으로 기대한다.

7. 환경체계의 문제

7·1 환경의 구조

환경의 문제가 현대사회에서 중요한 쟁점으로 부각되기 시작한 것은 근래의 일이다. 개방체계로 사회와 조직을 정의하는 입장이 두드러지면서 환경과 사회 그리고 환경과 조직의 상호작용을 연구의 대상으로 삼기 시작하였다. 이러한 학문적 관심의 추이는 바로 근대사회로의 변환이라는 사회변동의 실제와 연관되어 있으며 폐쇄적 전통사회의 해체라는 맥락에서 그 개방성의 의미를 찾게 되었다. 전통사회로부터 산업사회에로의 변동을 환경체계의 특성으로 인식할 때 체계내의 전체적 균형으로부터 환경과 체계의 역동적 불균형에로의 변동이었다고 볼 수 있다. 즉 체계의 변동은 환경체계의 본질의 변동과 상호작용하게 되며 그 과정은 반드시 단선적 진화모형을 취하게 되는 것은 아니다. 우리는 전통사회의 껍질을 벗기고 근대사회의 면모를 갖추는 산업사회의 변동을 2분법적 발상으로 분석하는 오류를 범하고 있다. 게마인샤프트·게젤샤프트 모형은 사회학적 분석과 이론형성에 커다란 영향을 주었으나 실용주의와 실증연구와 더불어 지나치게 단순화된 분석모형을 제시하고 있다.[1)]

---

1) Morris Janowitz, "Sociologica! Theory and Social Control", *American Journal of Sociology*, 1975, 81~108쪽.

그는 헨리 메인의 지위와 계약, 에밀 뒤르껭의 기계적 결속과 유기적 결속, 쿨리의 원초집단과 2차 집단, 파슨스의 유형변수를 비슷한 2분법적 발상으로 보고 있다.

그러나 단선적 진화론에 대한 비판적 인식은 구조적 동인의 중요성과 환경체계의 급격한 변동의 중요성을 바탕으로 나타났으며 구조적 패러다임의 변동이나 환경체계의 마당(field)의 불확실성을 강조하는 산업사회의 변동모형이 성숙하게 되었다.

우리는 진화론적 사고에 대한 재평가 작업을 해야 하며 환경체계와 사회체계 사이의 관계를 결정짓는 환경의 마당(field)을 새롭게 부각시킬 필요가 있다. 전통사회로부터 근대산업사회로 이행되는 사회변동과정에서 대부분의 이론은 사회체계 내에서의 법칙성이나 사회체계와 환경 사이의 법칙성을 다루어 왔지만 환경과 환경의 상호작용의 마당(field)의 변동을 다루는 이론은 존재하지 않았다. 이는 산업사회를 논리와 알고리즘이 있는 안정된 환경 속에서 인식했기 때문이며 산업체계 내에서 일어나는 예기치 못했던 일들이 환경체계 속에서 소용돌이치는(turbulent) 급격한 변동을 상상하지 못했기 때문이다.

안정된 환경의 마당 속에서는 바람직한 국면과 바람직하지 않은 국면이 대체로 변하지 않기 때문에 사회체계는 단일체계로 적응할 수 있으나 환경의 마당이 소용돌이치는 경우에는 환경과 사회체계 사이의 경계가 없어질 뿐만 아니라 사회체계를 구성하는 요소들 사이의 경계도 무너지게 된다.

환경을 독립된 분자(particle)로 인식하지 않고 시간과 공간적 차원의 마당(field)으로 보는 관점은 바로 뉴우튼의 패러다임으로부터 아인슈타인의 패러다임으로의 사고변혁을 뜻한다. 현대사회는 점차 환경과 환경의 상호작용이라는 거대한 마당 속에 놓여 있게 되면서부터 체계를 분석적으로 예측하는 능력을 상실해 가고 있다. 에릭 트리스트는 환경의 유형을 placid randomized, placid clustered, disturbed reactive 그리고 turbulent로 구분하고 있으며 후기 산업사회(post-industrial society)의 환

경을 바로 소용돌이 환경으로 보고 있다.[2)]

그러면 소용돌이 환경은 구체적으로 어떠한 특성을 갖는 것인가? 첫번째는 불확실성이다. 불확실성은 예측가능성에 상대적인 개념으로 이질성의 정도가 클 때 그리고 변동의 정도가 클 때, 불확실성의 정도가 증가한다. 대체로 지금까지의 이론과 모형은 안정된 환경을 전제로 하였기 때문에 정태적 이론과 모형의 형식을 취해 왔는데 1970년대 이후 불확실성을 주요변수로 보는 이론과 모형이 증가하고 있다. 환경을 소용돌이 상태로 만드는 또 하나의 요인은 환경체계의 복잡성이다. 지금까지 환경체계는 단순한 구조를 가진 폐쇄적 체계의 특성을 지니고 있었지만 그 자체의 구조가 복잡한 이질적 체계의 복합구조로 변동하고 있는 것이다. 세번째 소용돌이 환경을 만드는 요인은 환경과 환경 사이의 상호의존성이다. 지금까지는 환경이 각자 독립된 체계로 고립되어 존재하고 있었지만 점차 마당(field)을 형성하면서 상호의존적 구조로 변화해 가고 있다.

이미 현대사회와 조직이 당면하고 있는 환경이 소용돌이 속에 들어가 있다는 뜻은 환경체계의 구조적 변동이 일어날 것이라는 것을 말하여 준다. 이 말은 변동 자체가 연속선상에서 일어나는 것이 아니라 단절적 변동이 있음을 뜻한다. 그러니까 환경의 안정의 구조가 깨어지고 소용돌이 구조로 탈바꿈을 하는 것은 환경체계 자체의 변동법칙이며 인간의 힘으로 되돌릴 수 없는 거대한 흐름이라고 볼 수 있는 것이다. 그러나 환경이 지니는 의미는 사회 또는 조직 밖에 존재하는 것뿐만 아니라 사회 및 조직 안에 존재하는 것을 모두 포함하므로 환경의 구조적 변동은 곧 현대사회 및 조직이 스스로 안고 왔던 모순 때문이라고 생각할 수도

---

2) Eric Trist, "Toward a Postindustrial Culture", Robert Dubin(ed.), 앞책, 1976, 1011~1033쪽.

있다. 현대사회의 모순을 일곱 가지 징후군으로 정리하고 있는 위너는 첫째, 인간의 합리적이고 인지적 측면만이 개발되고 정서적 측면이 퇴화되는 데서 오는 불균형을 심리적 징후군으로, 둘째, 사회내부에 이해집단의 수가 많아지고 이해집단끼리의 갈등이 날카롭게 맞서는 문제를 사회내부의 징후군으로, 세째, 국가들 사이의 정치적, 경제적 불균형과 갈등이 첨예화되는 문제를 국제사회의 징후군으로, 네째, 환경의 파괴, 오염으로 인간 생태계의 위기를 포함한 문제를 환경적 징후군으로, 다섯째, 지식, 기능의 전문화, 세분화의 흐름이 복합적 현대사회의 문제를 해결할 수 없다는 현상을 문제해결의 불충분성으로, 여섯째, 지금까지 구조적 유형으로 군림하던 관료제가 현대사회의 구조적 문제를 다룰 수 있는가의 문제를 구조적 격세유전으로 그리고 일곱째, 주의(ism)의 탈을 쓰고 신화를 창조했던 이념들이 현대사회의 문제를 제대로 해결하지 못하는 문제를 신화창조의 불충분성으로 설명하고 있다.[3] 이와 같은 현대사회의 불균형으로부터 오는 문제들이 소용돌이 환경의 마당을 만드는 데 영향을 주고 있는 것이다.

그러면 환경을 보다 더 구체적으로 분류할 수 있는 기준은 없는가? 미시적인 조직의 입장에서 자신들의 조직이 처해 있는 환경을 보다 정확히 판단할 수 있는 모형이 있다면 조직변동의 방향을 결정하는 데에도 도움을 줄 수 있을 것이다. 져코비치는 조직환경의 유형을 64개로 분류하는 모형을 〈표 7—1〉에서 제시하고 있다.[4]

환경의 일반적 특성은 환경의 구조를 단면으로 잘랐을 때의 특성이며 변동은 시간적 특성이다. 이 두 차원의 조합으로 환경은 64개로 분

---

3) A. Wiener, *Magnificient Myth: Patterns of Control in Post-Industrial Society*, New York: Pergamon Press. 1978, 19～33쪽.

4) Ray Jurkovich, "A Core Typology of Organizational Environments", *Administrative Science Quarterly*, 1974, 19, 380～394쪽.

〈표 7—1〉 조직환경의 유형

변동		일반특성															
		단순								복잡							
		일상적				비일상적				일상적				비일상적			
		조직적		비조직적		조직적		비조직적		조직적		비조직적		조직적		비조직적	
		직접	간접	직접	간접	직접	간접	직접	간접	직접	간접	직접	간접	직접	간접	직접	간접
낮은 변화율	안정	1															16
	불안정																
높은 변화율	안정																
	불안정	47															64

류된다. 이 모형을 구체적으로 설명하기로 한다. 단순한 환경과 복잡한 환경은 투입물, 산출물의 동질성과 이질성의 차원으로 구분된다. 투입과 산출이 다양한 조직일수록 복잡한 환경을 가지고 있다고 볼 수 있는데, 보기를 들면 다품종생산업은 단일품종생산업보다 복잡한 환경 속에 놓여 있다고 볼 수 있다. 그 다음 일상적 환경과 비일상적 환경은 불확실성의 정도로 구분되는데 예측가능한 환경일수록 일상적 환경이며 예측하기 어려운 환경일수록 비일상적환경에 속한다. 조직적 환경과 비조직적 환경의 구분은 어떤 조직체계가 상대로 하는 체계가 일정한 법, 규범위에서 움직이는가 하는 데 있다. 즉 어느 조직이 상대로 하는 조직이 정부군대 같은 일정한 법과 규범의 테두리 내에서 움직일 때 조직적 환경에 놓여 있다고 볼 수 있으며 만일 소비자를 대상으로 하는 기업이라면 소비자들이 각자 행동규범이 다르고 또 변하는 유기체들이므로 비조직적 환경에 놓여 있다고 본다. 그 다음 직접적 환경과 간접적 환경을 어느 조직체계가 상대로 하고 있는 체계와 직접 교환하는 경우(보기를 들어 산업수요자와의 직접거래)는 직접적 환경이며 중간에 매개체계가 있는 경우

(보기를 들어 도·소매상을 거쳐 소비자에게 판매하는 경우)는 간접적 환경에 속한다. 이처럼 단면으로 본 환경의 특성은 16가지로 구분된다.

환경을 변동의 측면에서 구분하여 보면 우선 환경의 변동율을 들 수 있다. 조직에 따라 환경의 변동율이 다를 수 있기 때문이다. 다음은 변동의 형태에 의한 구분으로 안정된 형태와 불안정한 형태로 나누어진다. 우리는 변동율이 높을 때 불안정하다고 느끼고 있으나 변동율과 변동형태는 별개의 차원인 것이다. 변동율이 느리더라도 그 형태는 불안정할 때가 있다. 구조적 속성으로 보면 제 1 유형과 제 47 유형이 비슷하고 제 16 유형과 제 64 유형이 비슷하다.

앞서 설명한 소용돌이 환경의 마당은 제 64 유형을 의미하고 있다. 즉 환경의 큰 흐름으로 보았을 때 제 1 유형의 안정된 구조가 깨어지고 점차 제 64 유형 쪽으로 움직인다는 뜻이다. 조직의 미시적 입장에서 보면 그 환경이 제 1 유형 쪽에 속할 수도 있고 그렇지 않을 수도 있다. 이럴 때 환경에 상응하는 조직의 적응을 이야기한다. 이것이 바로 컨틴전시(contingency)이론이다. 이 이론의 핵심은 첫째, 조직을 만드는 가장 좋은 방법은 없다는 것, 둘째, 그렇다고 조직을 만드는 어떠한 방법도 동일하게 효과적일 수 없다는 것, 세째, 조직을 만드는 최상의 방법은 조직이 관련을 맺어야 하는 환경의 본질에 의존해야 한다는 것이다. 여기서 우리가 조심스럽게 따져봐야 할 것은 상황(환경)에 의존하는 조직의 논리가 자칫 잘못하면 윤리성을 망각할 수 있다는 사실이다. 어느 시점에서 조직이 처한 환경에만 적응한다는 것은 장기적 차원에서의 환경변동의 법칙을 무시하기 쉽고 어떤 경우에는 상황 자체를 조작할 수 있는 가능성도 있기 때문이다.

따라서 환경체계의 문제는 거대한 흐름 속에서 인식하여야 하며 그 변동은 단절적인 소용돌이 환경의 바탕으로 변하는 것이라는 점을 사회와 조직의 지도자와 구성원은 깨닫고 있어야 한다. 따라서 환경체계의 변동의 논의는 자연히 후기산업사회의 문제에 연결되는 것이다.

7·2. 후기 산업사회

다니엘 벨의 후기 산업사회의 개념규정은 분명히 산업구조의 변화에 근거하고 있는데 그는 사회를 세 단계, 즉 산업이전사회, 산업사회, 후기 산업사회로 구분한다. 산업이전사회가 인간과 자연과의 게임을 그리고 산업사회가 인간과 가공된 자연과의 게임을 하는 사회라면 인간서어비스, 전문적, 기술적 서어비스를 바탕으로 하는 후기 산업사회는 인간 사이의 게임이며 과학적 지식, 고등교육, 공동사회조직을 중심으로 하기 때문에 조정과 계층보다는 협동과 상호작용을 중시한다. 후기 산업사회는 공동사회라는 데 특징이 있기 때문에 사회단위가 개인이 아닌 공동조직이며 의사결정이 시장보다 집합적 협상을 통하여 이루어지고 합의정치가 요구 된다.[5)]

산업이전사회인 자연세계는 운명과 기회가, 기술세계인 산업사회는 합리성과 엔트로피가 지배하지만 후기 산업사회의 세계는 공포와 전율 속에서의 삶을 특징으로 하고 있다. 그런데 어느 사회에서나 그 사회를 결속시키는 힘을 지니고 있으나 그것이 공유의 가치체계로서 정당성을 부여받아야 하기 때문에 군대와 경찰같은 힘의 강제, 도덕적 질서, 또는 서로를 신뢰하는 개인들의 자아상 등을 평가해야만 한다. 어느 시대 어느 사람이거나 현재를 넘어서려는 열망으로부터 오는 긴장과 인간의 조건 속에서 부딪치는 질문은 항상 같으며 그 해답만이 다를 뿐이다. 역사의식 속에서 모든 인간이 대변하는 실존적 문제, 즉 죽음, 충성과 의

5) Daniel Bell, *The Cultural Contradictions of Capitalism*, New York: Basic Books, 1976, 147~148쪽.

무의 본질, 비극의 성격, 용기의 의미를 어떻게 이해하는가의 문제는 후기 산업사회의 인간도 똑같이 경험하게 될 것인데 벨은 후기 산업사회에사는 인간의 고민을 다음과 같이 말한다.

> 거대한 역사적 문맥에서 볼 때 산업이전사회에서는 인간의 성격이나 집단의 전통이 사회에 의해 형성되었다. 즉 뒤르껭의 말을 빌리면, 사회는 개인과 독립적으로 별도로 존재하는 외면적 실재이다. 그 세계는 이미 발견된 세계이다. 산업사회에서 인간은 물건을 만들었지만 그것들은 전환할 수 있는 진리가 아니며 물상화된 실재로서 인간 밖에 그들 스스로 독립적으로 존재한다. 그러나 후기 산업사회에서는 인간은 오로지 서로만을 알며 서로 사랑하다 죽어야 한다. 실재는 밖에 존재하지 않으며 인간이 만들지 않은 세계에 홀로 두려움을 가지고 서 있는 바로 그 곳이 아니다. 실재는 그 스스로 문제를 지니며, 다시 만들어져야 한다.[6]

데니스 핌은 후기 산업사회의 인간상을 다음과 같이 기술하고 있다.

> 후기 산업사회의 인간은 냉정하고 쉽게 그 모습을 드러내지 않기 때문에 범주화시키기가 어렵다. 따라서 이러한 혼란상태는 오히려 그에게는 구원이 되는데, 그 이유는 그들이 뭇사람 앞에 나설 때, 즉 그들의 역할이 그들의 행위의 모든 변형에 대해서 책임을 떠맡아야 하는 때에도 인간이 상실하게 되는 개인적 정체를 보존하게 되고, 또는 그것을 새롭게 할 수 있기 때문이다. 여러분이나 내가 그를 승리자로 규정할 지 모르지만 그 자신은 이기고 지는 패배자의 신념을 믿지 않는다. 그는 오랜 시간 일하지만 다양한 여가흥미를 나타낸다. 그는 육체적이 아닐지라도 정신적으로 항상 깨어 있으며 자기식으로 시간과 공간을 정의하는 욕망 때문에 경계의 가장자리와 경계 자체를 가로지를 수 있다. 그는 자기 사회에서 반드시 용납되지 않는 다양한 견해를 지니기 때문에 담장에 앉은 자라기보다는 경계를 타는 자라고 볼 수 있다. 모호한 역할에 대한 그의 매력은 자기생존에의 관건이며 자기 자신의 피사체가 아닌 사람들과의 연합을 즐기며 그의 고립으로부터 오는 불안과 더불어 살기에 익숙하다.[7]

우리는 핌의 조망에서 후기 산업사회의 인간의 다양성·모호성·복

6) 윗책, 149 쪽.
7) Denis Pym, "In Quest of Post-industrial Man", N. Armistead(ed.), *Reconstructing Social Psychology*, Penguin, 1974, 221～228 쪽.

잡성 · 놀이성 등을 엿볼 수 있는데 이는 바로 소용돌이치는 환경의 구조와 상호작용하는 인간상이라고 볼 수 있다. 놀이인간을 성격유형으로 분류하여 설명하고 있는 마이클 매코비는 산업사회의 바람직하지 못한 인간형으로 지적되고 있는 리스만의 타자지향적 인간, 화이트의 조직인, 밀스와 프롬의 관료인과 시장성격 등이 거의 유사한 점을 지닌 단일성격유형이라고 보고 미국산업사회의 새로운 지도자의 유형으로 놀이인간을 제시하고 있다.[8] 그가 보류하고 있는 성격유형은 성장과 축적, 작업윤리, 존경, 질과 검약의 전통적 가치를 가지고 있는 장인(匠人), 권력추구와 방어매카니즘을 가지는 정글 파이터, 조직에 동조하는 조직인 그리고 도전적이고 경쟁적이며 모험적인 승리자, 인생을 하나의 놀이로 여기는 놀이인간을 들고 있다. 놀이인간은 경쟁과 혁신, 상호의존적, 그리고 환경변화에 빠르고 신축성 있게 대처할 수 있는 특성을 지니고 있기 때문에 후기 산업사회에서 가장 성공적일 수 있는 사람이다. 매코비는 경쟁의 본질을 다음과 같이 비교 · 설명하고 있다.[9]

〈표 7—2〉 경쟁의 근거

성격유형	장 인	정글파이터	조 직 인	놀이인간
경쟁의 의미	최고를 이룩하려는 욕구 자아와 물질	죽이느냐 죽느냐, 지배하느냐 받느냐	올라가느냐 떨어지느냐, 지위 확보의 가치	이기느냐 지느냐, 뽐냄이냐 창피냐
경쟁적 충동을 위한 심리적 힘의 원천	일의 흥미, 완전의 목표, 보다 나은 것을 이룩하려는 쾌락	권력의 탐욕, 상대방을 무시한다는 쾌감, 멸망의 공포, 유아독존의 욕망	실패와 공포 권위에 의해 인정받는 욕구	시합, 새로운 놀이, 선택놀이를 통제하는 쾌감

8) Michael Maccoby, *The Gamesman*, New York: Simon & Schuster, 1976, 46~49쪽.
9) 윗책, 105쪽.

미국의 역대 대통령을 성격유형으로 분류하고 있는 그는 존슨과 닉슨을 정글 파이터로, 아이젠하워와 포드를 조직인으로 그리고 케네디를 놀이인간으로 보고, 현재 미국의 사회경제제도를 전제하는 한 공평한 놀이인간의 지배를 합당한 것으로 본다. 미래사회가 인간주의적 원칙에 입각한 조직을 개발하는 대신에 놀이인간으로 하여금 새로운 행동과학의 기술을 이용하여 보다 흥분되고, 보다 의욕있는 팀을 이룩하게 할 수 있으며 통제를 상실치 않고 조직구성원의 요구에 의하여 멸망하지 않는 신축성 있는 조직을 기대한다. 기존사회체계의 구속으로부터 떨어져 나온 후기 산업인이 천의 얼굴을 가진 사나이로 될 것인가는 현재 산업사회에 대한 근본적인 분석으로부터 출발해야 함은 다니엘 벨의 견해에서 찾아볼 수 있다.

자본주의의 문화적 모순을 서구 부르조아사회의 양면성[10]에 두는 벨은 기능적 합리주의, 테크노크라트 의사결정, 금전적 보상과 반합리적 행동양태의 대립이 모든 서구 부르조아사회의 역사적 문화위기라고 본다. 그리고 심각한 예술가들에 의해 발전된 문화양식으로서의 현대주의, 문화대중에 의한 문화형태의 제도화 그리고 기업의 시장체계에 의하여 증진되는 생활양식으로서의 쾌락주의 간의 상호작용이 자본주의의 문화적 모순을 가속시킨다고 주장한다.[11] 요즈음의 사회과학이 공식조직, 산업화같은 사회과정에 관심을 가지는 반면 사회구조와 문화 사이를 연결하는 양식, 경험 자체의 모순된 양식에 눈을 돌리지 않음을 비판하면서 시간의 순서, 공간의 거리, 비율과 척도감각같은 합리적 우주론이 전혀 다른 인간의식, 즉 챨스 라이히의 제 3 의식, 테오도르 로쟈크의 샤만적

10) D. Bell, 앞책, 80쪽. 그는 경제활동뿐만 아니라 성격형성에 역점을 두는 청교도적, 휘그자본주의의 일면과, 정치에서는 제약되나 경제 및 문화에서 자유로운 인간의 무한한 욕망을 보는 홉스주의와 급진적 개인주의를 두 가지 충동으로 보고, 그 두 가지 충동간의 관계를 중요시한다.

11) 윗책, 84쪽.

통찰같은 합리 이전의 자발성으로 전환되고 있음을 그는 예상한다.

산업사회의 환경체계가 소용돌이치는 마당으로 구조적 변동을 일으키고 있음을 그 속에 사는 인간들의 유형 역시 변동할 것이라는 전제를 가지고 있다. 불확실성, 복잡성, 상호의존성으로 치닫는 환경체계의 변동에 상호작용하는 현대 산업사회와 조직은 어떠한 대원칙을 가져야 하는가? 즉 환경체계의 변동과 동일한 방향으로 구조적 변동을 일으킬 수 있는 이념, 구조, 기술, 심리사회 및 관리체계의 방향은 무엇인가? 그것은 한마디로 신축성(flexibility)이라고 볼 수 있다. 이념의 신축성, 구조의 신축성, 심리사회의 신축성 그리고 관리의 신축성 등은 구체적으로 현대사회와 조직이 지향해야 할 방향이며 앞으로 이 책은 그 하나하나의 구조가 지니는 문제를 따지고 신축성에로의 구조적 변동을 일으킬 수밖에 없다는 점을 증명하려고 한다. 따라서 설사 장으로 구분된다고 하더라도 서로 엇물려 있는 복합적인 문제라고 볼 수 있다.

8. 이념체계의 문제

현대사회와 조직의 이념체계는 제 6 장에서 설명한 환경체계의 변동과 불가분의 관계를 갖는다. 왜냐하면 이념(또는 목표, 가치)의 문제는 산업사회로부터 후기 산업사회로 이행하는 과정을 기반으로 하기 때문이다. 따라서 이 장에서는 먼저 산업시대와 후기 산업시대의 가치변동을 비교적으로 검토하여 본 다음 현재 세계 각국의 사회적·개인적 목표를 실질적으로 평가함으로써 현실적인 이념의 수준을 알아본다. 그 다음 현대 산업사회와 조직이 최상의 목표로 보고 있던 합리성과 효율성이 거시적 차원에서나 미시적 차원에서 어떤 문제점을 지니고 있는가를 소외(alienation) 현상과 연관시켜 따져보기로 한다. 그리고 현대 산업사회의 문화에 대항해서 나타나고 있는 반문화(counterculture)를 평가하고 미시적 차원에서의 조직의 목표를 검토하기로 한다.

8·1 산업사회와 후기 산업사회의 가치

후기 산업사회를 문화가치, 조직철학 및 사회생태의 전략이라는 기준으로 모형을 제시하고 있는 에릭 트리스트는 역시 소용돌이치는 환경변화를 중시하고 있다. 우선 그는 후기 산업주의로의 이행과정에서 나타나는 문화가치의 변동을 성취, 자아통제, 독립성, 긴장의 견딤으로부터 자아실현, 자아표현, 상호의존성, 기쁨추구의 능력에로의 변동으로 본다.[1] 성취의 개념은 실상 개방체계나 사회생물적 개념이라기보다는 프로이트의 성이론(sex theory)같은 폐쇄체계적, 물리생물적 개념이기 때문에 후기 산업주의의 가치로 존립할 수 없다. 또한 독립성이나 긴장의 견딤은 자율성(남으로부터 자기를 분리시키려는 욕구)의 경향을 띠는 반면, 상호의존성과 기쁨추구는 호모노미(남과 관련을 맺으려는 욕구)의 경향을 강조한다. 따라서 산업가치는 자율성과 행위의 준거틀을 강조하는 반면, 후기 산업가치는 호모노미와 실존적 준거틀을 주창한다. 상호의존성은 적응으로 대처할 수 있는 환경의 복잡성과 불확실성을 자기규제적 협동체계로 만드는 관건이 되며, 작업과 놀이가 적대되지 않는, 즉 쾌락원칙(pleasure principle)과 현실원칙(reality principle)이 협동되는 조화가 후기 산업주의를 지배하게 된다. 만일 쾌락주의만이 사회를 지배하게 되면 기쁨은 상호의존성과 만날 수 없고, 자율성과 호모노미는 균형을 잃게 된다.

문화가치의 변동은 조직철학과 사회생태의 전략의 변동을 수반하게 되는데, 트리스트는 첫째로, 조직철학의 변동을 기계적 형태로부터 유기적 형태로, 경쟁적 관계로부터 협동적 관계로, 분리된 목표로부터 연결된 목표로, 자원의 자기소유의식으로부터 사회소유의 의식으로의 변동으로 보고,[2] 둘째로, 사회생태의 전략변동을 산업주의에서의 위기에의 반응, 구체적 수단, 동의(consensus), 갈등의 심화, 단기계획, 구체적 중앙통제, 소규모 지방정부단위, 표준행정, 분리된 서어비스로부터 후기 산업주의에서의 위기예상, 종합적 수단, 참여, 갈등대처, 장기계획, 일반적 중앙통제, 확대된 지방정부단위, 혁신행정, 조정된 서어비스로 그 역점

1) Eric Trist, 앞글, 1014쪽의 〈표 1〉을 참조할 것.
2) 윗글, 1098쪽의 〈표 2〉를 볼 것.

이 바뀌어질 것을 기대한다. 문화가치의 전환이 왜 와야만 하는가는 단순히 환경체계의 변동의 영향 때문이라는 해석보다 산업사회의 문화가치가 현대사회와 조직의 문제를 효과적으로 해결할 수 없었다는 사실을 중시해야 할 것이다.

지금까지 사회와 조직은 적어도 네 가지의 기본적인 목표를 달성하려고 하였다고 볼 수 있는데, 첫째는 평등성 또는 공평성을 통한 사회적 정의를 구현하는 것이었으며, 두번째는 경제적 효율성을 통한 부의 창조를 꾀하려고 하였고, 세번째는 개인적 자유를 최대한 보장하려고 하였다. 또한 네번째로는 안정과 질서를 유지하는 공통적 목표도 지니고 있었다. 그러면 이러한 네 가지 사회적 목표가 현실적으로 동시에 실현될 수 있었는가를 파악하기 위하여 지금까지 세상에 존재하고 있는 이념을 살펴보아야 할 것이다. 안정과 질서유지라는 사회적 목표는 어떠한 이념을 가지는 사회가 항상 추구하고 있는 목표이므로 처음 세 가지 목표의 조합이 어떤 형태로 나타났는지를 보면 대체로 셋 중에 어느 하나를 희생하면서 다른 두 가지 목표를 결합시키는 이념의 형태를 발견하게 된다.[3]

자유방임적 자본주의(laissez-faire capitalism)는 경제적 효율성과 개인적 자유를 추구하는 반면, 공평성을 희생하는 이념으로서 보어전쟁 이전의 영국, 1929년 이전의 미국, 2차대전 후부터 1970년대 초반까지의 일본, 서독, 벨기에, 이탈리아, 스위스, 멕시코, 브라질이 이 범주에 속한다. 두번째로 공평성과 경제적 효율성을 추구하면서 개인적 자유를 상대적으로 희생시키고 있는 이념은 딱딱한 사회주의(hard socialism), 즉 공산주의라고 볼 수 있는데, 2차대전 이후의 소련, 동구제국, 중공, 카스트로 이후의 쿠바가 이에 해당한다. 세번째는 공평성과 개인적 자유를

3) Robert U. Ayers., *Uncertain Futures: Challenges for Decision-Makers.* New York: John Wiley, 1979, 49～64쪽.

추구하면서 상대적으로 경제적 효율성을 희생시키는 부드러운 사회주의(soft socialism)를 들 수 있는데 여기에는 영국, 프랑스, 덴마크, 스웨덴, 이스라엘, 스리랑카, 뉴욕시가 해당된다.

물론 현실적으로는 한 가지 목표 때문에 다른 두 가지를 희생시킬 수 있는 더 나쁜 경우도 있을 수 있는데, 문제는 이념의 획일성으로부터 벗어나 다양성으로 전환되어야 한다는 데 있다. 사회적 목표 사이에는 갈등이 있을 수 있으며 상쇄작용을 할 수 있지만, 모든 목표를 동시에 성취시키는 이념의 구현이 미래사회에 요구된다고 볼 수 있다. 그것은 어느 한 가지의 이상적 이념의 형태로 나타난다기보다는 현대사회와 조직의 이념의 획일성(일차원성)을 극복하고 이념의 다원화를 인정하는 다원주의사회(pluralistic society)를 구현해야 한다는 의미를 담고 있다. 특히 이러한 이념의 다원화는 곧 이념의 신축성을 뜻하는 것으로 환경체계의 구조적 변동과 상호작용할 수 있는 이념체계의 변동의 방향이기도 한 것이다.

그러면 현대사회와 조직이 추구하는 사회적 가치에 상응하는 개인적 가치는 무엇인가? 아이어즈는 이를 여섯 가지로 구분하고 각각의 가치의 정도가 세계 각국에서 어떻게 실현되고 있는가를 분석하고 있다.[4] 첫째의 개인적 가치는 동기유발의 정도인데, 미국과 서부유럽 국가들은 절대적인 수준에서는 높으나 점차 기독교윤리의 세속화로 인하여 하강하고 있으며 서독, 일본, 중공, 소련은 강하다. 인도와 저개발국은 동기유발의 정도가 약한데 더구나 영양실조의 문제까지 겹쳐 더욱 떨어지고 있다. 브라질을 포함한 남미의 몇 나라는 민족의식이 고양되고 있기 때문에 차차 높아지고 있다. 두번째의 개인적 가치는 일에 대한 적극적인 태도인데, 미국과 영국은 절대적인 수준에서는 높으나 공평성의 문제

4) 위책, 64~83쪽.

를 제대로 해결하지 못하기 때문에 점차 떨어지고 있고 북부유럽, 일본, 중공은 강하다. 남유럽, 모슬렘, 소련 그리고 남미제국은 중간 정도이고, 인도와 아프리카는 일에 대한 적극적 태도가 가장 약하다. 세번째의 개인적 가치는 인티그리티(integrity)와 개인적 명예인데 미국, 영국, 서부유럽의 중산계급은 높으나 하층계급은 낮다. 아랍제국과 일본이 강하며 소련은 약하다. 남미는 약하지만 민족의식 때문에 조금 높아지고 있으며 인도와 저개발국은 약하다. 네번째의 가치는 현실지향성인데, 미국과 서부유럽은 합리성으로부터 쾌락주의적인 충동으로 가치전환을 일으키고 있는 경향이 있기 때문에 문제를 안고 있으나 공산주의 국가들은 계속해서 합리성을 바탕으로 하고 있다. 비합리성 때문에 문제가 되는 나라는 인도와 아프리카제국, 구교와 모슬렘교를 믿는 나라들을 들 수 있다. 다섯번째의 가치는 미래에 대한 관심으로 신교가 지배하는 나라와 공산주의 국가가 모두 강하고 남미는 약하며, 인도와 아랍제국은 아주 약하다. 여섯번째 개인적 가치는 낙관주의인데, 쾌락지향적인 미국, 서부유럽, 공산주의 국가가 강하고 남미, 아랍, 중공, 인도, 아프리카, 구교국가가 약하다.

위와 같은 개인적 가치의 실질적인 수준은 평균적으로 볼 때 영미를 포함한 서부유럽, 중공, 일본, 사회주의 국가가 비교적 높은 것으로 나타나고 있어 앞에서 설명한 사회적 가치의 실현과 서로 연관되어 있음을 알 수 있다. 따라서 다양한 개인적 가치가 동시에 실현될 수 있는 사회와 조직이 발전할 수 있는 것은 당연한 사실이다.

8·2 현대사회의 이념의 문제——소외

그러면 다시 이념의 문제를 산업사회의 전반적 문제로 추상화시켜 다루어 보기로 하자. 이성으로서의 진실이 기술적 합리성으로 나타나는 산업사회의 단차원적 이념화의 경향을 비판하는 마르쿠제는 서양사회에 다양하게 존재하던 이념체계가 서로의 모순을 넘어서서 단차원의 실재를 성취하는 단계의 인식을 강조하고 있다.[5] 그리고 기술발전을 돌이킬 수 없는 것으로 본다면 인간이 자기를 보존하는 방법은 기술사회의 객관화되는 구조 속에 부분적으로 참여하지 않는 것이 바람직하다. 일차원적 사회에서 일차원적 인간이 되는 것을 극복하기 위하여는 소외를 극복할 수 있는 이념체계를 새롭게 만드는 일일 것이다. 이를 위하여 우선 소외(현대 산업사회 및 조직의 병리적 현상으로서)의 문제에 초점을 맞추기로 한다.

소외에 대한 주제는 철학, 신학, 문학 및 사회과학 분야에 있어서의 광범위한 논의에도 불구하고 보편성을 갖지 못했다. 최초에 사용된 소외 용어는 인간이 원죄에 의하여 신으로부터 분리되었다는 창세기의 드라마를 해결하고자 사용되었는데 이 개념이 보다 인간적이고 세속적인 영역으로 넘어간 것은 루소를 통해서였다. 그는 인간이 원죄 때문이 아니라 부자연스럽게 된 사회적 환경 속에서 살아감으로써 인간의 선함으로부터 분리된다고 보았다. 그는 문명의 발전이 사회의 완성을 가져오지만 인간을 타락 시킴으로써 사회와 인류간의 모순을 격화시키게 된다고 보았고 이러한 내용은 헤겔과 마르크스에게 영향을 주었다. 마르크스는 소외를 자본

5) Herbert Marcuse, *One-Dimensional Man: Studies in the Ideology of Advanced Industrial Society*, Boston, Beacon Press, 1964, 123~199쪽.

주의 경제제도의 결과로서 인식하였는데, 즉 사유재산제도, 공장의 기술체계, 노동의 분업화가 노동자들에게 작업에 대한 인간관계를 박탈함으로써 그의 노동, 그가 생산한 상품, 작업과정, 그의 고용주 및 자기 자신으로부터 소외되도록 한다고 보았다.

그러나 베버는 소외가 마르크스가 칭한 무산계급에서만 발생하는 것이 아니라 전문기술직 종사자, 관료, 군인, 그 밖의 사람에게도 발생한다는 점에 주목하여 마르크스의 소외개념을 수정·확대시켜 나갔다.[6] 오늘날 많은 사회과학자들은 그들의 주의·입장을 떠나 마르크스의 소외명제를 기본적으로는 승인하고 있으나 소외를 자본주의 그 자체의 결과가 아닌 조직규모의 확대 또는 비인간적인 관료제도의 결과로서 인식하고 있다는 점에서 다르다고 하겠다.[7] 뒤르껭은 노동의 분업화가 가져오는 소외의 가능성, 즉 사회해체의 경향, 공동의 규칙붕괴 상태에 주목함으로써 아노미라는 소외유형을 발전시켰다. 마르크스, 베버, 뒤르껭의 이론적 접근 외에 니체의 실존철학과 프로이트의 정신분석이론은 아렌트(H. Arendt), 엘룰(J. Ellul), 프롬(E. Fromm), 헨리(H. Henry), 굿만(P. Goodman), 마르쿠제(H. Marcuse), 밀(C.W. Mill), 리스만(D. Riesman) 등과 같은 사회학자 및 비평가들의 연구를 촉진시켰다.[8] 이러한 비판이론에 바탕을 둔 사회철학적 접근 외에 소외현상을 경험분석적으로 파악하기 위한 수많은 사회학적 접근이 시도되어 왔다. 그러나 용어에 내재해 있는 모호함·불확실성으로 말미암아 대부분 성공하지 못했다.

6) Melvin Seeman, "On The Meaning of Alienation", *American Sociological Review*, 1959, 24, 783~791쪽.

7) R. Blauner, *Alienation and Freedom*, Chicago: The Univ. of Chicago Press, 1964, 3쪽.

8) Eric Josephson and Mary Josephson, "Alienation: Contemporary Sociological Approaches", In Frank Johnson(ed.), *Alienation: Concept, Term and Meaning*, New York: Seiminar Press, 1973, 165쪽.

세이맨은 이러한 무질서로부터 질서를 찾으려고 소외를 개인적 입장, 즉 사회심리학적 입장에서 소외에 영향을 주는 사회적 조건과 그의 행동적 결과를 찾아내려고 시도하였다.[9] 그는 소외의 유형을 다섯 가지로 분류하고 있다. 첫째, 무력감(powerlessness)은 그 자신의 행위가 개인적·사회적 보장이 생기도록 통제할 수 있는 데 대한 낮은 기대감을 말한다. 이는 헤겔, 마르크스에 의해 제시된 개념으로 계급 내지 기술조건과 관계된 것으로 논의되어온 중요한 소외유형이다. 두번째, 무의미함(meaninglessness)은 자기행동의 장래성과에 대해 만족할 만한 예측이 내려질 수 없다는 낮은 기대감을 뜻한다. 일상적 기술체계는 작업을 표준화, 기계화, 단순화시킴으로써 작업자에게 단편적인 관계만을 갖도록 허용하기 때문에 무의미함을 겪게 한다. 세번째, 무규범성(normlessness)은 사회적으로 승인받지 못하는 행동들이 부여된 목표를 달성하기 위하여 요구되고 있다고 생각하는 높은 기대감으로 정의할 수 있다. 이는 뒤르껭의 아노미 개념으로부터 도출한 것이다. 네번째 사회적 고립감(social isolation)은 거부 및 거절의 감정으로 나타나는 포용이나 사회적 수용에 대한 낮은 기대감을 말한다. 즉 어떤 개인이 그가 속한 집단 또는 공동사회에 소속감을 느끼지 못할 때 경험하게 된다. 다섯째, 자기이반(self-estrangement)은 자신의 행동이 예상되는 장래의 보상의 크기에 의존하는 정도를 뜻한다. 즉 작업자가 통제능력상실 내지 창의력을 상실하게 하는 생산조직과 동일화되지 못할 때 자기행동에 외재하는 보상만을 얻기 위해 그 자신을 도구화함으로써 경험하는 소외유형이다.[10]

그러면 소외는 어떻게 극복될 수 있는가? 물론 거시적으로 보면

9) Melvin Seeman, "Alienation and Engagement", In A. Campbell and P. Canverse(eds.), *The Human Meaning of Social Change*, New York: Russell Sage Basic Books, 1972, 468~471 쪽.

10) Melvin Seeman, 앞글, 783~791 쪽.

현대 산업사회가 지니고 있는 기본적 계급구조, 기술구조 등의 개혁이 이루어져야겠지만 부분적으로 살펴보면 우선 무력감은 권력평등화를 통하여 정치적 소외를 극복하도록 해야 할 것이며, 무규범성은 새로운 가치창조와 통합을 통하여 극복될 수 있을 것이다. 무의미함은 기술료부터 오는 소외이므로 기술체계의 개혁이 요구된다. 블라우너는 기술발전의 단계를 네 단계로 보고 그에 해당하는 산업으로 인쇄, 방직, 자동차, 화학산업을 표본으로 하여 소외의 정도를 측정 비교하였는데, 자동차산업의 발전시기까지는 기술발전과 소외가 긍정적인 상관관계를 갖다가 화학산업으로 넘어오면서 소외가 감소하는 경향을 보이고 있음을 증명하고 있다.[11] 사회적 고립감을 극복하기 위한 방향은 반문화운동을 통한 이상사회의 실현이라고도 볼 수 있으며 그 구체적인 시도로 커뮨(commune)을 들 수 있다. 자기이반의 극복은 자아실현을 가능하게 하는 구조의 개혁과 동시에 인간 스스로의 자기 극복을 통해서 가능할지 모른다. 어쨌든 소외의 극복방향은 제 9, 10, 11 장에서 다룰 구조체계, 기술체계, 심리사회체계의 구체적 방향제시에서 더 자세하게 언급될 것이다. 즉 무력감과 사회적 고립의 극복은 구조체계에서, 무의미함의 극복은 기술체계에서 다루게 된다.

8·3 소외와 문화의 관계

이제는 소외의 문제를 문화와 연관시켜 보기로 한다. 서양산업사회에서의 소외를 결정하는 구조적 변수는 계급과 기술이라고 볼 수 있다. 따라서 계급변수와 기술변수의 조합으로 다음과 같은 표를 만들 수 있다.

---

11) R. Blauner. 앞책.

〈표 8—1〉

		계급 변수	
		정신노동자 계급	육체노동자 계급
기술변수	비일상적 구조	I	II
	일상적 구조	III	IV

네 개의 구조적 상황을 놓고 소외의 크기를 비교한다면 IV(육체노동자 계급이면서 일상적 구조 속에 있는 사람)> II≈III > I (정신노동자이면서 비일상적 구조 속에 있는 사람)의 순서가 될 것이다. 이 모형을 한국사회에 검증한 연구결과[12]를 중심으로 소외와 문화의 관계를 조금 구체적으로 분석하기로 한다. 로렌은 그의 「일본기업의 작업집단에 대한 연구」에서 일본 산업조직에서 어떤 종류의 계급적 소외도 미국사회에 있어서만큼 그렇게 심각하게 나타나고 있지 않다는 사실을 발견하고 그 원천이 부자관계 내지 형제관계와 유사한 조직의 인간관계에 있음을 지적하였다.[13] 그리고 파펜하임은 조직의 구조적 경쟁이 비록 게젤샤프트라 할지라도 게마인샤프트적 관계가 지배하는 사회에 있어서는 소외가 극복될 가능성이 크다고 보았다.[14] 그러면 한국사회에서의 결과는 어떻게 나타났는가?

연구의 결과를 보면 소외에 대한 구조결정론적 견해가 가족주의가 지배하는 심리문화적 환경을 가진 우리 나라에 있어서 설명력이 약하다는 것을 발견할 수 있었다. 그러나 또한 구조적 변수가 소외를 결정한다는 견해는 우리 나라 산업조직에 있어서 부분적으로 타당성이 있는 것으로

12) 오세철, 「한국인의 사회심리」. 박영사, 근간.
13) Thomas P. Rohlen. "The Company Work Group". In E.F. Vogel(ed.). 앞책, 1975, 195~200 쪽.
14) G.A. DeVos. "Apprenticeship and Paternalism". In F. Vogel(ed.). 윗책. 210~227 쪽.

나타났다. 특히 계급적 조건은 기술적 조건보다 소외를 더 크게 강화시키는 경향을 보였는데 이러한 현상은 서양사회와 유사한 것이다. 그러나 계급적 조건과 가장 깊게 관련된 것으로 논의되어온 무력감이 계급적 조건에 영향을 크게 받지 않았다고 하는 사실은 동서양간에 차이가 있음을 보여주었다. 동양사회의 차이는 기술적 조건이 한국의 경우 소외를 결정하는 변수가 아닌 것을 볼 때 현저해진다. 서양사회에서 기술은 소외를 결정하는 무시무시한 객관적 조건으로서 연구대상이 되어왔다. 그러나 우리 나라 산업조직에서는 기술적 조건이 소외를 유발·강화시키는 영향력을 보이지 않았다. 이것은 한국사회의 지배적 특성인 가족주의적 성격이 산업노동자들에게 가족 내지 직장과의 강한 통합의 기반을 제공해 줌으로써 작업 내지 노동으로부터 찾지 못한 자기를 다른 곳(가족·동료집단 등)에서 찾는 것은 가능하기 때문에 서양사회와는 다른 양상을 보이는 것으로 추측된다.

소외유형별로 볼 때 계급 및 기술적 조건이 가장 크게 작용하는 유형은 무의미함으로서 정서적 안정감 내지 통합 세력을 능가하는 급격한 구조적 조건의 변동에 영향을 받는 것으로 나타났다. 또한 무규범성도 특히 계급적 조건에 영향을 받는 것으로서 여기에 기술적 조건이 표준화, 기계화, 일상화할수록 더욱 강화되고 있음을 보여주었다. 요약하면, 구조적 변수는 우리 나라의 경우 소외를 직접적으로 결정하는 조건은 아니나 상호대인적 인간관계를 파괴하는 데 영향을 미침으로써 원초집단과 자기를 붕괴시키는 데 간접적으로 기여한다. 이와 같은 상호대인적 인간관계의 붕괴가 소외로 이끄는 중요한 요인이 되고 있다고 하겠다.

그러나 공공생활에서의 구조적 소외가 감정적으로, 대인적으로 사생활(가정, 동료 등)에 이전되기 때문에 표면화되지 않는 점을 주목할 필요가 있다. 이는 소외의 절대적 수준이 평균 이상을 넘어서 있고 특히 무력감의 수준은 다른 형태의 소외의 수준보다 높게 나타난 것을 보면 알 수 있다. 우리 나라의 가정과 동료적 관계가 무한정하게 구조적으로 유발된 소외를 감싸주지는 못하기 때문이다. 즉 가정이 직장의 문제의 방파제 역할을 하기에는 우리 나라 가정 자체가 구조적 문제를 안고 있기 때문이다. 따라서 직장에서 발생한 소외(계급구조와 기술구조 때문에 일어나는)는 직장에서 구조적으로 해결하는 장치를 개발하고 제도적으로 발전시키는 방향이 필요하고, 사생활에서는 보다 따뜻하고 보완적 인간관계와 상호신뢰감이 유지되도록 하는 풍토의 조성이 동시에 요구되는 것이다. 만일 이러한 감추어진 소외문제를 적극적으로 해결하지 않고 방치해 둔다면 방파제로서의 가정이 그 기능을 상실하는 현상과 그와 때를 같이하여 모든 공식조직에서 구조적 소외가 폭발적으로 커져 공식조직의 붕괴가 일어나는 현상을 갑작스럽게 경험하게 될지 모르기 때문이다.

따라서 동양사회에서의 소외문제는 서양산업사회가 당면하고 있는 계급과 기술로 인한 구조적 소외를 경험하고 있지 않다는 뜻이 아니라, 구조적 소외를 흡수하는 매카니즘이 공공생활 밖에서 이루어지는 문화적 특성을 가지고 있기 때문에 표면화되지 않는 것이며, 가정을 포함한 원초집단에서의 인간관계가 각박해지는 과정이 심화된다면 구조적 소외로 일어나는 문제가 돌파구를 찾지 못하고 조직 내에서 폭발되는 위험을 다분히 안고 있다는 점을 눈에 보이지 않게 안고 있는 것이다. 또한 이러한 사실을 뒤집어 표현한다면 동양사회에서의 조직의 문제는 곧 가정의 문제이기 때문에 조직에서의 구조적 소외가 절대적으로 증가하는 한 가정에서의 삶의 질을 높이기 어렵게 된다는 사실이다. 즉 긴장과 불만의 구조적 원천은 인간이 공공생활에서 몸담고 있는 조직임에도 불구하고 동양조직은 서양사회처럼 구조적 소외를 극복하려는 노력을 심각하게 하려고 하지 않는 경향을 가질 수도 있다는 뜻이다.

8·4 이념적 대안으로서의 반문화운동

기술합리성과 효율성을 유일한 가치기준으로 삼고 있는 현대 산업사회와 조직에 대한 이념적 대안은 없는가? 여기에 우리는 1960년대 이후 줄곧 논의의 대상이 되는 반문화운동(counter-culture movement)을 논의의 대상으로 삼을 수 있다. 밀튼 잉거는 반문화를 사회변동의 결과적 현상으로 보는 입장을 취하는 대신 사회변동의 원인으로 보는 긍정적 입장을 표명하면서 반문화를 인식론적, 윤리적, 미학적 차원에서 새롭게 평가하고 있다.[15] 인식론적 입장에서 반문화는 산업시대의 산업문화가 지니는 인식론에 정면으로 대항하고 있다. 산업시대의 인식론은 지식(특히, 과학)을 바탕으로 한 진리에의 추구에 근거하고 있지만 반문화는 지혜·직관에 의한 진리에의 접근을 시도하고 있다. 이를 흔히 현대과학과 기술의 거부나 부정으로 해석하고 원시적인 복고주의로 환원하는 경향으로 비판하는 사람도 있으나, 과학적 지식을 넘어서는 인식론의 방향은 오히려 논리실증주의를 비판하는 최근의 인식론의 동향과 상통하는 입장이라고 볼 수 있다. 두번째는 윤리적 차원에서 반문화는 기존질서(establishments)가 좋다고 느끼는 것이 좋은 것이라는 현대사회의 윤리적 기준에 맞서고 있다. 그들은 거꾸로 기존질서가 좋다고 느끼는 것은 나쁜 것이고, 스스로 좋다고 느끼는 것이 바른 것이라는 윤리적 기준을 제시한다. 그런데 바로 이 점이 반문화를 쾌락주의로 전락시킬 수 있는 취약점이기도 하다. 느낌을 강조하기 때문에 느낌이 좋다는 것이 감각적이고 말초적 쾌락과 동일시될 수 있기 때문이다. 다니엘 벨도 바로 이러

15) J.M. Yinger, "Presidential Address: Countercultures and Social Change", *American Sociological Review*, 1977, 42, 833~853쪽.

한 점, 즉 순수한 저항문화로서의 현대주의가 자본주의 문화의 구조(소비문화)와 영합함으로써 나타나는 쾌락주의적 경향을 바람직하지 못한 것으로 보고 있다. 여기서 감각주의적 경향을 띠게 된 역사적 배경을 조금 구체적으로 설명할 필요가 있다. 미국은 2차대전이 끝난 후 도시에 살던 기성세대들이 자녀들을 보다 편안한 환경에서 기를 수 있게 하기 위하여 교외병(suburbia)이 일어날만큼 교외로 이주하였는데, 1960년대에 좋은 환경에서 자란 다음 세대들이 교외생활에서의 인간관계가 소원해짐으로써 그를 회복하려는 움직임이 일어났다. 그들은 가정을 떠나거나 잠정적 인간관계가 맺어지는 장소(보기를 들어 술집, 심리치료기관 등)에서 따뜻한 인간관계를 맺으려는 욕구를 강하게 나타내었다. 여기에 성의 개방이 보완적인 역할을 담당한 것은 자명한 일이다. 따라서 육감적인 접촉을 통한 인간관계의 회복은 진정한 의미의 선(善)을 추구하는 것이라기보다는 즉각적 욕구충족의 형태를 나타내고 쾌락주의적 경향을 낳게 되었다고 볼 수 있다. 물론 반문화운동의 윤리적 기준을 쾌락주의로만 규정할 수는 없지만 결핍된 인간관계의 회복이라는 측면에서 볼 때 다분히 미국적인 취향일 수도 있는 것이다. 그러나 선악의 구별을 기존질서의 가치기준과 대립적으로 생각하는 그들의 윤리적 기준은 보다 높은 차원에서 해석해야 될 것이다. 세번째는 미학적 차원에서 반문화가 내세우는 기준은 기성사회가 가지고 있었던 조화와 균형을 깨뜨리는 부조화와 불균형에 둔다. 여기서는 조화와 균형을 깨뜨리는 파괴적 작업에만 몰두한다면 진정한 아름다움을 찾는다고 볼 수 없으며 새로운 상태로 재구성하는 아름다움의 추구작업이 뒤따라야 할 것이다.

반문화의 움직임은 두 갈래길로 나타났다고 볼 수 있다. 하나는 기존산업문화에 정면으로 도전하는 적극주의적 유형이었고, 또하나는 도전이 아닌 도피의 형식을 취하는 유형이었다. 특별히 후자는 의식의 변형을 약물복용을 통하여 추구하였기 때문에 약물문화와 결부되었고 전자에 의해 혹독하게 비판을 받기도 하였다. 여기서 우리는 반문화의 운동과 관련하여 획일주의적 이념을 극복하는 구체적 사회 및 조직형태로 나타난 커뮨(commune)을 살펴보기로 한다.

커뮨은 한 가족 이상의 사람들로 모인 3인 이상의 집단으로서 자발적 기초 위에서 서로 연합하고 있으며 동일한 약속을 하고 같은 땅에서 함께 살며, 한 가지 일을 협동으로 하든지 또는 집합소유의 일을 하든지간에 공동으로 생계를 유지하고 그들의 자원과 소득을 합치는 특성을 지니고 있다.[16] 커뮨의 역사는 기원전 2세기에 이미 팔레스타인 안에 있었고 그 후 서구사회의 오랜 전통이 되어 왔다. 특히 지난 300년간은 기독교 종파에 의해 만들어지곤 하였다. 19세기 동안 미국에는 100개 이상의 커뮨이 10만의 구성원을 가지고 있었던 것으로 추정하고 있으며, 20세기에 들어서서 영국과 미국에서는 무정부 평화주의자들이 커뮨을 형성하였고 1960년대에는 반문화운동과 연결되면서 히피운동 등으로 나타나고 있다. 1970년대에 들어서서 이러한 커뮨은 점차 줄어들고 있는데 이는 일과 생계를 무시하여 자급자족할 수 없게 되었기 때문이다.[17] 또하나의 이유는 인간관계의 갈등에서 비롯되어 공식규칙이나 분업이 없는 상태에서 과업을 할당하는데 마찰을 일으키는 경우가 많다는데 있다. 그런데 최근에 들어 미국에는 조금 다른 형태의 커뮨이 형성되어 가고 있으며 옛날 같은 히피문화가 아니라 기존사회와 관련을 맺으면서 현존하는 사회 및 정치문제에 개입하고 있다. 그 숫자는 정확히 밝혀지고 있지 않으나 백에서 몇 천으로 추산되고 있다. 그 중 1960년말에 생긴 농촌 커뮨으로서 'Twin Oaks'는 스키너의 Walden Two의 모델

---

16) Eva Etzioni-Halevy, *Social Change: The Advent and Maturation of Modern Society*, London: Routledge & Kegan Paul, 1981, 228쪽.

17) 윗책, 233쪽.

을 현실화시킨 것으로 유명하다. 영국에서도 미국과 같은 커뮨의 현상을 보이고 있는데 역시 1970년대에 들어서서 줄어들고 있다. 그러나 그 이유는 이념적이거나 경제적 이유 때문이 아니라 주로 인간관계의 갈등 때문으로 분석되고 있다.

어쨌든 우리는 현대 산업사회 속에서 산업사회가 지니는 획일적 이념을 비판하고 공동적 생활이념을 가지고 사는 사회형태 또는 조직형태를 가지고 있다. 이 문제는 구조체계의 문제와 직결되어 있기 때문에 다음 장에서 다시 자세히 언급할 것이다.

우리는 반문화운동의 심각한 논의가 사회과학자들 자신의 쾌락주의적 개인주의에 있음을 주목할 필요가 있다. 이를 도날드 캠벨은 사회과학자가 반전통적이며 반압제적 이론을 찾고 믿는데 너무 열심이고 해방이라는 친쾌락적 매시지에 특별히 예민한 감각을 가지고 있다고 말한다.[18] 감각적 육체적 접촉을 통한 대인적 감수성을 가정 밖에서 찾는 인카운터 집단이 전통적으로 가족이 수행해온 자연기능을 대체시킬 수 없다고 보는 조지 로젠월드는 후기 산업사회에 아무리 새로운 형태의 가족형태가 생겨난다고 할 지라도 가족이 수행해온 자연기능을 성공적으로 수행할 수 없으며 새로운 형태의 가족구상은 전통적 가족에 대한 물상화된 징후론적 관점과, 새로운 것은 우월하다는 절대적 희망에 기인한다고 비판한다.[19]

---

18) D.T. Campbell, "On the Conflicts between Biological and Social Evolution and between Psychology and Moral Tradition", *American Psychologist*, 1975, 30, 1103~1126쪽.

19) G.C. Rosenwald, "Small Groups and The Family in Society", *Social Research*, 1975, 42, 247~283쪽.

8·5 미시적 차원의 이념——조직이념과 그 효과성

미시적 차원의 조직이념(가치)은 지금까지 거시적으로 검토해 온 사회이념의 구조 속에 놓여 있으며 서로 상호작용하고 있다. 다시 말하면 미시적 조직체계의 이념의 특성이 전체사회체계의 이념과 동떨어져 존재할 수 없으며 만일 두 이념 사이에 마찰과 갈등이 있을 경우 그것은 어느 한쪽의 변동을 수반하게 된다는 뜻이다. 여기서는 지금까지 조직이념을 연구해온 학자들의 모형을 살펴보고 그 이념 사이의 관계를 규명하기로 한다.

조직의 효과성(organzational effectiveness)은 조직이념을 평가하는 지표가 된다. 조직의 효과성에 대한 이론적 관심이 일기 시작한 것은 1970년대에 들어서서부터이며 종전까지 사용하던 효율성(efficiency)이라는 개념과는 다른 뜻을 의미하게 되었다. 효율성은 투입과 산출의 비율을 의미하므로 효율성의 증대는 항상 투입물에 대한 희생을 치르게 되는 악순환을 경험하게 된다. 효율성을 단일이념으로 생각하는 조직일수록 비인간화의 정도가 큰 것은 우연한 일이 아니다. 그러나 효과성은 조직이 다양한 이념을 골고루 만족시킨 정도를 의미한다. 다양한 이념의 존재는 곧 이해관계의 다양성을 전제로 해야 하므로 한 가지 이념의 극대화를 원칙으로 해서는 안 된다. 조직이 극대화 또는 적정화원칙을 가지고 있다는 뜻은 획일적 이념을 전제로 한다는 것이므로 이해관계와 다양성을 전제로 하는 조직은 극대화 대신 만족의 원칙(satisfying principle)을 사용하게 된다.

조직의 효과성에 대한 연구조사를 한 캠벨은 30개의 상이한 기준을 열거하고 있으며,[20] 스티어스는 17개의 연구를 정리·검토하고 있는

20) Campbell, John P., "On The Nature of Organizational Effectiveness", in *New*

데,[21] 복수기준을 내세우는 모형들이 별로 의견의 일치를 보지 못하고 있다고 말하고 있다. 이처럼 그 기준이 다른 것은 조직에 대한 정의 자체가 다른 데서부터 온다. 합리적 체계모형은 조직을 목표달성의 도구로 보기 때문에 자연히 산출물의 수와 질 그리고 경제성에 초점을 맞춘다. 대체로 이를 목표모형이라고 부르는데, 이는 상이한 조직유형의 효과성을 비교하는 데 실패하기 때문에 비판을 받고 있다. 자연적 체계모형은 사회적 단위로서의 유지기능을 중시하기 때문에 산출물목표에 덧붙여, 생존, 구성원의 만족 등을 내세운다. 반면 개방체계모형은 체계유지 활동뿐 아니라 환경과의 상호의존성을 중시하기 때문에 정보획득과 정보전환, 신축성 등을 주요 기준으로 본다.

그러나 이렇게 다른 모형들이 내세우는 기준 가운데에서 가장 빈도수가 많은 기준 세 가지를 들면 신축성, 생산성, 만족으로 나타나고 있다. 신축성(flexibility)은 조직과 환경 사이의 관계를 중시하는 외면적 기준으로서 환경체계의 문제를 다룰 때 이미 언급한 바가 있다. 생산성과 만족은 오랫동안 조직의 효과성의 기준으로 거론되어온 내면적 기준이다. 생산성은 인간의 객관적 행동의 결과이고 만족은 인간의 주관적 행동의 결과라고 부를 수 있는데, 지금까지 생산성과 만족이라는 두 가지 기준의 관계에 대하여 세 가지 다른 이론과 입장이 있어 왔다.

첫째는 인간의 주관적 행동인 만족이 객관적 행동인 생산성을 유발시킨다는 이론과 입장이다. 다시 말하면 인간이 행복함을 느껴야 일을 열심히 한다는 논리이다. 물론 이러한 생각은 우리가 제 2 편에서 분석한 인본주의 심리학의 기본적 입장이라는 것을 알 수 있는데, 실질적으로 이러

Perspectives on Organizational Effectiveness(eds, by Paul S. Goodman and J.M. Pennings), San Francisco: Jossey-Bass, 1977, 13~65 쪽.

21) R.M. Steers, "Problems in The Measurement of Organizational Effectiveness". *Administrative Science Quarterly*, 1975, 20, 546~558 쪽.

한 입장을 가진 사람들은 초기의 인간관계론자들이었으며 근래에는 허즈버그(Herzberg)의 만족의 두 요소이론(two factor theory of satisfaction)이 이 입장을 대변하고 있다. 이들의 주장을 정책적인 면에서 보면 주관적 만족을 시키는 조직관리를 통하여 생산성을 향상시키는 제도적 장치를 강구하게 된다.

두번째는 첫번째 주장과 반대로 인간의 객관적 행동인 생산성이 주관적 행동인 만족을 사후적으로 유발한다는 입장이다. 물론 이 때에는 객관적 행동에 상응하는 적절한 강화(보상)계획이 연결되어 있어야 한다. 즉 사람은 자기행동의 결과적 현상을 보고 그에 상응하는 자극이 적절하다고 생각하면 행복을 느낄 수 있다는 주장이다. 이러한 생각은 다분히 행동주의 심리학이 지니는 이론적 입장과 비슷하다. 포터(Porter)와 롤러(Lawler)의 모형이 여기에 속한다. 따라서 정치적인 입장에서 보면 강화와 보상계획을 통한 조직관계를 중점적으로 수행하게 된다.

세번째의 입장은 인간의 주관적 행동인 만족과 객관적 행동인 생산성과는 특정한 인과관계가 없다는 주장이다. 즉 인간이 행복하다고 하여 열심히 사는 것은 아니요, 불행하다고 느껴서 일을 하지 않는 것도 아니라는 생각이다. 인간은 양면성이며 만족하는 측면과 생산성을 높이는 측면을 동시에 가지고 있다는 것이다. 이를 정책적인 입장에서 보면 만족과 생산성을 동시에 추구하는 두 가지 접근을 사용하게 된다.

그러나 대체로 산업사회의 조직들은 이미 언급한 효율성에만 급급하는 경향이 있기 때문에 어떤 수단과 방법을 사용하더라도 생산성을 향상시키려 하고 있으며 여기에 응용행동과학자들이 그러한 기법을 제공하는 역할을 담당하게 된다. 응용행동과학자들은 비단 행동주의 편에만 있는 것이 아니다. 조직의 인간화작업에 전념하는 인본주의 계열에도 상당수가 속해 있는 것이다. 여기서 우리는 미시적 차원에서의 인간화를 주장하는 응용심리학자들이 가지고 있는 문제를 파헤침으로서 왜 거시적 이념의 문제가 먼저 전제되어야 하는가를 마지막으로 살펴볼 필요가 있다.

8·6 응용행동과학의 한계

조직에서의 인간화작업은 거시적 구조의 이념의 변동과 아울러 미시적 체계의 이념의 변동이 함께 일어났을 때 가능하다. 우리가 몸담고 있는 미시적 체계, 즉 학교, 병원, 기업, 군대, 정부, 법기관, 금융기관 등을 인간화시켜 일상생활의 행복을 가져다주는 것 자체도 어려운 일임에는 틀림이 없다.

그런데 바로 그러한 작업에 이론적으로 또는 실천적으로 공헌해 왔다고 하는 집단의 생각을 우리는 MHRM Paradigm(Modern Human Resource Management Paradigm)이라고 부른다. 이들 가운데에는 이미 우리가 인본주의 심리학에서 다루었던 마슬로우, 맥그리거, 아지리스, 허즈버그가 포함되어 있다. 이들은 물론 심리학자들이기 때문에 미시적 세계, 즉 작업장 내에서의 인간화 작업에 관심이 있었고 조직 구성원의 만족을 증진시키고 인간적인 동기를 충족시킴으로써 조직의 풍토가 인간화될 수 있다고 생각하였다.

우리는 이들의 공헌이 실제로 조직운영의 방향에 부분적으로 영향을 미치고 있음은 물론 조직의 지도자와 조직구성원의 의식의 변화에도 영향을 주었고 또 주고 있음을 부인할 수 없다. 그러나 조금 더 장기적 안목을 가지고 깊이 따져보면 이러한 응용과학자들의 부분적 공헌에도 불구하고 실제로 산업사회와 조직에서의 인간생활은 별로 나아지지 않았음을 깨닫게 된다. 그 이유는 무엇인가? 그것은 거시적 구조와 이념의 문제를 간과하고 있었기 때문이다. 이들의 실패와 한계를 날카롭게 지적하고 있는 월터 노드(Walter Nord)의 견해를 중심으로 이 문제를 살펴보기로 한다.[22] 응용행동과학의 문제는 무엇인가?

첫째, 그들은 후기 자본주의의 정치경제구조를 주어진 정태적인 것으로 전제하고 그 안에서의 미시적 인간화를 주장하기 때문에 거시적 사회체제의 변동이나 미래사회에로의 이념변혁 같은 흐름을 인식하지 못하고 있다. 따라서 인간화를 피상적인 차원에서 다루기 쉽다. 둘째, 그들은 흔히 경제성장이나 기술발전을 불가피한 것으로 보고 그것에 적응해야 한다는 일방적 생각을 가지고 있기 때문에 경제성장이나 기술발전의 테두리 내에서 인적 자원을 효과적으로 관리하는 기법을 제공하고 있다. 점차 더 기본적인 문제는 경제성장이나 기술변동이 절대적인 사회변동의 가치기준이 아니고 참다운 인간화를 위하여 거꾸로 인간에게 적응해야 한다는 데 있는데, 응용행동과학은 이를 간과하고 있다. 세째, 그들은 개인주의에 대한 문화적 가치를 지나치게 강조하기 때문에 사회학적 안목을 지니지 못하고 있다. 이는 마치 인본주의 심리학이 자아실현을 강조하면서도 개인에게 초점을 맞춤으로써 진정한 자아실현이 되지 않는 것과 같다. 네째, 그들은 갈등이 합의(consensus)에 의해서 해결될 수 있다고 생각하기 때문에 이해관계의 갈등의 구조를 적극적 협상과정으로 보고 문제를 해결하는 힘이 약하다. 다섯째, 그들은 기존하는 권력구조를 합법적인 것으로 간주하기 때문에 조직의 문제를 해결하려고 개입하더라도 기존권력구조의 문제는 다루지 않고 지엽적인 조직현상만을 다루게 된다. 여섯째, 그들은 현대 사회에 존재하고 있는 집단 가운데에서 주로 작업집단(work group)의 문제만을 다루기 때문에 사회를 경

22) Walter R. Nord, "The Failure of Current Applied Behavioral Science: A Marxian Perspective". *The Journal of Applied Behavioral Science*, 1974, 10. 557~578 쪽.

제적 기능으로만 보려는 편협된 눈을 갖게 되고 다른 사회집단이 지니는 특성과 공통적 구조를 못보게 된다. 일곱째, 그들은 사회계급변수를 이론적 틀 안에 넣지 않을뿐더러 조직의 인간화의 문제가 거시적인 사회계급 또는 계층과 연관되어 있다는 사실은 간과하고 있다. 여덟째, 응용행동과학자들은 앞에서 제기한 거시적인 구조의 문제를 소홀히 다룬 상태에서 조직의 자문역할을 하기 때문에 그들의 조언과 처방이 의식적으로 또는 무의식적으로 자문을 요청한 계층과 구조의 편을 들게 되고, 따라서 문제를 해결하는 것이 아니라 오히려 문제를 복잡하게 만들 위험이 있다.

결론적으로 현대사회와 조직의 이념체계의 문제는 몇 가지 방향에서 해결되어야 한다. 하나는 환경체계의 구조적 변동과 상응하는 이념체계의 변동이 수반되어야 하는데, 이는 이념의 획일성으로부터 다원화에로의 변혁이고 다른 하나는 그 변혁이 거시적 사회체계의 수준에서뿐만 아니라 미시적 조직체계의 수준에서도 동시에 일어나야 한다는 것이다. 만일 그러한 방향전환이 거부되거나 일어나지 않는다면 현대사회와 조직은 엔트로피를 경험하게 될 것이다.

9. 구조체계의 문제

현대사회의 구조체계문제 역시 앞에서 제기한 환경체계와 이념체계의 문제와 불가분의 관계가 있다. 특별히 조직이론은 구조체계를 중심으로 형성되어 왔기 때문에 조직을 다루는 저서들은 이 문제에 국한된 개념들만을 정리하고 있음을 볼 수 있다. 현대사회에서의 구조체계의 문제는 한 마디로 관료체계에 대한 거시적 및 미시적 차원의 비판과 그를 넘어서려는 구조모형의 제시라고 할 수 있다.

이 장에서는 미국과 유럽의 조직이론을 비교하고 거시적 및 미시적 관점에서의 관료체계의 문제, 이를 극복하려는 노력들을 다루어 보기로 한다.

9·1 미국과 유럽의 조직이론

미국과 유럽이 사회과학의 모든 분야에 있어서 그 학문적 특성을 달리하고 있음은 지식사회학적 관점에서 볼 때 흥미있는 일이다. 조직이론에 국한시켜 두 지역을 비교하는 클레그는 여러 가지 기준으로 두 경향을 검토하고 있다.[1)]

1) S. Clegg, *The Theory of Power and Organization*, London: Routledge and Kegan Paul, 1979, 3~4쪽.

첫째, 미국의 접근이 미시적인 데 비하여 유럽은 거시적이다. 물론 미국에 거시적 접근이 없다든지, 유럽에 미시적 접근이 없다는 의미는 아니다. 이러한 경향은 오랜 역사와 문화의 구조를 지녀온 유럽의 특성과 그렇지 못한 미국의 풍토의 차이에서 비롯된다고 볼 수 있다. 따라서 미국은 이 분야를 조직심리학으로 부르고 조직 속에서의 인간을 연구하는 경향이 강한 반면 유럽은 이 분야를 조직사회학으로 부르고 사회 속에서의 조직을 연구대상으로 한다. 따라서 미국은 다분히 기능주의적이고 과정지향적 틀을 강조하는 반면, 유럽은 구조주의적 틀을 강조한다.

방법론의 입장에서 비교하여 보면, 미국은 실험, 서베이, 관찰 또는 단일사례연구를 사용하는 반면, 유럽은 비교연구를 강조한다. 이념적인 차원에서 보면 미국의 조직이론이 조화를 중심으로 하는 반 마르크스주의적 입장을 지니는 반면 유럽은 마르크스적 관점에서 갈등을 강조한다. 이론가들의 특성을 비교하여 보면, 미국의 학자들은 실제적이고 기법지향적인 경향이 있는 반면 유럽의 학자들은 추상적 이론가로서 목적지향적이다.

따라서 조직변동을 위한 처방의 입장에서 보면 미국은 미시적인 해결방법, 즉 직무충실화 계획(job enrichment program), 참여적 관리(participative management) 등을 주장하는 반면, 유럽은 거시적 해결방법, 즉 사회기술체계의 변동, 산업민주화(industrial democracy) 등을 제시하고 있다.

나는 이미 이 책의 첫머리에서 조직에 대한 미시적 접근과 거시적 접근이 통합되어야 함을 자세히 설명했기 때문에 위와 같은 두 가지 경향이 서로 배타적인 관계가 아니라는 점을 다시 강조하면서 간단한 비교를 마치기로 한다.

9·2 관료제의 구조와 문제

개인주의와 합리주의에 기반을 둔 자본주의 체제가 몸담고 나갈 합리적 조직체제로서의 관료제는 전통적 권위와 카리스마적 권위를 넘어서는 구조적 장치라고 베버는 보았다. 이미 나는 마르크스와 베버를 비교분석하면서 그 두 거성의 관점이 전혀 다른 결론에 도달한다는 것을 제시한 바 있다. 관료제를 보는 두 사람의 견해는 역시 대립하고 있다. 마르크스는 국가를 계급지배의 도구로 보았으며 관료제 역시 계급 없는 사회가 되기까지의 도구이기 때문에 일단 공산주의 사회가 되면 관료제의 역할이 사라진다고 보았다. 물론 이러한 마르크스의 생각은 이상주의적이라는 것을 알 수 있다. 왜냐하면 현재 존재하는 사회주의 국가들은 국가사회주의(state socialism)로서 국가와 관료제가 계속 병존하고 있기 때문이다. 반면에 베버는 관료제를 조정기관(coordinating agency)으로 보았으며 지배계급의 권력투쟁를 종식시키는 합리적 장치로 영구히 존속한다고 보았다. 이의 출현은 현대생활에 있어서 기술적이고 합리적인 측면이 증가하는 데 그 원인이 있다고 보았던 것이다. 물론 베버도 관료제가 비인간화시키는 쇠우리(iron cage)가 될 수 있는 가능성도 본 것은 사실이지만 관료제가 지니는 계산된 합리성의 긍정적 측면을 더욱 중요하게 생각하였다.

산업혁명은 서구사회의 개인주의의 승리이며 동시에 합리적 정신의 승리라고 볼 수 있다. 개인의 권리에 대한 법의 보장과 개인의 감정이나 성장에 대한 열정적인 관심은 개인주의의 전통에 뿌리박혀 있으나 합리성과 조직화된 활동의 기계화는 산업주의의 산물로서 개인주의와 갈등을 일으키고 있다. 서구사회는 조직 자체의 목표와 개인의 목표를 연결시키는 구조체계로서 관료주의 체계를 성립시켰다. 이는 개인적 권한보다 법적·합리적 권한 체계를 바탕으로 하는 이성과 법의 기제이었다. 관료 체계는 산업혁명 초기의 개인적 복종 연고자등용, 잔인성, 성서적, 부침, 주관적 판단에 대항하는 반작용으로, 생겨났으며 베버는 인간의 희망을 손과 마음뿐만 아니라 머리를 써서 합리화하고 계산하는 능력에 두었다. 인물보다는 법적 전통에 의해 제도화된 역할을 비합리와 예기치 못한 결과보다 합리성과 예측성을 일정한 개인적 관계보다 비개인성을, 자의적 규칙보다 기술적 능력을 중시하는 관료체계는 산업주의를 담고 있는 기본적 골격으로서의 형식이었다.

베버는 관료제의 속성을 다음과 같이 설명하고 있다.[2] 첫째, 관료들의 비개인적인 공식적인 의무, 둘째, 명확하게 정의된 서열체계, 세째, 명확하게 정의된 능력, 네째, 자유로운 계약관계, 다섯째, 선거가 아닌 임명제, 여섯째, 관료에게 주는 고정봉급, 일곱째, 관료의 유일하고 원초적인 직업, 여덟째, 경력체계, 아홉째, 행정의 수단으로부터의 분리, 열째, 엄격하고 체계적인 규율를 들고 있다. 이와 같은 특성을 지닌 관료제는 종전의 행정체계가 해결하지 못했던 문제를 해결할 수 있는 이상형(ideal type)이라고 보았던 것이다. 그렇다고 이상형의 의미가 규범적으로 선호된 유형을 의미하는 것은 아니고 단순화된 모형의 구성이며 관료제의 다른 특성보다도 권한체계에 특히 초점을 맞추었다고 볼 수 있다. 전통적 및 카리스마적 권한체계보다 법적 합리적 권한을 바람직하게 생각하는 데는 조직구성원을 위한 행정구조를 예측할 수 있게 하고 단계적으로는 소득을, 장기적으로는 경력발전을 보장할 수 있다는 장점을 지적할 수 있으나 또 한편으로는 그만큼 하부계층에 독립성과 자유재량을 부여해야 움직일 수 있다는 양면성을 지니고 있는

2) Max Weber, *Economy and Society*, vol. Ⅲ., Bedminster Press, 1968, 956~1035 쪽.

것이다.

관료제에 대한 베버의 생각은 그 후 그를 추종했던 사회학자들에 의하여 비판을 받기 시작하였다. 파아슨스와 굴드너는 베버가 분석적으로 구분할 수 있는 두 가지 권한의 기초를 혼동하고 있다고 지적한다. 즉 관료제의 행정서열에 대한 논의에서는 법적으로 정의된 지위에 권한이 있다고 한 반면, 모집과 승진에서는 권한이 기술적 능력에 근거하고 있다고 말하기 때문이다. 굴드너는 베버가 관료제를 야누스의 두 얼굴을 가진 조직으로 보았다고 말하면서 복종을 목적을 위한 수단으로도 본 반면, 목적 자체가 될 수 있다고도 본 것이 베버의 문제라고 설명한다.[3] 물론 높은 서열에 있는 사람이 고도의 기술적 능력을 가지고 있을 수 있으며 베버가 살았던 당시에는 그렇게 될 가능성도 많았겠지만 대체로 권한이 집중되고 의사결정의 권한을 상사가 전적으로 가지고 있는 경우에는 그 상사의 기술적 능력이 과학기술의 발전 때문에 떨어지게 마련이다.

베버의 또하나의 문제점은 그의 모형에서 정의(definitions)와 가정(propositions)과를 명확히 구분하지 않고 있다는 점이다.[4] 그는 관료제가 지니는 특성을 여러 가지로 열거하였는데 그러한 구조적 특성 사이에 생겨나는 관계를 분명하게 설명하고 있지 못하고 있다. 그래서 이러한 변수 사이의 관련성이 이론 자체가 아니라 실증적인 탐구의 대상이 된다고 생각한 학자들에 의하여 수많은 실증적 연구가 이루어졌다. 특히 우디(Udy)는 실증연구를 통하여 베버의 기준으로 본 관료조직이 곧 합리적인 형태를 나타내지 않음을 밝혔으며[5] 홀(Hall)은 기술적 능력이라는 기

3) Alvin W. Gouldner, *Patterns of Industrial Bureaucracy*, Glecoe, Ill. : Free Press, 1954, 22~23쪽.
4) W. Richard Scott, 앞책, 71쪽.
5) Udy, Stanley H. Jr., "Bureaucracy and Rationality in Weber's Organization Theory", *American Sociological Review*, 1959, 24, 791~795쪽.

준과 다른 속성과는 역상관 관계가 있음을 밝혔다.[6] 그는 실증 연구를 위한 관료제의 구조적 특성으로서 ① 기능적 전문화에 기초한 분업, ② 잘 정의된 권한체계, ③ 현직자의 권한과 의무를 포괄하는 규칙체계, ④ 대인적 관계의 비개인성, ⑤ 작업상황을 다루는 절차의 체계, ⑥ 기술적 능력에 따른 승진과 선발을 들었다.

그러나 관료제에 대한 비판이 이론적 혼란과 모순 때문뿐만 아니라 도덕적이고 윤리적인 이유 그리고 비능률이라는 실제적인 문제를 제기함으로서도 이루어졌다. 관료주의에 대한 비판은 다음과 같이 요약될 수 있다.[7]

첫째, 관료주의를 개인적 성장과 성숙한 인격의 발달을 적절이 허용하지 않고 있다.

둘째, 관료주의는 순종과 집단 사고를 발전시킨다.

세째, 비공식조직과 긴급하고 예기치 않았던 문제를 고려에 넣지 않고 있다.

네째, 적절한 사법상의 과정을 담고 있지 않다.

다섯째, 직위간 특히 기능적 집단간의 차이와 갈등을 해소하는 적절한 수단을 마련하고 있지 않다.

여섯째, 의사소통(특히 혁신적 생각)이 계층적 불화 때문에 왜곡된다.

일곱째, 불신임과 보복의 공포 때문에 인력이 충분히 활용되지 못한다.

여덟째, 조직에 들어오는 새로운 기술이나 과학자의 유입을 동화시

---

6) Hall, Richard H., "The Concept of Bureaucracy: An Empirical Assessment," *American Journal of Sociology*, 1963, 69, 32~40쪽.

7) W.G. Bennis, "Organizational Developments and The Fate of Bureaucracy, W.E. Scott and L.L. Cummings(eds.), *Readings in Organizational Behavior and Human Performance*, Rev. ed., Homewood, Ill.: Irwin, 1973, 329쪽.

킬 수 없다.

아홉째, 성격구조를 변화시켜 인간을 우둔하고 조전화된 조직인으로 만든다.

베버 자신도 관료제가 불가피하다고 생각했지만 그것이 자본주의 정신을 질식시킬 수 있다는 점을 염려했다. 실제로 산업사회의 단일이념체계인 기술적 합리성을 달성하기 위한 제도적 장치로서의 관료체계는 많은 병폐를 가져왔으며 기계적 구조, 경쟁적 구조, 단절적 구조로 특징지워지는 관료체계가 오히려 현대 산업사회의 문제를 능동적으로 해결할 수 없음을 주장하게 되었다.

머튼(R.K. Merton)은 관료제가 신뢰성을 강조함으로써 개인행동의 방어력이 증가하고 이것이 다시 신뢰성을 증가시킨다는 원래의 의도 못지않게 바람직하지 않는 현상도 일어남을 지적하고 있다. 즉 신뢰성의 강조는 구성원들의 행동의 경직성을 가져오고 지위의 조직적인 방어 현

관료제에 대한 머튼의 비판모형[8)]

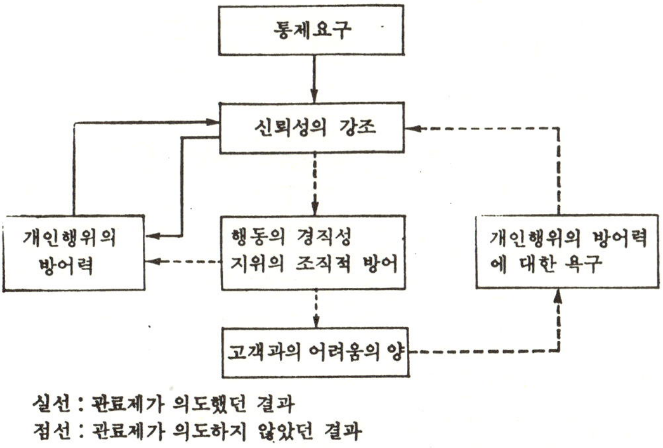

실선 : 관료제가 의도했던 결과
점선 : 관료제가 의도하지 않았던 결과

8) J.G. March and H. Simon, *Organizations*, New York: Wiley, 1958, 41쪽.

상이 나타나며 이것이 고객들과의 관계를 어렵게 만들고 개인행동의 방어력에 대한 욕구가 강해지므로 다시 신뢰성을 강조하게 된다는 것이다. 그러니까 신뢰성에 대한 강조는 고객과의 사이를 어렵게 만드는 부작용을 낳게 되어 통제에 실패하게 된다. 이를 도표로 표시하면 앞면과 같다.

한편 셀즈닉(P. Selznick)은 권한의 위양이 전문화된 능력에 있어서 훈련의 양을 증가시키고 그 훈련이 다시 권한 위양을 하게 만드는 관료제의 매카니즘뿐만 아니라 권한의 위양으로 이해관계의 분기현상이 나타나고 하급부서의 구성원이 조직의 목표를 내면화시켜 의사결정을 하게 되는 부작용을 지적하고 있다. 따라서 의사결정이 구성원의 편의대로 내면화되고 다시 그것이 권한의 위양을 촉진하게 함으로써 부서간의 이해관계가 갈라지는 현상이 지속된다. 셀즈닉의 비판모형을 도표로 표시하면 다음과 같다.

관료제에 대한 셀즈닉의 비판모형[9]

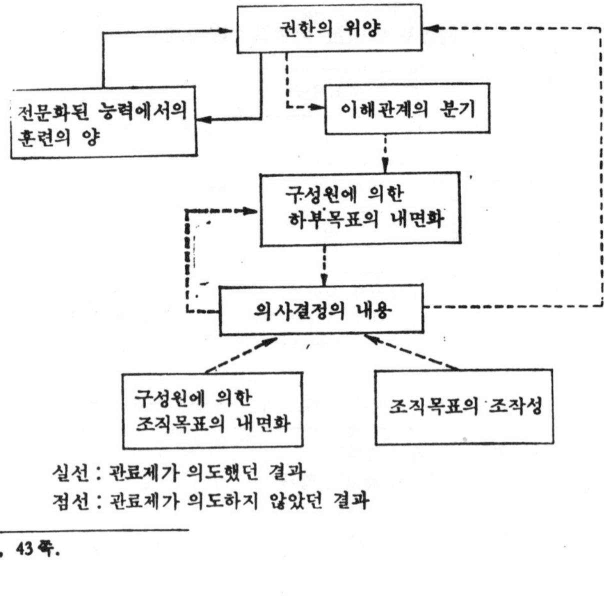

실선 : 관료제가 의도했던 결과
점선 : 관료제가 의도하지 않았던 결과

9) 윗책, 43쪽.

관료제에 대한 굴드너의 비판모형[10]

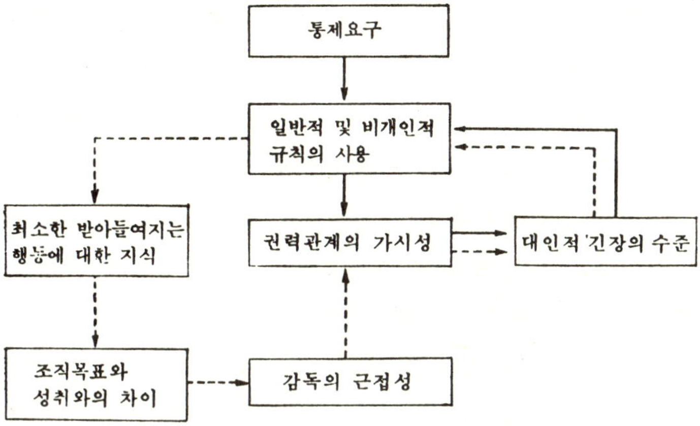

또한 굴드너는 통제의 요구가 일반적이고 비개인적인 규칙을 사용하게 만들고 그것이 권력관계를 눈에 보이게 명확하게 함으로써 대인관계의 긴장의 수준이 높아지고 다시 이것이 일반적 및 비개인적 규칙의 사용을 강화시키는 긍정적 측면의 관료제 이외에 대인관계의 긴장이 부정적으로 작용할 수 있는 가능성과 규칙의 사용이 조직구성원으로 하여금 최소한으로 용납되는 행위를 하게 만들어 조직목표와의 거리를 넓히고 그 거리를 줄이기 위한 철저한 감독을 하게 함으로써 권력관계가 부정적인 차원에서 두드러지게 나타나는 현상을 지적하고 있다.

이상과 같은 몇몇 학자의 비판모형은 대체로 관료제가 예기치 못했던 부정적 매카니즘과 결과를 제시하는 것으로서 관료제를 넘어서는 대안을 마련하고 있지는 않았다. 이와 유사하게 톰슨은 관료체계가 인간행동의 심층에 미치는 효과를 설명함으로써 관리병리학(Bureaupathology)의 개념을 만들어내었다. 그는 관료체계 밑에서 형성되는 인간의 행동을 세 가지로 구분하고 있는데, 하나는 관료주의적 행동(bureaucratic

10) 윗책, 45쪽.

behavior)으로 분화 및 전문화 때문에 나타나는 행동으로 규정하고, 두번째는 관료적 행동(bureautic behavior)으로 관료제가 인간을 성숙시키지 못하기 때문에 나타나는 미성숙의 행동으로 규정하며, 세번째 관료병리적 행동(bureaupathic behavior)은 관료체계가 만드는 인간의 개인적 불안 때문에 나타나는 것으로 규정하고 있다.[11)]

그러면 관료병리적 행동은 구체적으로 어떻게 표현되는가를 보기로 하자. 인간이 남을 통제하려는 이유는 자기 자신이 그만큼 불안을 느끼기 때문이다. 관료체계 속의 관료들은 대체로 이러한 개인적 불안감을 강하게 나타내고 있다. 그들은 개인적 불안을 해소하려고 노력하며 그 방향은 개인적 목표를 만드는 것이 된다. 따라서 개인적 목표의 달성은 대체로 조직목표와 갈등을 일으키게 되는 것이다. 세번째의 관료병리적 현상은 계량화된 것에 대한 맹종현상이 나타나게 되는데, 이들은 마치 계량적 표준이 관료제의 운영에 필수불가결한 세련된 기법처럼 생각하지만 오히려 조직을 경직화시키는 것이다. 네번째는 모든 변화에 대하여 저항하는 현상이 나타난다. 관료들은 매일매일의 관례에 따라 행동하는 습성이 몸에 배어 있기 때문에 그 일상성을 깨뜨리는 어떠한 변화도 심리적으로 용납하지 않는다. 다섯째는 관료들이 공중을 대하는 태도에서 무관심과 거만함이 나타난다. 그들은 공복으로서의 사명감도 저버리고 공중에 군림하는 자세가 되어 대중과의 심각한 갈등관계에 서게 되는 것이다. 여섯째는 주어진 지위와 권리만을 주장하게 되어 쓸데 없는 절차와 규칙에 얽매이게 된다.

이상과 같은 관료병리적 행동은 장기적 관점에서 볼 때 관료들의

11) V.A. Thompson, "Bureaucracy and Bureaupathology", in B.L. Hinton and H.J. Reitz(eds.), *Groups and Organizations: Integrated Readings in The Analysis of Social Behavior*, Belmont, California: Wadsworth Publishing Co., 1971, 463~475쪽

성격유형을 결정하게 되는 요인으로 작용하게 되며 그러한 인성은 대중의 국민성과 상호작용하게 되므로 전체적인 사회구성원의 인성체계에 영향을 주게 된다. 따라서 관료체계가 조직의 매카니즘의 병폐를 가져오는 데서 그치는 것이 아니라 근원적인 인간의 인성까지도 해치는 결과를 낳게 되는 심각한 구조적 병폐로 눈에 안 보이게 작용하고 있음을 간과해서는 안 된다.

9·3 관료체계에 대한 이론적 대안들

앞 절에서는 관료체계의 속성과 그에 대한 비판적 모형을 몇 가지 소개하였다. 이 절에서는 나아가서 현대사회의 구조체계로서 군림하고 있는 관료체계를 보다 거시적인 입장에서 분석·비판하는 입장과 미시적 차원에서의 관료체계의 대안들을 소개하기로 한다.

유럽 조직이론의 대표적 학자인 클레그는 조직이론의 중심이 권력구조(power structure)의 분석에 있어야 함을 주장하고 미국 조직이론은 피상적 관찰에 집착하고 있음을 비판하고 있다.[12] 그는 분석의 수준을 세 단계로 구분하면서 현상적인 구조 밑에 깔려 있는 헤게모니와 생산양식의 구조를 지배하고 있는 밑바탕 규칙을 발견해야 한다고 말한다.

분석의 수준	추상적 개념	보 기
행위	조직구조	조직실제의 경우
↑	↑	↑
중개	합리성의 양식	침전된 선택 규칙
↑	↑	↑
구조	헤게모니의 지배/생산양식	밑바탕 규칙

위의 표에서 보면 행위에 초점을 맞추는 분석은 겉으로 나타난 조직구조를 분석하고 그를 통하여 조직의 일반이론을 끌어내는 1차원적

12) S. Clegg, 앞책, 9쪽.

인 것이며 대체로 미국 조직이론에서 볼 수 있는 작업들이다. 그러나 중요한 것은 현상적 구조가 나타나는 중개법칙과 그 규칙을 배태하고 있는 더 깊은 구조를 알고 그를 찾아내는 데 있다. 클레그는 침전된 선택규칙의 종류를 네 가지로 구분하고 있다. 첫째는 기술적 규칙(technical rule)으로서 보기를 들면 과학적 경영관리(Taylorism)의 규칙 같은 것이다. 두번째는 사회적 규제규칙(social regulative rule)으로서 보기를 들면 메이오와 그 후의 인간관계론자들이 언급한 사회적 규범의 작용의 규칙을 들 수 있다. 세번째는 조직 밖의 규칙(extra-organizational rule)으로서 보기를 들면 인종차별주의(racism), 성차별주의(sexism)가 조직에 주는 영향을 들 수 있으며, 네번째는 전략적 규칙(strategic rule)으로서 보기를 들면 독점자본주의(monopolistic capitalism)가 있다.

따라서 우리가 관료체계에 대한 비판적 모형을 제시하더라도 행위의 수준에서 보는 피상적 조직구조를 대상으로 하는 것보다는 합리성의 상식이 나타나는 사회의 기본구조를 분석하고 비판해야 할 것이다. 그러한 의미에서 클레그가 제시한 모형은 구조체계 분석에서 받아들여야 할 핵심적인 모형이라고 볼 수 있다. 그러면 과연 거시적 차원에서의 관료체계의 대안은 무엇인가? 워렌 베니스와 필립 슬레이터는 그것을 민주주의(democracy)라고 응답한다. 민주주의는 이념적 차원에서 전체주의의 대안이지만 구조체계의 입장에서는 관료주의의 대안인 것이다. 그러면 왜 관료주의는 극복될 수밖에 없는가?

베니스는 현대사회가 당면하고 있는 문제를 다섯 가지로 요약하고 이 문제를 관료체계가 근본적으로 해결할 수 없다고 보면서 민주주의의 실현만이 유일한 길임을 제시하고 있다.[13] 현대사회가 당면하고 있는

13) Warren G. Bennis and Philip E. Slater, *The Temporary Society*, New York: Harper & Row, 1968.

첫번째 문제는 통합(integration)의 문제이다. 즉 사회적 목표와 사회구성원 개개인의 목표를 발전적으로 통합시키는 데 관료체계는 실패하고 있다. 왜냐하면 관료체계 속에서는 구성원의 개인적 목표를 고려하고 있지 않기 때문에 개인목표와 조직목표의 갈등이 심화되더라도 그것을 문제로 인식하지 않고 따라서 해결방법도 없는 것이다. 두번째는 사회적 영향력(social influence)의 문제이다. 이는 권력배분의 문제로서 관료체계 속에서는 이러한 배분의 문제를 강제적 권력의 힘으로 해결하려고 했기 때문에 진정한 권력구조의 평등화가 실현되지 않고 계급갈등이 심화되고 있는 것이다. 세번째는 협동(collaboration)의 문제로서 수직적 및 수평적 갈등을 어떻게 해결하는가 하는 문제이다. 지금까지 관료체계는 위와 아래의 갈등을 서열(hierarchy)로 해결하거나 또는 조직구성원의 충성심(royalty)으로 해결하려고 하였고 하위체계 사이의 수평적 갈등은 조정(coordination)으로 해결하려고 하였다. 그러나 그 어느 방법도 현대사회의 갈등문제를 제대로 해결하고 있지 못하다. 네번째는 적응(adaptation)의 문제로서 관료체계가 폐쇄주의적 모형을 고수하고 있기 때문에 환경의 변동에 적응하지 못하고 있다. 끝으로 현대사회는 재활력화(revitalization)의 문제를 안고 있다. 이는 장기적 관점에서의 체계의 흥망성쇠를 일컫는 과정으로서 관료체계는 사회와 조직의 쇠퇴현상을 막고 재활력화시키는 장치를 지니고 있지 않기 때문에 체계의 종말을 가져오게 되는 것이다. 즉 관료체계의 문제는 장기적으로 볼 때 관료화(bureaucratization)의 과정에 있기 때문에 부단히 그 경직성을 깨뜨리는 작업이 필요한 것이기 때문이다.

이상과 같은 현대사회가 당면한 문제를 근원적으로 해결하지 못하는 관료체계가 극복되지 않는다면 현대사회의 위기를 해결할 수 없다고 베니스는 생각하고 있다. 그러면 거시적 입장에서 관료제를 넘어서는 실천적 대안이 역사적으로 존재한 적이 있는가? 이러한 거시적(또는 미시적) 실천대안은 다음 절에서 다루기로 하고 미시적 차원에서 관료모형을 극복하려고 한 이론을 정리해 보기로 한다.

베니스는 관료조직모형을 극복하기 위한 미시적 차원의 이론을 다섯 가지로 들고 이를 다시 세분하여 열 가지 모형을 정리하고 있다.[14] 첫번째 대안은 교환이론(exchange theory)으로서 바나드, 사이몬의 보상-공헌 교환(inducement-contribution exchange)모형과 레빈슨의 심리적 계약(psychological contract)을 들 수 있다. 전자는 양적인 의미에서 조직구성원의 공헌에 대한 조직의 보상이 교환되는 상호작용을 중시하였고 후자는 질적인 측면에서 구성원의 심리적 커미트먼트에 상응하는 조직의 책임과의 상호작용을 중시하고 있다. 반면에 관료모형은 이러한 조직과 성원의 교환의 문제를 다루고 있지 않는다는 점에서 부분적으로 관료제를 극복하려는 시도라고 보아야 할 것이다. 두번째는 집단이론(group theory)으로서 메이오의 관리엘리뜨(managerial elite)모형과 리커트의 연결핀(linking pins)모형을 들 수 있다. 이들 모형은 모두 조직 내에서 일어날 수 있는 갈등문제를 해결하는 계층이나 집단이 조직 내에 존재해야 한다는 것을 주장하고 있다.

세번째는 가치이론(value theory)으로서 아지리스의 대인적 능력(interpersonal competence)모형, 블레이크와 무톤의 매너지리얼 그리드(managerial grid)모형을 들 수 있다. 전자는 다른 사람의 감정을 이해할 수 있는 대인적 능력을 향상시킴으로써 가치를 전환시키자는 것이고 후자는 팀에 의한 조직운영을 통하여 새로운 가치를 불어 넣어야 한다고 주장한다. 네번째는 구조이론(structural theory)으로서 쉐파드의 유기적 체계모형이 이에 속한다. 관료모형은 기계적 체계에 해당하는 것으로서

14) W.G. Bennis, 앞글.

조직내 권력의 전략-상황의 이론

제 1 모형

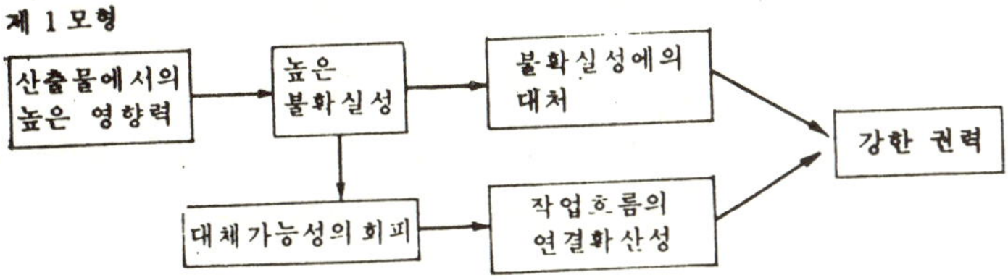

제 2 모형

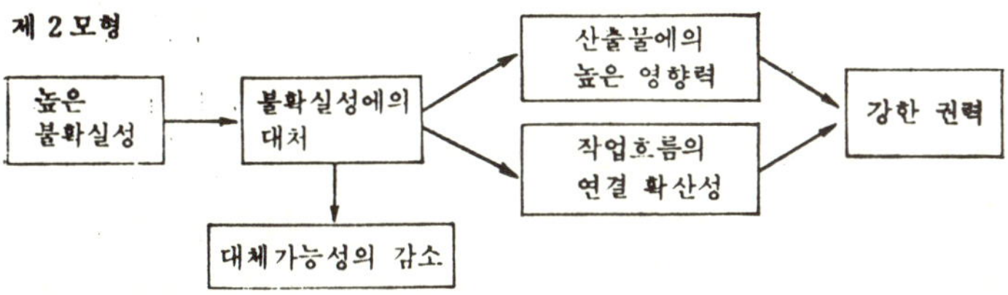

환경과 상호작용하는 유기적 체계의 속성을 지니지 않고 있기 때문에 그물(network)의 성질을 지니는 유기체적 조직을 대안으로 생각하고 있다. 다섯번째는 상황이론으로서 맥그리거의 목표에 의한 관리(management by objectives), 리비트의 과업에 의한 관리(management by tasks), 톰슨과 튜든의 결정에 의한 관리(management by decision)가 이에 속한다. 이들은 모두 참여의 매카니즘을 강조하고 피드백이 되는 조직의 과정을 중시하고 있다.

위에 열거한 대안들은 대체로 MHRM(Modern Human Resources Management) 집단에서 나온 모형들로서 산업조직을 대상으로 실천적으로 적용되었고 또 되고 있다고 볼 수 있는데 미시적 차원의 조직문제를 해결 하는데는 어느 정도 도움을 주고 조직의 관리층과 구성원의 의식을 일깨운 데는 부분적으로 공헌한 것은 부인할 수 없지만 거시적 차원에서의 관료체계의 극복문제는 다루지 못했다고 평가할 수 있다.

위의 논의와 연관하여 미시적 차원에서 조직의 구조적 법칙성을 실증적으로 발견하려고 한 모형들, 즉 영국학자들의 집단인 Aston 집단의 모형과 미국의 학자인 블라우의 모형을 간단히 설명하겠다. 힉스와 허닝스는 조직 내의 권력 불균형에 영향을 주는 요인을 밝혀내는 모형을 제시하고 있는데 대체로 환경과의 관계에서 그 원인을 찾아내고 있다. 앞 면에 두 가지 도표가 그들의 모형의 요약이다.[15)]

제 1 모형은 어떤 하위단위조직이 전체 조직의 산출물에 크게 영향을 미치고 있을 때 그 단위부서는 환경의 불확실성을 다루는 부서이며 그러한 불확실성을 다루면 그것에 대처할 수 있는 능력이 커질 뿐만 아니라 다른 단위부서가 불확실성문제를 다룰 수 있는 대체 가능성이 줄어든다. 대체 가능성이 줄어들면 그 단위부서는 다른 단위부서와 강하게 연결되는 범위가 확산되고 그렇게 됨으로써 그 부서의 권력이 상대적으로 강력해진다는 것이다.

제 2 모형은 높은 불확실성이 존재하면 그를 다루는 단위부서가 생겨나고 그것이 전체조직에 미치는 영향력을 크게 만드는 동시에 다른 부서와 연결되는 범위를 넓게 만들어 그 부서의 권력이 커진다는 주장이다. 어느 모형이나 모두 불확실성에 대처하는 능력과 조직 내에서의 부서 사이의 관계를 연결시킴으로써 조직내의 권력불평등성을 설명하고 있다. 이는 어떤 점에서 조직에 권력 불평등이 불가피하다는 것을 나타내주고 있지만 그 권력이 환경과의 상호작용 때문이라는 해석을 하고 있어서 관료체계가 아닌 개방체계 내에서의 권력문제를 다루고 있다고 보아야 할 것이다.

현대조직의 또 한 가지 현상은 규모의 확대에 있으며 이것은 관료체계의 중요한 속성으로도 해석되고 있다. 조직규모가 어떻게 결정되는

15) C.R. Hinings, D.J. Hickson, J.M. Pennings and R.E. Schneck, "Structural Conditions of Intraorganizational Power", *Administrative Science Quarterly*, 1974, 19, 22∼44 쪽.

가에 대해서 일반적 모형을 제시하고 있는 블라우는 미국 정부조직을 대상으로 광범위한 실증연구를 하였으며 그의 모형을 입증하고 있다.[16] 그에 의하면 조직의 규모는 단위부서 내에서의 동질성과 단위 사이의 이질성이라는 이중적 효과를 가져오기 때문에 동질성에 의하여는 조직의 행정적 비용이 적게 들기도 하는 동시에 이질성 때문에는 그 비용이 많이 들어 조직규모가 무한정으로 커지는 효과에 제동을 걸게 됨으로써 그 규모가 더 이상 커지지 않는다는 것이다. 이를 도표로 표시하면 다음과 같다.

블라우의 조직규모에 대한 모형

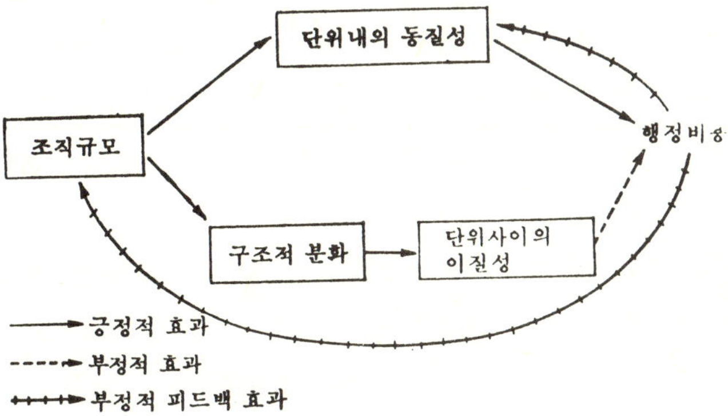

그러나 이 모형 역시 조직의 합리성을 기반으로 본 것이기 때문에 조직규모의 확대가 합리성이 아닌 비합리적 권력추구에 기인한다면 규모확대를 통한 권력의 집중현상의 문제는 설명하지 못할 수가 있는 것이다.

---

16) Peter M. Blau and R.A. Schoenherr, *The Structure of Organizations*, New York: Basic Books, 1971, 320쪽.

9·4 관료체계에 대한 실천적 대안들

우리는 제 7 장 이념체계의 문제를 다룰 때 이미 관료체계에 대한 실천적 대안으로서 커뮨(commune)을 제시하였다. 이념체계와 구조체계와는 불가분의 관계를 지니고 있기 때문에 커뮨을 이념체계에 집어넣었고 나머지 대안들은 구조체계에서 한꺼번에 다루려고 한다. 그런데 나는 현대사회에서 근래에 나타난 적이 있고 또 아직까지 그 존재가 지속되는 세 가지의 이상사회 또는 조직의 형태를 들려고 한다. 하나는 미국의 학생운동에서 나타난 유형이고, 다른 하나는 중공의 문화혁명에서 나타난 유형이며, 세번째는 이스라엘에 있는 이상사회의 유형이다. 모두가 조금씩 다른 이념적 기반 위에서 형성된 것이지만 구조체계의 입장에서 보면 관료체계를 근원적으로 극복하려는 시도라고 볼 수 있기 때문에 공통점이 있다. 하나하나를 간단히 살피면서 그들의 주장과 문제를 검토해 보기로 하자.

1960년대 말을 정점으로 소멸하기 시작한 미국의 학생운동은 조직문제에 커다란 시사점을 던져주었다. 1969년 해체된 SDS(Student for Democratic Society)는 학생운동을 지휘하던 총본부였다. 이들 조직은 실천적으로 조직의 도구적 측면을 부정하고 표현적 측면만을 강조하였으며 서열을 반대하였다. 조직의 도구적 측면을 강조하는 것을 전략적 정치(strategic politics)라고 부르고 표현적 측면을 강조하는 입장은 예상적 정치(prefigurative politics)라고 부르는데 그들은 그리스의 폴리스(polis)를 꿈꾸면서 직접 민수주의 실현을 위한 투쟁뿐만 아니라 스스로의 조직을 직접 민주주의의 형식으로 만들려고 하였던 것이다.[17)]

17) W. Breines, "Community and Organization: The New Left and Michels Iron Law". *Social Problems*, 1980, 27, 419~429 쪽.

미국 학생운동의 실패를 바로 이러한 이상주의적 측면, 즉 전략적 정치를 전혀 무시한 그들의 전략 자체에 있음을 지적하는 학자들도 있었는데 여기에 바로 구조체계의 근본적인 문제가 담겨 있는 것이다. 베버의 생각을 그대로 이어받고 있는 미헬(Michel)의 과두체계의 철칙(iron law of oligarchy)에서는 민주주의에서도 조직이 있어야 함을 강조하고 있다. 그러면 도구적 차원의 조직의 구조는 현대사회에서 불가피한 것인가? 즉 관료주의를 극복할 수 있는 구조체계 역시 구조를 담고 있어야 하는가 하는 문제라고 볼 수 있다. 그러니까 미국의 학생조직이 베버와 미헬의 이론과 법칙에 대항하는 이상을 꿈꾸고 그를 실현시키는 데에도 조직적 모범을 보였다는 것 자체가 실패의 원인이라면 실천적 입장에서 문제를 다시 검토할 필요가 있는 것이다. 이상적 구조의 실현을 위하여는 현실구조가 사용하고 있는 전략적 정치를 동시에 사용해야 한다는 모순을 경험하게 된다.

커뮨의 경우도 기존질서의 서열구조를 부정하고 평등적 사회를 형성하려는 노력이라고 볼 수 있는데 시간이 지나면서 서열, 절차 등의 관료체계의 특성이 되살아나고 있음을 많은 학자들이 발견한 바 있다. 그러니까 관료체계를 넘어서는 방법은 우선 그 시초에 혁명적인 구조변혁이 일어났다고 하더라도 지속적으로 구조의 경직화를 막는 작업이 뒤따르지 않으면 다시 관료주의적 특성이 나타난다는 사실에 주목해야 한다.

또한 직접 민주주의의 실현은 조직의 규모와 연관되어 있음을 상기할 필요가 있다. 이상사회 건설을 위한 실천적 운동이 대체로 소규모단위를 중심으로 일어나고 있는 것도 바로 이러한 이유 때문인 것이다. 따라서 소규모단위의 직접 민주주의 사회가 광범위하게 존재하기 위한 이념의 다원화가 전제되지 않고서는 결국 관료주의가 지니는 조직적 특성을 전면적으로 제거하기는 불가능하다.

서구 관료체계에 대한 또하나의 비판적 작업과 이를 기초로 한 이상사회의 실천작업은 모택동이 주도한 문화혁명으로 나타났다. 마틴 킹 화이트는 서구 사회의 관료체계가 지니는 속성과 모택동의 조직원칙을 비교적으로 설명하고 있는데[18] 그는 주로 동양사상을 기반으로 한 모사상의 측면, 즉 정신적 자세를 강조하는 중공조직의 특성을 중요시하고 있고 여치 킹도 모택동의 조직모형을 자원주의적 모형(voluntarist model)으로 규정하면서 관료체계를 넘어서는 대안으로 설명하고 있다.[19]

자원주의 모형을 형성하는 원칙으로는 첫째 반서열주의(anti-hierarchialism)로서 관료주의가 보여주고 있는 서열적 구조를 비판하고 항상 지도자나 관료는 대중노선과 같아질 수 있는 제도적 장치를 마련하였다. 두번째는 반기능적 전문화(anti-functional specialization)로서 분업을 바탕으로 한 관료체계를 비판하고 조직단위 사이의 단절성을 극복하고 있으며 세번째는 반전문성(anti-expertness)으로 만능인을 양성하려는 중국적 전통을 계승하려고 하였다. 네번째는 반행정전문주의(anti-administrative professionalism)이고 다섯번째는 반행정적 일상화(anti-administrative routinization)로 역시 관료제가 지니는 특성을 비판하고 있다.

이상과 같은 반관료주의를 실현시키기 위하여 중공은 문화혁명 당시 역할교대제도(role-shifting system)와 집단의사결정제도(group-based decision making system)를 실시하였다. 역할교대제도는 공식적 지도자들이 대중노선을 이해해야 한다는 이념 아래에서 지도자를 일선조직에 내려보내는 제도적 장치였으며 집단의사결정제도는 조직의 의사결정이 대

18) Martin King Whyte, "Bureaucracy and Modernization in China: The Maoist Critique", *American Sociological Review*, 1973, 39, 149~163 쪽.

19) A. Yeo-Chi King, "A Voluntarist Model of Organization: The Maoist Version and its Critique", *British Journal of Sociology*, 1977, 28, 363~374 쪽.

중노선의 참여에 의하여 집단기준으로 이루어지는 제도적 장치이다.

세번째로 관료체계를 극복하려는 실천운동으로서 현재까지 지속되고 있는 것은 이스라엘의 키부츠(kibbutz)이다. 유토피아로서의 키부츠 문화는 몇 가지 도덕적 원칙을 바탕으로 하고 있다. 자기노동(avodah atzmit)은 노동을 천직으로 여기고 그 자체를 목적으로 보는 노동윤리이며 공동사회가 사용하고 생산하는 재산은 공동소유라는 의식, 사회적 및 경제적 평등성의 원칙, 가공적 관계로부터의 자유, 집단의 도덕적 가치 등은 현대 조직사회에서 발견하기 어려운 이상사회의 원칙들이다.[20] 이러한 키부츠 문화가 생존하기 위한 심리적 특성들로서는 집단과의 일체감, 집단 내에서의 안전의식, 강렬한 획득적 욕구와 성공추구의 결여, 사회적 책임감이 강하게 작용하고 있음을 스피로는 지적하고 있다.

스피로가 키부츠문화를 연구한 것은 1951~2년이었는데 20년이 지난 1970년에 다시 키부츠를 방문하여 과연 이상사회적 문화가 지속하고 있는가를 살피고 있다. 기부츠문화의 이념적 바탕이 되고 있는 유태주의는 지속되고 있으며 시온주의는 더이상 조국애의 기반이 되고 있지 않고 마르크스주의와 소련에 대한 생각은 오히려 키부츠 사회주의가 소련사회주의보다 월등하다고 믿고 있다는 사실을 발견하고 있다. 또한 사회주의 가치를 생활양식으로 보는 견해는 계속 지속되고 있으나 금욕주의의 경향은 1967년 6일전쟁을 치르고 난 뒤 조금씩 사라지고 있음도 발견하였다. 노동에 대한 강조도 1950년대 같지는 않으나 지속하고 있으며 계급 없는 사회라는 평등성은 거의 변하지 않고 있음을 지적하고 있다.

물론 현재의 키부츠문화가 남녀불평등, 세대간의 갈등, 노년의 문

---

20) Melford E. Spiro, *Kibbutz: Venture in Utopia*, Augmented(ed.), Cambridge, Massachusetts: Harvard Univ. Press, 1970, 10~37쪽.

제를 안고 있으나 그럼에도 불구하고 이상주의적 사회건설은 계속 꽃피울 것으로 내다보며 환경변동에 따라 조금씩 변모하고는 있지만 원래의 헌장의 테두리를 벗어나지는 않을 것으로 스피로는 보고 있다.[21]

지금까지의 논의에서 우리는 관료체계가 지니고 있는 문제를 거시적으로 또한 미시적으로 살펴보았으며 그를 넘어서는 이론적 및 실천적 대안을 제시하였다. 그 방향은 서열적 구조가 없는 직접민주주의를 향하고 있으며 공동사회적인 것이라고 볼 수 있다. 또한 아무리 이상적인 민주적 구조로 대체되었다고 하더라도 그것은 시간이 지나면 경직화되는 조직적 특성을 지니므로 계속해서 그 경직성을 깨뜨리는 의식작업이 뒤따라야 한다는 사실도 인식해야 할 것이다. 그리고 기존하는 구조체계를 넘어서는 작업은 조직의 도구적 측면을 사용하지 않고서는 성공하기 어렵다는 경험을 하였지만 만일 스스로 이상과 거리가 먼 전략적 정치를 수단으로 사용했을 때 그 수단이 정당화될 수 있느냐 하는 딜레마가 우리에게 남아 있다는 것도 심각하게 따져 보아야 할 것이다.

어쨌든 현대사회의 구조체계가 지니는 근원적 문제는 개인들의 권력의 문제라기보다는 법인이 행사하는 권력에 무력한 대중에게 있다는 것이며 이것이 아마도 궁극적인 현대 조직사회의 소외의 형태일지도 모른다.[22]

---

21) 원책, 291 쪽.

22) J.S. Coleman, *Power and The Structure of Society*, New York: W.W. Norton, 1974.

10. 지식·정보·기술체계의 문제

현대사회와 조직은 지식·정보·기술체계로도 짜여져 있다. 특별히 산업사회가 과학기술을 기반으로 한 사회요, 후기 산업사회가 정보산업을 기반으로 할 사회이기 때문에 지식·정보·기술체계의 구조를 분석하고 그 방향을 제시하는 것은 의의있는 일이다. 지식·정보·기술체계의 문제는 앞서 다른 이념체계와 구조체계와 불가분의 관계를 가지고 있기 때문에 앞서 논의한 문제를 염두에 두고 이 장을 읽어야 할 것이다.

이 장에서는 먼저 지식·정보·기술체계를 거시적 차원에서 보고 학문체계와 교육문제와 연관시켜 다루어 보며, 그 다음은 미시적 차원에서 기술체계의 발전 방향을 제시하고 끝으로 기술체계와 연관되는 조직 체계의 실천적인 대안을 설명하기로 한다.

10·1 학문과 교육체계의 문제——거시적 기술체계의 입장

현대사회에 있어서 지식·정보·기술체계의 문제는 거시적 차원에서 볼 때 학문과 교육체계의 문제라고 볼 수 있다. 현대 산업사회가 구조적 문화를 일으키고 있는 사회적 변동의 과정은 이를 통합시키는 매카니즘의 부족으로 분해의 위기를 맞고 있는 것과 마찬가지로 학문체계는 구조적 분화를 일으키면서도 이를 통합시키는 매카니즘의 결여로 학문체계의 위기를 맞고 있다. 이와 같은 현상은 이미 제 1 장의 머리말에서도 자세히 언급한 바가 있지만 이를 한 마디로 분화 또는 분업으로 인한 위기라고 부를 수 있다.

전문화를 통한 사회분업이 지속되는 과정은 구조적으로 불가피하면서도 분업의 단절성을 새롭게 통합시키고 엮어주는 일반화의 경향이 앞으로의 지식·정보·기술체계의 주도적 흐름이 되어야 한다. 일반화는 전문화를 부정한다는 의미보다는 전문화를 재통합하는 복수전문화(multiple specialization)의 방향으로 해석해야 할 것이다.

일반화 또는 복수전문화를 향한 지식·정보·기술체계의 문제는 거시적으로 보면 학문체계의 구조적 개혁과 교육체계의 재구성을 의미하므로 학문체계에서 일어나는 일반화의 움직임으로서 수평적인 움직임과 수직적인 움직임을 들 수 있다. 수평적인 움직임은 바로 제 1 편에서 언급한 학문 사이의 엇물림체계(interdisciplinary approach)의 정립이다. 이는 평면적 차원에서의 협동으로 이루어지는 것이 아니라 학문의 기본적 공동구조를 발견했을 때 이루어질 수 있다. 자연과학에서는 최종적 환원으로 나타나는 수학적 구조와 논리적 구조의 발견이라고 할 수 있지만 사회과학에서는 환원과정이 바람직하지 않기 때문에 철학이 그 역할을 담당할 수가 없다. 철학이 가치의 기본적 구조를 제공하고는 있지만 지식의 기본적 구조는 제공하고 있지 않기 때문이다. 쟝 삐아제는 학문체계의 기본적 매카니즘으로서 첫째 구조(structure)의 발견을 들고 있다. 그러한 구조의 법칙성을 발견한다면 학문 사이의 대화가 가능하다고 본다. 두번째는 기능화와 가치를 발견하는 문제인데 기능화는 구조화되는 활동(structuring activity)으로서 그 밑바닥에는 가치가 깔려 있으며 그 가치는 도구적 가치와 목적론적 가치가 포함된다. 세번째는 상징의 구

조와 그 의미를 발견해야 한다.[1)]

이상과 같은 세 가지 기본 구조의 발견을 통하여 학문 사이의 연계성을 찾게 되며 이것이 큰 흐름으로 실천될 때 현대사회 교육체계의 구조적 변동이 수반되는 것이다. 현대사회에서 지식과 정보를 생산하는 교육체계에 있어서 대학은 고급지식과 정보의 중심이기 때문에 그 변동의 중심이 되고 있으며 그것은 교양혁명을 통하여 표현되고 있다. 이러한 흐름은 학문체계 전반에 대한 반성인 동시에 현대 산업사회의 지식·정보체계에 대한 반성이기도 하다. 산업사회에서 대학은 지금까지 도구적 역할을 담당하여 왔다. 산업사회가 필요로 하는 각종 기술의 습득을 단기간에 할 수 있는 훈련기관으로서의 역할만을 담당하여 왔고 실제로 산업사회의 기술체계의 추세에 맞추어 새로운 응용학문들이 대학에 들어서곤 하였다. 따라서 대학이 한 사회의 지식·정보·기술체계를 창의적으로 생산하고 발전시키는 본연의 임무를 도외시하고 산업사회의 기술자를 양성하는 양성소로 전락하게 된 것이다.

대학교육이 전문기술교육으로부터 벗어나 교양교육으로 선회하기 시작한 것은 비단 학문체계 자체의 반성 때문만은 아니다. 그것은 산업사회의 조직 안에서의 반성 때문이기도 하다. 즉 현대 산업사회는 전문지식을 가진 대학졸업자를 중심으로 계층이 형성되기 시작했는데 이들이 조직의 지도계층으로 올라가면서부터 전문지식 이외의 지도자로서의 자질을 갖추고 있지 못하다는 실제적 문제에 부딪치게 된 것이다. 조직에서 능력있는 나사못의 역할은 성공적으로 수행하지만 지도자로서의 관리능력이 부족하기 때문에 조직의 능률이 떨어지는 결과가 나타났다. 여기에 각 조직들은 이들을 훈련시키는 교육을 자체에서 개발하기 시작하였고 그것이 유행이 되어 지도자 계발계획을 조직마다 추진하게 되었

1) 장 삐아제 지음(오세철 옮김), 「현대 학문체계와 그 엇물림」, 연세대학교 출판부, 1980.

다. 그러나 지도자 개발은 단기간에 조직 내에서 이루어지기가 어렵고 근원적으로 대학교육이 담당해야 한다는 반성을 하게 된 것이다. 더구나 현대사회의 조직에서 지도자들이 당면하고 있는 문제는 단순하고 독립적인 기술적 문제가 아니라 복잡하고 상호의존적인 조직의 문제이기 때문에 단기간의 훈련을 통해서는 습득하기 어려운 기본적 소양이기 때문이다.

대학의 교양혁명은 지식의 단순전문화 원칙을 깨뜨리는 작업이다. 학과의 의미를 없애고 프로그램 중심의 교과과정을 편성하는 것이다. 프로그램은 바로 주제(theme)가 있는 것으로 현대사회의 문제를 중심으로 다룰 수가 있다. 만일 「인간과 환경」이라는 프로그램이 있으면 그 주제를 놓고 여러 학문의 교수가 협동으로 강의를 진행하게 된다. 그러면 자연스럽게 학문 사이의 엇물리는 체계가 생겨나게 되는 것이다. 주제와 문제를 다양한 시각에서 이해하고 바라보는 눈을 키워주는 곳으로서 대학은 본연의 임무를 담당하게 되며 그러한 과정을 밟아 졸업한 사람들이 실제 조직에 들어가 지도계층이 된다면 조직문제는 예전보다 훨씬 잘 해결될 수 있는 전망이 있다.

교육체계의 구조적 특징은 바로 그 사회의 구조적 특징과 연관되어 있다. 도구적 학문을 중시하는 교육체계가 생기는 이유는 그 사회구조가 도구적 인간이 지배하기 때문이다. 기본 학문의 기초가 단단한 교육체계를 갖고 있다는 뜻은 그만큼 그 사회의 지식·정보·기술체계가 단단한 하부구조를 형성하여 지식·정보사회의 뼈대를 갖추고 있다는 뜻이다. 여기에 바로 한국의 대학교육이 반성할 문제가 놓여 있으며 이 문제를 해결하지 않는다면 미래사회에의 구조적 변동에 대처하기 어렵게 될 것이다.[2)]

2) 「현상과 인식」, 제5권 제3호 1981년, 가을호, 교육특집 「구조적 반성을 통한 우리나라 대학 교육의 새로운 방향 모색」, 1~75 쪽.

다음으로 지식 · 정보 · 기술체계의 문제를 수직적 방향으로 해결하는 길은 무엇인가? 어느 사회의 지식 · 정보체계가 구조적으로 불평등하게 주어지는 것은 계급문화 패러다임(class-culture paradigm)의 입장에서 해석할 필요가 있다. 현대 산업사회에서 지식 · 정보 · 기술체계에 가장 쉽게 접근할 수 있는 사람들은 중 · 상류층에 속해 있기 때문에 상대적으로 하류층에 속한 사람들은 산업사회에서 성공할 수 있는 맥인 지식 · 정보 · 기술에 접근할 기회를 상실하고 있다. '아는 자'와 '모르는 자'의 구분은 전통사회에서뿐만 아니라 현대 산업사회에서도 중요한 계급 구분이며 재산의 소유뿐만 아니라 지식 · 정보 · 기술의 소유가 헤게모니의 지배 역할을 담당하게 되는 것이다. 따라서 하류층은 구조적으로 산업사회의 중심체계로부터 이탈되고 소외되는 경향이 심화되게 된다. 수직적인 지식의 불평등 구조를 해결하는 작업은 사회전반의 제도적 노력이 수반되어야 함은 물론 모든 사람이 가르치고 배우려는 심리적 관계도 형성될 필요가 있다.

지금까지의 논의에서 살펴보면 단순 전문화에 의한 현대사회와 지식체계의 편성 때문에 사람들은 나사못으로 전락하는 무의미를 실감하게 되고 도구적 인간이 될 수밖에 없는 구조 속에 놓이게 되기 때문에 이를 극복하려는 노력이 학교와 교육체계의 구조적 개혁을 통하여 나타나게 되고 그 영향이 곧 산업사회의 실제에 미치게 되는 과정을 필연적인 것으로 보았다. 이러한 사람으로 교육하려는 인간상은 복수전문가 또는 일반 교양인이며 이들은 폭넓고 깊이 있는 안목을 가지고 현대사회의 문제를 이해하며 해결하려는 인간의 모습인 것이다.

10·2 작업구조개편의 문제—미시적 기술체계의 입장

현대 산업사회의 지식·정보·기술체계의 문제를 미시적 입장에서 살펴보면 작업구조의 문제가 된다. 모든 조직구성원이 하는 일은 물론 거시적 사회분업의 구조에 의하여 결정되지만 그 주어진 작업을 어떤 방법으로 편성하고 수행할 것인가 하는 것은 조직의 실천적 문제에 해당하게 된다. 지금까지 우리는 이 편성의 법칙을 분업(division of labor)이라고 불러왔다. 분업은 관료체계의 특성으로도 알려져 있는데 그만큼 구조체계와 연관되어 있음을 말해 주고 있다.

분업이 작업의 능률을 향상시킬 수 있다는 생각은 산업혁명 초기나 현대 산업사회에서나 별로 변하지 않는 철칙으로 여겨져 왔다. 미시적 차원에서 볼 때 분업이 과연 효과가 있는 것인가 하는 점에 의문을 제기한 사람들은 심리학자와 생리학자들이었다. 산업심리학자들도 일을 수행하는 작업자들의 심리적 과정을 오랫동안 지켜보았다. 즉 분업은 반복되는 작업으로 쪼개는 원칙이므로 작업자들은 매일매일 반복되는 일을 하게 된다. 이러한 작업의 반복성은 우선 작업자의 지각과정에서 단조로움을 느끼게 하며 이러한 단조로움은 싫증이라는 감정을 유발시키고 그 감정은 생산성의 저하라는 구체적 행동으로 표현되게 된다. 조직의 입장에서 보면 반복적인 작업의 구조를 편성한 것이 생산성을 향상시키려는 의도에서 나온 것인데 실제로는 생산성의 저하라는 상반된 결과를 가져오게 된 것이다. 여기서 바로 일의 구조 자체에 문제가 놓여 있음을 발견하게 되고 이를 구조적으로 해결하려는 시도가 나타났다고 볼 수 있다. 그러나 대부분의 조직들은 인간의 행동결과를 규제하려는 제도적 장치를 사용함으로써 더욱 조직문제를 심각하게 만들고 있기 때문에 작업구조의 개편이라는 방향도 근래에 들어서 활발해지기 시작한 것이다.

작업의 반복성이 인간행동에 부정적 영향을 미치고 있음을 연구하기 시작한 것은 1960년대 이후의 뇌생리학분야이다. 이들의 연구가 심리학보다 늦은 이유는 뇌에 대한 연구가 전자공학의 발전과 연관되어 있었기 때문이다. 뇌에 전극을 꽂아 정확한 반응을 측정하면서부터 활동화이론(activation theory)은 발전하기 시작하였다. 이들에 의하면 인간의 활동화수준이 자동적 균형장치에 의해 지켜지고 있다는 것이다. 즉 인간은 최적의 활동화수준에 있을 때 가장 성과를 많이 올리며 그 수준이 낮든지 아니면 지나치게 높으면 오히려 성과가 떨어진다.[3]

그런데 활동화수준은 일의 구조에 의해서 영향을 받게 되어 있으므로 반복이전의 정도와 활동화수준과의 관계는 역함수관계가 된다. 따라서 반복되는 일을 하는 사람들일수록 그들의 활동화수준은 떨어지게 되는 것이다. 이 때에 인간은 생리적으로 그 수준을 높이려는 욕구가 있게 되고 결국 작업의 반복성으로부터 도피하려고 한다. 만일 이러한 도피적 행위를 막으려는 통제 장치를 조직에 마련하였다고 하더라도 인간은 눈에 보이지 않는 방법으로 그 수준을 높이는 행동을 하게 될 것이다. 이와 같은 뇌생리학의 연구는 역시 작업구조에 근본적 문제가 있음을 상기시켰고 최적의 활동화수준을 만족시키는 작업구조를 찾으려는 움직임을 촉진시켰다고 볼 수 있다.

이상과 같이 심리학과 생리학의 연구들은 반복적 작업의 구조 속에 놓여 있는 인간이 바람직한 행동을 못하게 되고 결국 그것이 인간 자신에게나 조직에게나 부정적 결과를 가져다 줌을 경험적으로 증명해 주

---

3) W.E. Scott, Jr., "Activation Theory and Task Design", *Organizational Behavior and Human Performance*, 1966, 1, 3~30쪽.

었다. 그러면 어떻게 단순전문화로 인한 작업의 경직적 구조를 깨뜨리고 새로운 작업구조를 설계할 수 있겠는가? 물론 이러한 노력은 대학에서 교과과정의 개혁으로 나타날 수도 있다. 그런데 실천적 측면에서 이러한 작업을 체계적화하기 시작한 것은 산업조직이었다. 우리는 이러한 계획을 가리켜 직무충실화계획(job enrichment program)이라고 부른다. 이들의 이론적 모형을 그리면 아래와 같다.[4)]

〈표 10—1〉 핵심 직무차원, 주요 심리상태, 직무성과와의 관계

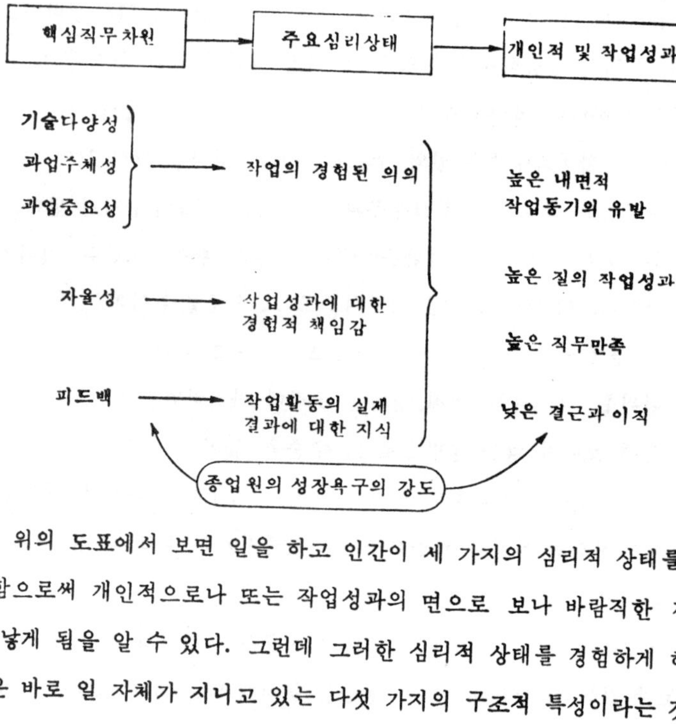

위의 도표에서 보면 일을 하고 인간이 세 가지의 심리적 상태를 경험함으로써 개인적으로나 또는 작업성과의 면으로 보나 바람직한 결과를 낳게 됨을 알 수 있다. 그런데 그러한 심리적 상태를 경험하게 하는 것은 바로 일 자체가 지니고 있는 다섯 가지의 구조적 특성이라는 것이다. 한 가지 기술이나 지식만으로는 의미를 찾을 수 없으며 일의 시작과

4) J.R. Hackman, G. Oldham, R. Janson and K. Pundy, "A New Strategy for Job Enrichment", in H.J. Leavitt, L.R. Pondy and P.M. Boje(eds.), *Readings in Managerial Psychology*(3rd ed.), 1980, 82쪽.

끝을 모르고서는 역시 의미를 찾을 수 없다. 보기를 들면 어떤 공장의 직공은 정년퇴직할 때까지 자기 회사에서 무엇을 만드는지를 몰랐다고 한다. 또한 자기가 하는 일이 다른 사람·사회·세계를 위하여 얼마나 중요한 것인가를 느끼지 못한다면 일의 의의를 찾기 어려울 것이다.

다섯 가지의 작업구조의 특성들은 모두 일하는 사람으로 하여금 스스로 하게 하는 동기유발요인이기 때문에 이들을 통하여 일에 대한 잠재동기유발점수(Motivating Potential Score)를 계산할 수 있다. 이는 다음과 같이 계산된다.

$$MPS=\left[\frac{기술다양성+과업주체성+과업중요성}{3}\right]\times 자율성\times 피드백$$

그런데 이러한 인과관계는 모든 사람에게 적용되는 것이 아니라 개개인의 성장욕구의 크기에 따라 달라진다. 말하자면 개인적으로 볼 때 그러한 욕구가 강한 사람은 일의 특성에 맞추어 바람직한 결과를 만들어내지만 성장욕구가 낮은 사람은 오히려 반대의 결과를 가져올 수도 있음을 알아야 한다. 그러면 이러한 모형은 실제 어떻게 이용할 수 있겠는가? 첫째는 과업을 묶어야 한다. 즉 지금까지 분화되어 있는 과업들을 한꺼번에 모아놓고 새롭고 더 큰 일의 모듈(module)을 만드는 것이다. 그 단위가 자연히 커지게 되면 팀(team)의 운영이 필요하게 된다. 두번째는 자연적인 작업단위를 만드는 것이다. 보기를 들어 타자수가 합동으로 있는 경우 부서에 관련 없이 무작위로 작업을 할당받게 되는데 이는 과업의 주체성을 상실하게 만든다. 따라서 소유의식을 가지고 계속적 책임 아래 일을 할 수 있도록 작업을 재편성할 필요가 있다. 세번째는 고객과의 관련성을 맺도록 하는 것이다. 이는 작업자와 고객과의 대인적 접촉을 가능하게 한다. 네번째는 수직적 일의 부과로서 일의 수행과 계획 및 통제가 스스로 연결되도록 하는 것이다. 다섯번째는 피드백 경로를 공개하는 것이다.

이상과 같은 실천원칙과 이론적 모형과를 연결시키면 다음과 같다.

〈표 10—2〉 이론과 실천의 결합모형

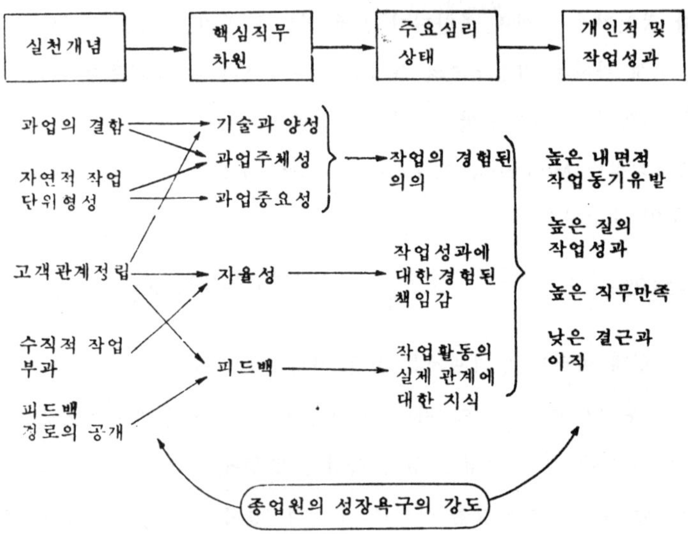

그런데 이와 같은 직무충실화 계획은 거시적 구조의 측면에서 보았을 때 관리계층이나 정신노동자에게만 효과가 있을 수 있다는 비판을 면하기 어렵다.[5] 왜냐하면 육체노동자들이 하는 작업은 우선 기술적 제약 때문에 과업구조를 혁신할 수 있는 가능성이 상대적으로 적으며 또한 그들은 계급으로부터 빚어지는 소외를 더 큰 문제로 생각하기 때문이다. 그러니까 과업구조의 개편만으로는 근원적 소외를 극복할 수 없기 때문에 앞 장에서 논의한 권력평등의 구조적 개편이 함께 이루어져야 보다 바람직한 결과를 얻을 수 있을 것이다.

이 절에서는 끝으로 작업설계를 사회적 정보이론의 관점에서 결합

5) C.L. Hulin and M.R. Blood, "Job Enlargement, Individual Differences and Worker Responses", *Psychological Bulletin*, 1968, 69, 41~55쪽.

〈표 10—3〉 사회정보이론의 관점에서 본 과업설계[6]

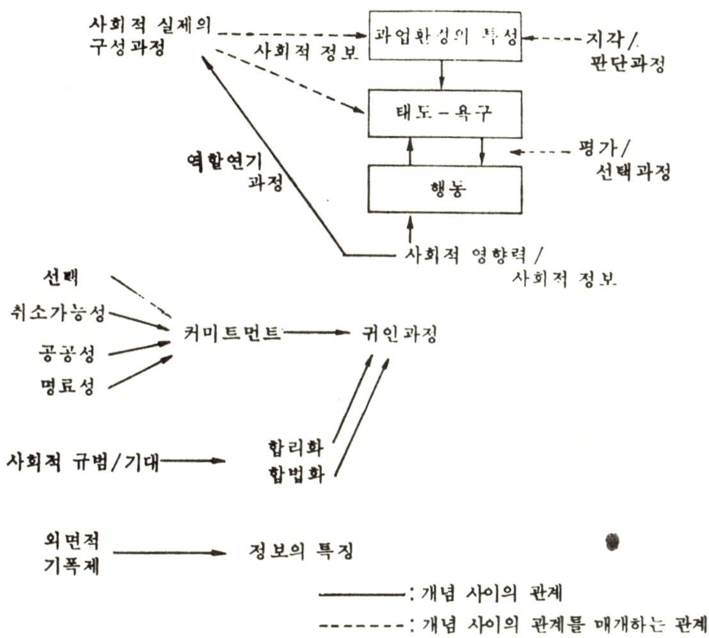

시키는 모형을 설명하면서 끝맺기로 한다. 이 모형은 인지심리학과 상징적 상호작용이론의 결합이라고 볼 수 있다.

10·3 기술체계와 구조체계의 관계

지식・정보체계의 개념보다 기술체계의 개념은 좁은 의미로 쓰여진다. 기술(technology), 과업환경(task environment), 환경(environment)을 구분하지 않고 사용하는 학자들도 있으나 대체로 기술은 조직이 사용하는 투입물, 변환과정 및 산출물을 포함한다. 그런데 학자들에 따라 원료를

6) G.R. Salansik and J. Pfeffer, "Social Information Processing Approach to Job Attitudes and Task Design", *Administrative Science Quarterly*, 1978, 23, 224~253 쪽.

〈표 10—4〉 기술척도의 분류

기술의 국면	정보처리의 단계		
	투입	변환과정	산출
원료	투입물의 획일성 (Litwak, 1961) 원료의 견고성 (Rushing, 1968) 자극의 다양성 (Perrow, 1970)	예외의 수 (Perrow, 1970) 구성요소의 상호 변경 가능성 (Racknam & Woodward, 1970)	주요프로젝트변화 (Harvey, 1968) 동질화 대 개인화세팅 (Wheeler, 1966) 산출물의 다중성 (Pugh et al., 1969) 산출물의 관례화 (Pugh et al., 1969)
조작	투입물의 사전처리, 암호화, 다듬기 (Thompson 1967)	기술과정의 복잡성 (Udy, 1959· Woodward, 1965) 작업 흐름의 통합 (Pugh et al, 1969) 작업의 일상성 (Hage & Aiken, 1969) 기계의 자동성 (Amber & Amber, 1962) 작업 단위의 상호의존성 (Thompson, 1967)	재고저장, 배급을 통한 산출물의 통제 (Thompson, 1963) 제조의 부가가치
지식	예측가능성 (Dombush & Scott, 1975) 공급 변동의 기대 (Thompson, 1967)	인과관계의 지식 (Thompson, 1967) 탐구과정의 분석 가능성 (Perrow, 1970) 처리된 정보에 비교되는 과업을 수행하는데 필요한 정보 (Galbraith, 1973)	명확한 피드백의 시간 간격 (Lawrence & Lorsch, 1967) 수요 변동의 기대 (Thompson, 1967)

강조하든지 기법을 강조하든지 또는 조직구성원의 지식정도를 강조하는 경우가 있다. 스코트는 이러한 기준에 따라 기술개념을 위과 같이 정리하고 있다.[7]

위와 같은 분류에 따라 기술개념을 다양하게 정의할 수 있으나 모든 기술개념은 적어도 세 가지 차원을 가지고 있다고 본다. 첫째는 기

7) W.R. Scott, 앞책, 210 쪽.

술의 복잡성 또는 다양성(complexity or diversity)이며, 두번째는 불확실성 또는 예측불가능성(uncertainty or unpredictability)이고 세번째는 상호의존성(interdependence)이다. 이와 같은 기술의 차원은 바로 조직의 구조를 결정짓는 요인으로 간주하고 있다. 스코트는 기술과 구조의 관계를 다음과 같이 제시하고 있다.[8] 첫째, 기술복잡성이 크면 클수록 구조적 복잡성이 커진다. 기술적 다양성에 상응하는 구조적 반응은 조직분화이다. 둘째, 기술적 불확실성이 크면 클수록 형식화(formalization) 및 권한집중의 정도가 낮아진다. 세째, 기술적 상호의존성의 정도가 크면 클수록 보다 많은 자원이 조정되어야 한다. 톰슨은 조정(coordination)의 유형을 상호의존성의 종류에 따라 제시하고 있다. 한꺼번에 합쳐진 상호의존성(pooled interdependence, 일이 최종적 목표하고만 연결되어 있을 경우)의 경우에는 표준화(standardization)가, 순서적 상호의존성(sequential interdependence)의 경우에는 계획이나 일정계획이, 순환적 상호의존성(reciprocal interdependence)의 경우에는 피드백을 통한 상호조정(mutual adjustment)의 사용이 요구된다고 말하고 있다.

결국 기술과 구조의 관련은 필연적으로 같은 방향으로 작용하기 때문에 구조체계가 관료체계를 극복하는 방향과 기술체계가 복잡성과 상호의존성으로 나아가는 방향과 엇물려 있다고 볼 수 있다. 이와 같은 방향으로 기술체계가 움직인다면 자연히 조정매카니즘도 그와 같은 방향으로 개편되지 않을 수 없다. 비교적 기술체계가 단순할 때 조직들은 규칙이나 성과계획, 일정계획, 부문화(departmentaliaztion), 서열(hierarchy) 같은 조정매카니즘을 사용하지만 기술의 복잡성, 불확실성, 상호의존성이 증가함에 따라 권한위양, 사용하지 않는 자원(slack resources)의 창조(성과의 수준을 낮춤으로써 정보처리요구를 감소시키는 방법), 스스로 포함되

8) 윗책, 212쪽.

는 과업(self-contained tasks, 서로 연관된 과업은 같은 작업 단위에 놓는 방법: 제품별 부문화 등)의 창조, 부속서열(augmented hierarchies, 예를 들면 보좌역)의 창조, 또는 수평적 연결조직(lateral connections)의 창조 같은 방법을 사용하게 된다.

특별히 수평적 연결조직의 창조는 고도의 복잡성, 불확실성, 상호 의존성을 지니는 기술을 다룰 때 발생하는 정보처리요구를 다루는 조정매카니즘으로서 조직의 구조를 신축적으로 만드는 원인이 되고 있다.[9] 이 방법들을 다시 세분하면, 첫째 직접 접촉방법으로 연관된 작업집단 또는 부서의 구성원끼리 직접 정보를 연결하도록 하는 장치로서 전경로의 망(all-channel network)의 형태를 띠게 되고 바로 이것이 구조체계에서 언급한 유기적 체계의 형태가 된다. 두번째는 연결역할(liaison roles)의 사용으로서 부서를 연결시키는 전문 지위나 단위를 두어 갈등해결을 담당하게 하는 방법을 말한다. 세번째는 특별과업반(task forces)의 사용으로 특정한 문제나 프로젝트를 해결하는 잠정적 집단을 의미하는데 이는 기존서열과 병행하여 사용할 수도 있다. 네번째는 프로젝트 팀(project teams)의 사용으로 조직의 일상작업의 부분을 담당할 사람들을 모든 부서를 망라하여 재조직한 형태를 말한다. 마지막으로 다섯번째는 매트릭스 조직(matrix organization)을 들 수 있는데 이는 조직의 거의 대부분의 또는 모든 일이 프로젝트 팀의 교대식으로 이루어지는 조직형태를 말하는데 정보와 권한이 수직적 및 수평적으로 동시에 작용하는 특징을 지니고 있다. 이 조직형태의 보기를 들면 〈표 10—5〉와 같다.

그런데 기술체계와 구조체계를 연결시키는 학자들은 대체로 몇 가지 가정을 숨기고 있는데, 첫째는 의사결정의 합리성이며, 둘째는 기술이 구조를 결정한다는 생각이고, 세째는 기술과 구조의 관계가 조직내부의

---

9) 윗책, 218~221쪽.

〈표 10—5〉 매트릭스 구조 : 우주기관의 로케트 부서[10)]

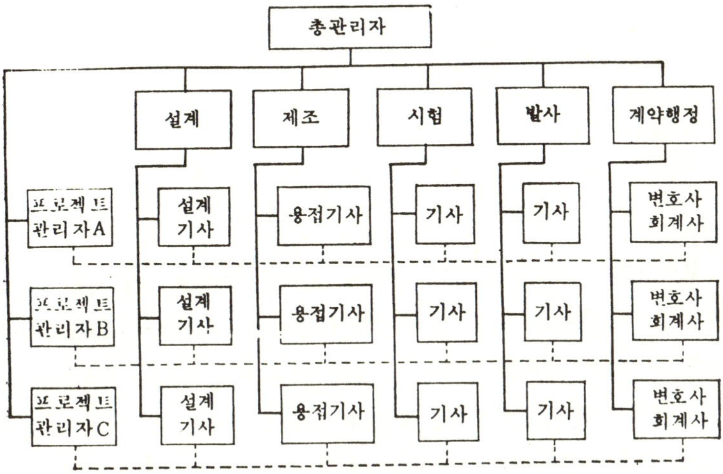

힘에 의해 결정된다는 것이다. 그러나 이러한 세 가지 가정은 사실상 그 반대의 현상, 즉 구조배열이 종업원의 선호에 따라 작용한다든지, 기술은 사회구조에 의해 정해진다든지, 환경의 압박으로 특정한 기술과 구조를 형성하게 된다든지 하는 현상이 발생하기 때문에 획일적인 가정을 가질 수가 없는 것이다.

어쨌든 기술체계와 구조체계는 상호작용을 하면서 구조의 복잡성을 가중시키고 있다. 이러한 흐름은 바로 이념적으로 관료체계를 넘어서는 변혁과 아울러 현대사회의 조직이 현실적으로 당면하고 있는 기술체계 자체의 속성이기도 한 것이다. 따라서 단순한 분업의 논리나 서열의 논리만으로 현대사회의 기술과 구조의 문제를 다룰 수 없는 것은 당연한 사실이다.

10) 윗책, 221 쪽.

11. 심리사회체계의 문제

현대사회와 조직의 구조의 네번째 중요한 문제는 심리사회체계의 문제이다. 이 문제도 지금까지 분석한 이념체계·구조체계·기술체계의 구조와 불가분의 관계를 가지며 그 방향 역시 민주적이고 신축적인 체계로 나아가야 한다는 보편적인 흐름과 맥을 같이 하고 있다. 이 장에서는 우선 현대 산업사회의 심리사회체계를 거시적으로 살펴본 다음 미시적 입장에서의 사회적 영향력, 대인관계구조와 지도성의 문제를 분석하고 끝으로 미시적 체계와 거시적 체계를 연결시키는 문제로서 지위불일치 현상과 대면(face to face)작용의 구조적 관계를 설명하고자 한다.

11·1 거시적 심리사회체계——권위주의의 문제

이미 제 2편 제 2장에 프로이트 심리학의 의미를 다룰 때 권위주의 성격에 대한 논의를 간단하게 한 적이 있는데 권위주의 성격이 산업사회의 산물임을 지적한 바 있다. 현대 산업사회가 획일적 이념체계, 경직적 구조체계 그리고 일상적 기술체계로 움직이고 있다면 그 심리사회체계는 이와 연관되는 일방적이고 수직적 심리구조를 지니게 마련이다. 이는 특별히 권력을 지닌 계층과 권력을 지니지 않은 계층 사이에 맺어지는 깊숙한 심리구조의 문제로서 그 단계가 권위주의적이 된다는 의미이

〈표 11—1〉 권위주의적 성격의 특징

요소	마슬로우의 견해[1]	아도르노[2]와 브라운[3]의 견해
세계관	세계는 위험하다 인간은 악하고 이기적이다	투사(projectivity)
계 층	우월과 열등에 의한 개인차	
우월·열등의 일반화	지나친 일반화	
권력추구	사람을 지배하려는 이기적 권력추구	권력과 완고
적대감·증오 및 편견	특정집단에 대하여	파괴성과 시니시즘(cynicism)
판 단	지위, 돈 같은 힘의 외면적 표시	
가치척도	단일가치척도	전통주의
동일시	위약과 친절, 잔인과 강인을 동일시	미신과 고정관념
인간 이용의 경향	도구, 목적을 위한 수단	
가학, 피학 경향	있다	권위주의적 굴종과 공격
만 족	끝까지 만족하지 않는다	
죄의식과 갈등 있다		
기 타		반성찰주의, 성, 경직성, 모호성을 참지 못함

다. 우선 권위주의적 성격의 특징을 윗 표에서 자세히 살펴보고 권력계

1) A.H. Maslow, "The Authoritarian Character Structure", *Journal of Social Psychology*, 1943, 18, 401~411쪽.
2) T.W. Adorno, Frenkel-Brunswik, E., Levinson, D.J. and Sanford, R.N. (eds.) 앞책, New York: Norton, 1969.
3) R. Brown, *Social Psychology*, New York: The Free Press, 1968, 477~546쪽.

층의 특성과 피지배계층의 특성이 어떻게 연관되어 있으며 순환적 작용을 하는가를 분석하기로 한다.

지배계층이 가진 심리적 구조는 권위주의적 공격성이며 피지배계층이 가진 심리적 구조는 권위주의적 복종이다. 또한 이들은 서로 엇물려 순환되는 특성을 지니고 있다. 즉 양쪽계층은 서로 핑계를 대는 합리화의 심리구조를 가지고 있는 것이다. 지배계층은 자기들의 권위주의적 공격성을 정당화하기 위하여 피지배계층의 특성이 권위주의적 복종이라는데 핑계를 대고 그러한 복종심리를 만족시키기 위하여는 공격성이 불가피하다고 주장한다. 반면에 피지배계층은 자기들의 권위주의적 복종경향을 정당화하기 위하여 지배계층의 공격성이 항상 존재하는 것으로 간주하고 그와 조화를 이루기 위하여는 복종이 불가피하다고 본다. 이러한 순환적 심리구조 때문에 권위주의적 관계는 좀처럼 극복되기 어려운 것이다. 또하나의 순환성은 계층 사이의 순환성이 아닌 계층 안에서의 순환성인데 이는 바로 권위주의적 성격의 특성이 양가성(ambivalence)에 있기 때문이다. 즉 지배계층은 공격성뿐만 아니라 스스로 복종성향도 가지고 있고 피지배계층은 복종성뿐만 아니라 공격성도 가지고 있기 때문에 계층 또는 한 사람 안에서 두 가지 경향이 공존적 순환을 일으키고 있는 것이다.

권위주의적 관계는 사회구조의 특성뿐만 아니라 오랫동안의 사회화 과정의 산물이다. 권위적 인물에 대한 아랫사람들의 감정이 공포(fear)를 전제로 한 애정으로 형성되어 있다면 바로 그것이 애증의 공존현상이다. 존경으로부터 나오는 애정과 두려움으로부터 나오는 애정은 구분되어야 한다. 따라서 현대 산업사회의 지배·피지배 관계의 구조가 두려움을 바탕으로 하고 있다면 그 사회는 권위주의적 사회이며 그러한 심리사회체계는 건전하지 못한 병든 심리구조라고 볼 수 있다.

11·2 미시적 심리사회체계(1)——집단에서의 사회적 영향력

앞 절에서는 거시적 입장에서 현대 산업사회의 심리사회체계가 권위주의적 구조를 지니고 있음을 지적하였는데 이러한 심리사회적 관계는 미시적 차원에서 보면 집단 내에서의 사회적 영향력의 관계로 표현된다. 집단 내에서의 사회적 영향력 이론은 독립변수로서 권력·영향력 권한을 들고 있으며 종속변수로는 순응·복종·저항을 들고 있다. 권력과 순응이라는 개념의 근본적 차이는 영향력을 행사하는 쪽과 영향력을 받는 쪽 중에서 어느 한쪽의 입장을 강조한 데서 비롯된다.

사회적 권력은 개인 상호간에 발생하는 모든 과정과 동시에 발생하는 것으로서 이에 대한 논쟁은 다음과 같은 것들이다. 첫째, 권력이란 잠재적 영향력인가, 아니면 실제적으로 일어나는 현상으로서의 영향력인가, 아니면 두 가지를 모두 포함하는 것인가? 둘째, 권력이란 강제력과 구별이 되는 것인가? 세째, 권력관계에 있어서 갈등관계란 필연적 조건이 되는가? 네째, 권력의 원천이 표적에 의도적으로 영향을 미치는가?

베버와 블라우의 권력개념에 의하면 권력의 행사는 불가분 저항과 갈등을 불러일으키는 것이 된다. 「권력은 그것이 무엇에 기반을 두고 있든지 상관없이 사회적 관계내에서 어떤 행위자가 행위를 할 때 거기에 대한 저항을 억누르며 자기 자신의 의지를 관철하는 지위에 놓일 수 있는 가능성을 의미한다.」[4] 「개인 혹은 집단이 그들이 의도하는 바를 다른 사람에게 부과하고 다른 사람이 이에 저항하려는 것을 저지하기 위해서

---

4) M. Weber, *The Theory of Social and Economic Organization*, trans. by A.M. Henderson and T. Parsons, New York: The Free Press, 1964, 152 쪽.

정규적으로 공급하는 보상을 중단하거나 처벌과 같은 부정적 규제를 통하여 의지를 관철할 수 있는 상태를 말한다.」[5] 다른 사람들도 권력 혹은 영향력을 개인 상호간의 인과과정이란 용어를 빌어 정의를 내리고 있다. 라스웰과 카플란은 「권력이란 영향력 행사의 특수한 한 형태이다. 권력은 타인의 정책에 영향을 미치는 과정으로서, 의도된 정책에 대한 비순응을 완전히 제거하는 것과 같은 과정이 보조적으로 따른다.」[6]라고 하고, 달(Dahl)은 「권력이란 사람들 사이의 관계이며, A가 B로 하여금 어떤 일을 하게 하도록 할 수 있는만큼 A는 B에 대해서 권력을 갖고 있다」고 본다.[7] 최근에 호만스는 다음과 같이 권력을 재정의 내리고 있다.

> A가 여러 행위의 대상을 비교하여 특정한 행위를 함으로써 그것이 B에게 보상을 하고, 거기에 따라 A가 받는 보상이, B가 어떤 행위를 하여 A에게 보상하고 그렇게 함으로써 B가 받는 보상보다 적을 때 그리고 이러한 사실이 최소한도 B에게 지각되는 한, B는 결과적으로 A에게 더욱 호의적인 행동을 하게 될 것이고 따라서 A는 B에게 권력을 행사하는 것이 된다.[8]

사회적 영향력은 개인에 의해서 유인된 개인의 변화를 의미한다. 이러한 현상은 집단의 성원이 서로 심리적 몰입을 하고 있는 경우에 나타난다. 이는 본질적으로 개인 상호간의 인과과정이다. 그러나 영향력을 행사하는 주체는 개인·집단·규범·역할일 수가 있다. 이러한 의미에서 볼 때 영향력으로서 집단압력은 순응을 훨씬 넘어선 동기부여요소라고 볼 수 있으며 집단압력이란 개인이 다른 사람의 기대를 충족시키도록 하는 심리적 동력이라 볼 수 있다. 이러한 압력은 어느 개인이 소속하고 있는 집단의 규범에 의해 지시되는 개인의 역할 또는 행동과 관

5) P.M. Blau, *Exchange and Power in Social Life*, New York: Wiley, 1964, 117쪽.
6) H.P. Lasswell, and A. Kaplan. *Power and Society*, New Haven: Yale Univ. Press, 1950, 76쪽.
7) R.A. Dahl, "The Concept of Power", *Behavioral Science*, 1957, 2, 201~208쪽.
8) G.C. Homans, *Social Behavior: Its Elementary Forms*, Harcourt Brace Javanovich, Rev. ed., 1974, 83쪽.

련된 개인에 대한 다른 사람의 기대를 포함한다.

순응이란 그것이 개인 혹은 집단, 어느 경우에 적응되더라도 영향력행사 과정에서 종속변수로 인식된다. 그러나 순응을 과정의 문제로서 보거나 혹은 효과의 한 형태로서 보는 시각은 명확하게 구분될 수는 있다. 순응을 과정으로 볼 때, 이는 행동을 유발하는 동기로 여겨질 수 없다. 그렇게 함으로써 우리는 개인의 심리적 상태를 연구할 수 있는 것이다. 집단의 압력이 구체적 존재상태이든 막연한 가상적 상태이든지 상관 없이 그 결과로 인해 발생한 개인의 집단에 대한 행동 혹은 신념체계의 변화가 순응이다.[9] 순응은 두 가지로 나누어지는데 굴종과 개인적 수락이다.

굴종은 표면에 드러난 행동으로 집단이 집단의 성원에서 요구하는 행동의 양식을 개인이 그대로 따르는 상태이며, 개인적 수락은 집단의 태도와 신념의 방향으로 개인의 태도와 신념이 변화되는 것을 나타낸다. 순응개념은 두 가지 가정을 전제로 하고 있는데, 개인은 집단의 규범(혹은 기대)을 인지하고 있으며, 개인이 이런 규범과 조화되는 행동을 하는 것은 바로 순응을 한 것이라고 본다는 것이다. 규범은 그 필요성 때문에—혼란 속에서 명료성을 찾고, 상호작용을 증진시키며 행동의 모든 측면에 대해 의사결정을 해야 하는 번거로움을 개인에게 덜어주기 위해서—발현된다. 따라서 규범은, 그것이 불명확성을 가져오고 상호작용의 과정에 장애가 되고, 집단 혹은 사회성원의 대부분에게 부담이 된다면 지속할 수는 없는 것이다. 사회적 규범은 사회적 규제를 통해서 유지되는데, 다시 말하면 규범을 지키지 않았을 경우에는 처벌을 통하여 이를 따르고 복종하였을 경우에는 보상을 줌으로써 유지된다.

---

9) C.A. Kiesler. and S.B. Kiesler. *Conformity*. Addison-wesley. 1970. 2쪽.

영향력과 순응의 단계를 명확하게 하기 위하여, 정보에 의한 영향력과 규범적인 영향력을 구분할 필요가 있다. 「규범적인 사회적 영향력은 사회성원으로 하여금 다른 사람의 긍정적인 기대에 순응하도록 하는 영향력을 의미하며 정보에 의한 순응은 사실에 대한 자료를 다른 사람으로부터 얻었을 때 이를 받아들이도록 하는 영향력을 의미한다.」[10] 정보에 의한 영향력은 공공적인 순응과 개인적 수락을 불러 일으킬 가능성이 크지만, 규범적 영향력 아래에서는 공공적인 순응은 따라도 평가나 평가기준에 대한 개인적 수락이 결여되기 쉽다. 카트라이트는 '영향력을 행사하려는 시도에 대한 반대'와 '영향력을 행사하려는 시도가 불러 일으키는 저항'은 구분되어야 한다고 다음과 같이 말한다.

> 직장이 부과한 직무를 어떤 작업자가 거부한 경우를 생각해 보자. 그 이유로는 작업자가 부과된 직무를 싫어할 수도 있고, 직장이 자기에게 직무를 부여할 권한이 없다고 작업자는 생각할 수도 있다. 전자의 경우에는 직장이 영향력을 행사하려 했던 시도에 대해, 그것에서 비롯되는 행동을 작업자 자신이 평가하여 보고 그에 대항하는 상태이고, 반면에 후자는 직장의 행위 그 자체가 저항을 불러일으킨 상태이다. 권력에 의존하는 기반이 P에게 부정적 가치를 가질 경우에 저항은 발생하게 된다. 그러므로 O가 P에게 행사하려는 영향력이 강제적 성격을 띠고, P가 이를 비합법적인 것이라고 인식하게 되는 경우 및 P가 O를 싫어하거나 신뢰하지 않을 경우에 P는 저항을 받게 된다.[11]

콜린스와 라벤은 소집단 내의 사회적 영향력 및 권력에 대한 사회심리학 이론을 다음과 같이 정리한다.[12] ① 프로이트 이론 및 정신분석이

---

10) M. Deutch, and H.B. Gerad, "A Study of Normative and Informational Social Influences upon Individual Judgment", *Journal of Abnormal and Social Psychology*, 1955, 51, 629～36쪽.

11) D. Cartwright, "Influence, Leadership, Control", *Handbook of Organizations*, ed. by J.G. March, Chicago: Rand McNally, 1965, 34쪽.

12) B.E. Collins, and B.H, Raven, "Group Structure: Attraction, Coalitions, Communication, and Power", *The Handbook of Social Psychology*, vol. Ⅳ, eds. by G. Lindzey and E. Aronson, Addison-Wesley, 1968, 102～204쪽.

론, ② 강화이론(reinforcement), ③ 사회적 교환이론, ④ 마당(field)이론이 이에 해당한다. 정신분석적 접근에 대해서는 다음과 같은 몇 가지 특징을 요약한다. 첫째 권력관계를 의식이 깨닫지 못하는 상태로 파악하고, 둘째 권력과 영향력을 방어기제로 이해한다(예를 들면, 가해자와의 동일시 현상 같은 것을 들 수 있다). 세째 권력관계는 육아방법과 연관성이 있는 것으로 보며, 네째 지도자 혹은 권력자와의 동일시 현상을 영향력을 행사할 수 있는 원천으로 생각하고, 다섯째 권위주의를 성격적 특성으로 보며, 여섯째 영향력을 행사하는 주체에 대해서 갈등적인 태도를 보이며, 일곱째 권력 혹은 굴복의 필요성을 기본적인 정신역학적 매카니즘과의 관계 내에서 해석하려고 한다는 것이다.[13)]

사회적 영향력에 대한 강화이론은 학습이론을 통해서 분석하려고 하는 이론체계이다. 마취(March)의 영향력의 결정이론은 학습이론의 체계를 강하게 시사하고 있다. 그의 분석에 따르면 영향력 행사란 그 영향력을 수용하는 입장에서는 이를 깨닫지 못하는 가운데 일어난다는 결론을 얻을 수 있다. 따라서 영향력을 받고 있다는 것을 의식하지 못하는 사람은 이에 대해 저항을 할 수 없는 위치에 있게 된다. 사회적 교환이론으로 사회적 권력현상을 설명하려는 시도는 티바우트와 켈리 및 호만스에게서 찾아볼 수 있다. 티바우트와 켈리는 두 개의 pay-off matrix를 통해서 이를 설명한다.[14)] B가 어떤 행위를 하든 상관없이 A가 자기의 행동을 선택함으로써 B의 행동결과에 영향을 미칠 수 있는 경우 A는 B를 결정적으로 통제하고 있다(101쪽). 그리고 만약 A가 자신의 행동을 변화시켜 B가 그에 따른 행동의 변화를 타당하다고 여긴다면 A는 B의 행동을 통제하고 있다고 말할 수 있다(107쪽). 그리고 이어서

13) 윗글, 161쪽.
14) J.W. Thibaut and H.H. Kelley, *The Social Psychology of Groups*, New York: Wiley, 1959.

행사가능 권력이라는 개념을 도입하고 있다. 이것의 의미는 A가 B의 행위를 통제하는 정도는 A가 a_1 혹은 a_2중 하나를 선택함으로써 그에게 발생하는 비용의 감소함수가 되는 것을 말한다(107쪽). 즉 권력의 소유자가 타인에게 제공하는 만족감의 함수로서 권력을 이해하였다.

호만스는 티바우트와 켈리의 이론체계를 발전시켰는데 권력이란, 그 의미가 명시적이든 혹은 암시적이든지 간에 어떤 형태의 교섭을 의미한다. 따라서 권력현상의 분석은 pay-off matrix에 의해서 밝혀질 수 있고, matrix는 권력의 양면에 모두 어떤 보상의 값을 나타내고 있어야 한다고 보았다.[15]

콜린스와 라벤은 마당이론에 의한 사회적 영향력 보수의 특징을 다음과 같이 기술한다.

> 마당이론에 의한 사회적 영향력의 이론적 정의로 다음과 같은 특성을 갖는다. ① 심리학적 정의—사회적 영향력 관계는 이에 관련된 사람을 통해서 존재하는 형태로 정의된다. ② 역동적 분석—명시적이든 암시적이든 마당이론에 의하면 효과적인 영향력은 인간내면의 긴장이나 욕구에서 비롯되는 것이다. 따라서 영향력을 행사하려는 시도에 따라 일어나는 변동과정은 이와 같은 긴장을 최소화시키려는 방향으로 일어난다…. 대체로 영향력은 그것을 수용해 나가는 개인 P의 관점에서 분석이 된다. 그러나 마당이론을 철저하게 적용시켜 이와 같은 영향력 과정이 진행되는 상황을 이해하기 위해서는 영향력을 행사하는 주체의 심리적 마당(field) 및 어떤 요소가 특정한 영향력 행사를 불러일으켰는가에 대해서도 고려해야 한다. 따라서 권력을 상호영향력 관계로서 분석하여, 영향력을 행사하는 주체인 O가 동시에 영향을 받고 있는 과정도 밝히는 것이 마당이론의 특성이 되고 있다.[16]

이상에서 살핀 바와 같이 사회적 영향력의 기본적 특성은 교환작용(reciprocity)에서 찾을 수 있다. 상호작용 및 상황적 요인에 관한 이론체계는 사회적 영향력 상황이라는 현상을 전체적으로 이해하기 위해서 필

15) G.C. Homans, 앞책, 87쪽.
16) B.E. Collins, and B.H. Raven, 앞글, 165~66쪽.

수 불가결한 것이다.

그러면 사회적 영향력 과정에 작용하는 변수들은 어떠한 것이 있는지 살펴보기로 하자. 우선 영향력 및 권력의 원천에 대한 몇 가지 이론을 보면 다음과 같다. 베버는 권위의 원천에 따라 복종의 형태를 분류하고 있다.

> 합법적 권위에서는 법적으로 이룩된 비인격적 질서에 의해서 복종이 일어나고, 전통적 권위에 의한 복종도 전통적으로 용인된 권위를 갖는 지배자를 향하여 일어난다. 카리스마적 권위의 경우에, 복종은 카리스마적 자질을 갖춘 지도자에 대한 또는 그가 제시하는 것에 대한 개인적 신뢰로부터 출발한다.[17]

프렌취와 라벤의 분류는 광범위하게 사용된다.

> P에 대한 O의 권력기반은 다음 다섯 가지로 분류될 수 있다. a) O는 P가 받는 보상을 중개할 수 있는 능력을 갖고 있다고 P가 지각한 경우의 보상권력(reward power), b) O가 P를 처벌할 수 있는 중개능력을 갖고 있다는 사실을 P가 지각한 경우, 자기에 기초한 강제권력(coercive power), c) O가 P의 행위를 지시할 수 있는 합법적 권한을 소유한다는 사실을 P가 지각하여 이것이 권력의 원천이 된 합법적 권력(legitimate power), d) P가 O를 동일시했을 때, 이에 근거한 지시권력(referent power), e) O가 소유한 전문지식 및 그의 노련성을 P가 지각한 상태에서 출현하는 전문성권력(expert power)으로 분류한다.[18]

그러나, 콜린스와 라벤은 그 후 위의 다섯 가지 유형에, 정보에 의한 권력(informational power)을 추가하고 있는데 정보에 의한 권력의 가장 중요한 특성은, 이것이 권력의 원천으로부터 사회적으로 독립적인 관계에 놓여있다는 것이다. 정보에 의한 권력은 인지적 요인에 기본적인 변화가 생겼을 경우의 산물이다. 이 때 중요한 것은 영향력을 미치는 주체

---

17) M. Weber, 앞책, 328쪽.

18) J.R.P. French, and B. Raven, "The Bases of Social Power", In *Group Dynamics*, eds. by D. Cartwright and Zander, A., New York: Harper & Row, 1968, 263쪽.

의 본질이 아니라, 의사소통의 내용인 것이다.

파아슨스는 사회체계 내에서 유인과 금전은 적응의 기능을 갖고, 억제 및 권력은 목표달성의 기능을 가지며, 설득 및 영향력은 통합의 기능을 갖고 참가의 활성화는 유형유지의 기능을 가지고 있다고 보아 기능과 권력유형을 연관시키고 있다.[19]

그런데 영향력행사 시도의 유효성에 영향을 미치는 요인들을 밝혀, 영향력 과정의 전체적인 상황을 체계적으로 연구한 실험조사 혹은 개념적 틀은 매우 적다. 순응에 관한 대부분의 연구들은 영향력을 받아들이는 과정에만 그 초점을 맞추어 왔고, 영향력 행사주체, 문화적 요인, 영향력 수용자의 성격, 상황적 변수와 같은 요인들의 상호작용에는 무관심했었다. 또한 영향력의 유형에 따라서 그 유효성이 어떻게 달라지는가에 대한 연구도 관심을 끌지 못했다. 이와 같은 영향력 행사의 유효성 및 영향력에의 감수성에 개입하는 요인들로서 영향력 행사 주체의 능력, 지위에 따른 권한, 영향력 수용자의 성격, 집단원조, 목적의 명확성, 과업의 내용, 개인상호간의 신호, 신분의 차이, 매력, 죄책감, 압력의 양을 들 수 있다.

영향력은 행사하는 주체가, 그 영향력을 받아들이는 사람의 여러 측면에 영향을 입히고, 그 영향력을 받아들이는 사람의 수가 많으면, 그는 강력한 권력을 소유하고 있다고 볼 수 있다. 영향력의 양이란 영향력 수용자의 외면적 행동과 내면적 상태에 반영이 된다. 순응이란 공공적 순응, 개인적 수락, 켈만류의 순응, 동일시, 내면화[20]를 의미하고 비순응이란 독립, 저항, 생산적 비순응을 의미한다. 바스는 순응행위란

19) T. Parsons, "On The Concept of Influence", *Public Opinion Quarterly*, 1963, 27, 37~62쪽.

20) H. Kelman, "Processes of Opinion Change", *Public Opinion Quarterly*, 1961, 25, 57~78쪽.

타인의 영향력이 성공한 경우의 행동으로 인식되어야 한다고 주장한다.[21] 성공적인 영향력의 출현이 없이는 타인의 이념·가치·규범에의 순응행위가 나타날 수 없기 때문이다. 순응을 불러 일으키기 위하여 고안된 사회적 영향력과, 이와는 반대로 독립성을 유도하기 위하여 고안된 사회적 영향력은 구별되어야 한다. 페핀스키의 생산적 비순응(productive nonconformity) 개념은[22] 이러한 맥락에서 유용하다. 생산적 비순응은 독립성을 의미하며 다음의 두 가지 과정에 긍정적이고 중요한 공헌을 한다. 첫째는 특정한 집단·조직·사회의 과제 성취이고, 둘째는 특정한 사회적 상황에서 개인의 과제성취이다. 홀랜더의 idiosyncratic credits theory에서는 순응행동을 통하여 신뢰를 얻고 난 이후의 비순응이 설명되고 있다. 다시 말해서 일단 집단의 한 성원이 신뢰를 얻고 나면, 일반적 절차에 비순응하는 그의 행위는 그의 집단 내의 지위를 확고하게 하여 그의 영향력을 증가시킨다.[23]

영향력행사의 결과는 단기적일 수도 있고 장기적일 수도 있다. 카트라이트는 영향력 행사시도에 있어 장기적 측면의 중요성을 강조한 바 있다.[24]

> 예를 들면, 벌을 통한 권력의 행사는 그것이 순응을 유도하는 데 성공적이었다고 하더라도, 적개심을 불러일으킬 수 있고 보상의 증여는 개인간의 매력을 향상시킬 수 있다. 사실 어떠한 권력의 행사든지 O와 P의 관계에 오랜 시간 지속되는 효과를 어느 정도 갖게 마련이다. 만약 O의 영향력 행사가 P의 저항을 받는다면, 이러한 저항은 지속될 것이고 이것에 의해서 O와 P

21) B.M. Bass, "Some Observations about a General Theory of Leadership and Interpersonal Behavior", In L. Petrullo and B.M. Bass, *Leadership and Interpersonal Behavior*, New York: Holt, Rinehard and Winston, 1961, 3~9쪽.

22) P.N. Pepinsky, "Social Exceptions that Prove the Rule", In I.A. Berg and B.M. Bass(eds.), *Conformity and Deviation*, New York: Harper, 1961, 24~34쪽.

23) E.P. Hollander, "Competence and Conformity in the Acceptance of Influence", *Journal of Abnormal and Social Psychology*, 1960, 61, 365~69쪽.

24) D. Cartwright, 앞글, 35~36쪽.

의 미래의 상호작용은 착색될 것이다. 또한 영향력 행사의 시도가 공공적 순응을 불러 일으켰으나 그것이 내면적 비순응을 내포한다면, O는 이러한 상황을 감시하여야 하고, 따라서 P의 인격적 전체성을 파괴하여 사람들 사이의 관계에 긴장을 불러 일으킨다.

실제로 사회적 통제를 지속하여가는 사회체계는 그 사회참여자들의 성격에 심각한 영향을 미치고 있다. 따라서 사회체계의 장기적 존속은 이와 같은 효과에 크게 의존하는 것이다.

사회적 영향력에 대한 구체적인 연구결과와 이를 비교문화적 관점에서 비교한 결과는 다른 글을 참조하기 바란다.[25] 지금까지의 논의를 종합하여 보기로 한다. 개인상호간의 영향력이란 집단생활에서 필연적인 것이다. 사회적 영향력은 유익한 것일 수도 있고 해로운 것일 수도 있다. 그러나 무관심, 증오, 인격적 전체성의 파괴와 같이 인간관계에 미치는 해로운 작용은 영향력 과정에서 제거되어야만 한다. 순응은 해로운 것이 아니다. 적당한 양의 순응은 사회체계가 기능을 수행하기 위해서는 없어서는 안 된다. 따라서 개인의 권리와 사회의 권위가 어떻게 올바른 균형을 취하는가라는 것이 문제가 된다. 라스키는 건전한 충성은 피동적이거나 자기만족적일 수 없고, 능동적이며 비판적이어야 한다고 주장한 바 있다.[26] 도덕적이라고 인식될 수 있을 만한 모든 복종은 그것이 갖고 있는 의도에 대한 사회성원의 의식적 동의를 기반으로 하기 때문이다.

---

25) 오세철, 「문화와 사회심리이론」, 박영사, 1982. 230~241쪽.

26) H.J. Laski, "The Dangers of Obedience". *Harper's Magazine*, 1929, 159, 1~10쪽

11·3 미시적 심리사회체계(2)——대인관계구조와 지도성

사회적 영향력의 문제를 대인적 관계에서의 영향력 관계뿐만 아니라 집단·규범·제도와 같은 변수를 모두 포함한 개념으로 파악하였는데 이 절에서는 사람 사이의 관계와 상호작용에 초점을 맞추어 더 구체적인 심리사회체계의 문제를 보기로 한다.

대인관계에 대한 연구는 초창기 정신분석학자들에 의한 가족관계 분석에서 다루어졌고 대체로 지배——복종의 수직적 차원과 애정——적대감의 수평적 차원의 2차원적 분석이 지배적이었다. 상호작용 과정분석(Intraction Process Analysis)에 관한 연구들의 경우, 베일즈는 활동, 과업능력, 집단사회성의 세 가지 요인으로 보고,[27] 베일즈와 같이 연구했던 슈츠는 포괄, 통제, 애정으로 분류되는 대인행동의 3원적 모형인 FIRO (Fundamental Interpersonal Relations Orientation)를 개발하였다.[28] 던피 또한 지배, 목표지향 감정이라는 비슷한 3원적 모형을 제시하면서 목표지향성은 반드시 대인적 차원이 아님을 강조한다.[29] 특별히 던피는

〈그림 11—3〉 대인적 차원의 조합

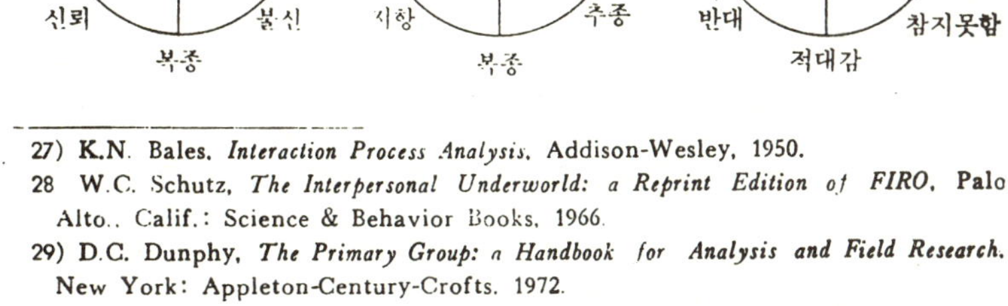

27) K.N. Bales, *Interaction Process Analysis*, Addison-Wesley, 1950.
28 W.C. Schutz, *The Interpersonal Underworld: a Reprint Edition of FIRO*, Palo Alto., Calif.: Science & Behavior Books, 1966.
29) D.C. Dunphy, *The Primary Group: a Handbook for Analysis and Field Research*, New York: Appleton-Century-Crofts, 1972.

인간의 대인관계 범주를 크게 여섯 개로 분류하고 그들 사이에서 얻어지는 인간행동을 구체적으로 설명하고 있다.

위의 그림에서 보면 어떤 대인적 범주와의 조합에서나 바람직한 대인적·행위를 불러 일으키는 것은 애정임을 알 수 있다. 앞서 권의주의의 깊은 구조가 두려움을 전제로 한 정을 바탕으로 하고 있음을 지적한 바 있는데 그것은 사랑이 아닌 두려움 그 자체인 것이다. 이러한 대인관계의 구조가 특히 상위자와 하위자 사이에 형성될 때 이는 지도성의 문제와 연관된다. 여기서 우리는 지도성에 대한 이론과 쟁점을 요약하여 보고 한국에서의 지도성 연구 결과를 분석함으로써 지도성 전반에 대한 논의를 하기로 한다.

지도성에 대한 연구는 집단 내의 분화된 기능에 대한 광범위한 연구 중의 하나로서 두 사람 이상의 사람이 공동목표를 수행하는 데 발생하는 상호작용과 집단성원간의 영향력과 통제작용을 의미하여 집단형성이 이루어질 때 일어나는 상호작용적 현상이다. 깁은 여러 가지 지도성 이론에 의해 제시된 지도자의 정의를 다음과 같이 깁이 요약하고 있다.[30] 즉 이미 주어진 지위를 점하고 있는 자, 집단성원의 행위에 대한 초점으로서의 지도자, 사회측정 선택으로서의 지도자, 타인에 대하여 영향력을 행사하는 자로서의 지도자, 신탤리티(syntality)에 대한 경향력으로서의 지도자, 그리고 지도행위에 참여하는 자로서의 지도자를 열거하고 있다. 위와 같은 다양한 견해가 존재하지만 초점은 지도자의 인성과 행동에 맞추어지고 있다.

두 차례의 세계대전을 겪고 약 25년간 심리학자들은 인성에 대한 연구와 지도자의 자질에 대한 연구에 골몰해 왔다. 지도자의 특성으로는

30) C.A. Gibb. "Leadership". In G. Linzey and E. Aronson(eds.), 앞책, 205~282쪽.

첫째 신장·체중·용모 등의 물리적, 생리적 요인, 둘째 지능, 세째 자신감·인성통합·보수주의·대인적 감수성 등의 인성특성이 지적되고 있으나 이 특성들이 지도자를 특징 짓는 특질로서 지속성을 나타내지 않고 있음이 밝혀졌다. 인성과 지도성의 관계를 구명하는 작업에서 역시 권위주의의 개념이 학자들의 관심을 모았고 특히 미국사회에서 집단이 권위주의자와 반권위주의자 어느 쪽에 의해 이끌어지는가에 대해 흥미가 있었다. 프롬은 권위주의를 「자기 자신의 독립성을 포기하고 개인적 자아가 결여된 힘을 얻기 위하여 자기 밖에 있는 타인이나 어떤 것에 자신을 용해시키는 경향」이라고 지적하고 있다.[31] 권위주의자는 권위를 숭상하고 남에게 굴종하지만 동시에 자기 자신이 권위가 되게 하며 남을 굴종시키려 한다. 권위는 의무·양심·초자아의 이름을 빌어 내면적 권위로 나타난다. 인생과 철학에 대한 권위주의적 성격자의 태도는 감정적 충동에 의해 결정되며 그는 인간의 자유를 제한하는 조건을 사랑하고 운명에 예속되는 것을 사랑한다.[32]

샌포드는 권위주의적 성격을 가진 사람들은 지위가 부여된 지도성을 선호하고 강력한 지시적 지도성을 받아들이며 민주적 지도자보다 권위주의적 지도자를 더 효율적으로 간주한다는 사실을 밝힘으로써 성격특성이 상이한 사람들이 특정한 지도유형에 영향을 받고 있음을 입증하였다.[33] 그러나 인성과 지도성 사이에 일정한 관계를 정립하지 못했고 지도성 연구는 구체적인 지도자의 행위에 관심을 가지게 되었다. 지도자 행위에 대한 연구에 공헌한 대학으로는 미쉬간대학과 오하이오 주립

31) E. Fromm, *Escape from Freedom*, New York: Holt, Rinehart & Winston, 1964, 141쪽.
32) 위책, 170쪽.
33) F.H. Sanford, *Authoritarianism and Leadership*, Philadelphia: Institute for Research in Human Relations, 1950.

대학을 들 수 있는데 미쉬간대학은 단원적 기준으로 보는 지도자유형을 개발하였다. 그들은 관리자가 종업원 중심적으로 행동할수록 생산중심적 행위가 줄어든다고 보았으나 지도자 행위와 집단효율 사이의 명확한 관계를 밝히지는 못하였다. 피들러의 지도유형 분류[높은 LPC(Least Preferred Coworkers)로부터 낮은 LPC에 이르는]는 또하나의 단원적 견해이다.[34] 지도성 이론의 상환운동에 그의 이론이 공헌하고는 있지만 그의 지도유형 분류는 LPC의 본질에 대한 비판 때문에 많은 쟁점을 안고 있다. 칸은 미쉬간대학이 최근 그들의 지도행위의 단원적 견해를 수정하고 생산지향성과 인간관계지향성을 직선으로 파악하는 대신 두 차원을 독립적으로 보고 있다고 지적한다.[35] 반면 오하이오 주립대학은 지도행위를 initiating structure와 consideration의 독립된 요소로 보고 지도자가 어느 한 가지의 행위에 관여하는 정도가 다른 행위의 정도를 예측하는 기준이 되지 않음을 지적하고 있다.[36] 블레이크와 무톤[37]이나 레딘[38]도 과업지향과 관계지향을 독립된 차원으로 본다.

이상과 같은 논의에서 권위—민주의 단일차원은 권력과 애정, 과업지향성과 인간관계 지향성의 두 가지 차원으로 재구성할 수 있음을 보았다. 물론 권위주의—민주주의라는 단일차원과 앞의 두 가지 차원과의 관계를 연결짓는 논의[39]도 있으나 인간관계 지향성과 독재적 지도성이

34) F.E. Fiedler. *A Theory of Leadership Effectiveness*, New York: McGraw-Hill, 1967.

35) R.L. Kahn. "Productivity and Job Satisfction", *Personnel Psychology*, 1960, 13, 275~89쪽

36) E.A. Fleishman, "The Measurement of Leadership Studies in Industry", *Journal of Applied Psychology*, 1953, 37, 153~158쪽.

37) R.R. Blake and J.S. Mouton, *The Managerial Grid*, Houston, Texas: Gulf Publishing Co., 1964.

38) W.J. Reddin. *The Managerial Effectiveness*, New York: McGraw-Hill, 1970.

39) A. Lowin, "Participative Decision-making: a Model, Literature Critique and Prescriptions for Research", *Organizational Behavior and Human Performance*, 1968, 3, 68~106쪽.

〈표 11—2〉 **Summary of leadership style dimensions***

TO: Task Orientation
RO: Relationship Orientation

	Low TO Low RO	Low TO High RO	High TO Low RO	High TO High RO
Reddin (1970) effective style	Bureaucrat	Developer	Benevolent autocrat	Executive
Reddin (1970) less effective style	Deserter	Missionary	Autocrat	Compromiser
McGregor (1960)	—	—	Theory X	Theory Y
Zaleznick & Moment (1964)	Rational-procedural	Maternal-expressive	Paternal-assertive	Fraternal-permissive
Blake & Mouton (1964)	3. 3	3. 7	7. 3	7. 7
Brown (1954)	Laissez-faire plus strict autocrat	Incompetent democrat plus genuine democrat	Incompetent autocrat	Benevolent autocrat
Jennings (1962)	Abdicrat plus bureaucrat	Democrat	Autocrat	Executive plus neurocrat
Walling (1964)	Objective thinker	Friendly helper	Tough battler	—
Davis (1968)	Custodial	Supportive	Autocratic	Collegial
Horney (1945)	Detached	Compliant	Aggressive	—
Lewin, Lippitt & White (1939)	Laissez-faire	Democratic	Autocratic	—
Ohio study (1957)	Low Ini. Low Con	Low Ini. High Con.	High Ini. Low Con.	High Ini. High Con.
Likert (1967)	—	Consultative	Authoritative	Participative

배타적이 아니라는 주장도 있다.[40] 유클도 자기 자신의 연구결과를 발표하면서 인간관계 지향성과 과업지향성의 공존을 내세우고 있다.[41] 지도성을 2차원으로 보았을 때의 분류표를 제시하면 앞 표와 같다.[42]

지도자의 특성 및 지도행위와 집단효과와의 뚜렷한 관계가 밝혀지지 않자 지도성에 대한 연구는 두 가지 방향으로 전환되었다. 한 가지는 지도성의 차원을 개발하는 연구이고 다른 하나는 지도성 결과에 영향을 주는 상황변수의 확인연구이다. 그러나 상황적 접근을 해온 지도성연구들은 대부분 지도성 과정을 소홀히 다루어 지도자의 행위, 집단성과 및 상황적 변수 사이의 단순한 관계만을 연구하였고, 상이한 상황 속에서의 지도성 과정은 다루지 않고 있다. 이처럼 특성이론이나 상황이론은 모두 지도성 과정을 주의깊게 다루지 못한 결점이 있으므로 상호작용이론의 대두를 필연적인 현상으로 받아들여야 한다.

대인적 적응과 동일시과정은 모두 상호작용적 지도성 이론으로 해석될 수 있는데 그 중 켈리는 문제해결 상황에서의 적응과정을 다루고 있다.[43] 즉 그는 개인의 욕구만족은 다른 사람의 행위에 의존하고 있으며 상호의존문제의 해결은 개개 참여자의 욕구를 적절히 만족시키는 상호작용의 유형과 일상성을 구성한다고 보고 상호작용적 성취를 지배하는 세 가지 요인으로 상호의존성·정보·의사소통을 들고 있다. 크로우등도 켈리와는 조금 다르게 대인적 적응개념을 채택하고 있는데 지도자가 추종자의 연합된 영향력에 적응해 나가는 과정을 실험연구로 증명하고

---

40) E. Schoenfeld, "Authoritarian Management: A Reviving Concept". *Personnel*, 1958, 36, 82~90쪽.
41) G. Yukl, "Toward a Behavioral Theory of Leadership", *Organizational Behavior and Human Performance*, 1971, 6, 414~40쪽.
42) W.J. Reddin, 앞책, 129~30쪽. 저자와 발행자의 허가를 얻어 수정 보완했음.
43) H.H. Kelley, "Interpersonal Accommodation", *American Psychologist*, 1968, 23, 399~410쪽.

있다.[44] 즉 민주적 성격을 가진 지도자가 독재적 성격을 가진 추종자의 집단에 적응하여 독재적 행위를 하게 되는 반면, 독재적 지도자가 민주적 추종자 집단 앞에서 민주적으로 행위하는 과정을 보이고 있다. 그러나 실험실 상황에서 보여준 지도자의 행위가 지도자의 합법적 권위가 보장되는 현실세계에서 그대로 나타날 것인가가 문제이며 인성이론의 관점에서 볼 때 성격변화가 아닌 행위의 잠정적 현상만을 의미한다고 볼 수 있다.

중요한 상황적 변수가 개입될 때의 상호작용을 연구한 코르텐은 긴장과 위기를 상황변수로 보고 위기상황 속에서 권위주의적 지도성이 강화되는 현상을 증명하고 있으며[45] 햄블린도 실험연구를 통하여 위기상황을 해결하지 못하는 지도자를 추종자들이 갈아치우고 있음을 증명함으로써 위기상황과 지도성의 상호작용과의 관계를 설명하고 있다.[46]

이상과 같은 상호작용에 관한 연구를 검토해 보면 몇 가지 시사점을 발견할 수 있다. 첫째 체계 내의 추종자의 기대감에 주의를 기울이는 지도자와 추종자의 상호작용의 본질을 인식하는 것이 중요하며, 둘째 체계적 접근을 통하여 지도자, 추종자, 그리고 상황이 상호작용하는 개방체계모형이 필요하고, 세째 전반체계의 객관적·주관적 산출물에 대한 인식이 필요하다는 점이다. 결국 지도성이론은 지도적 상황에 관여하는 주요변수를 모두 통합하는 작업이 요구된다. 주요 변수로는 첫째 지도자의 인성과 행동, 둘째 추종자의 인성·욕구·신념, 세째 대인적 관계와 구조를 가지는 집단 그 자체, 그리고 네째 물리적 상황, 과

44) B.J. Crowe, Bochner, S. and Clark, A.W., "The Effects of Subordinates Behavior on Managerial Style", *Human Relations*, 1972, 25, 215~237쪽.
45) D.C. Korten, "Situational Determinants of Leadership structure", *The Journal of Conflict Resolution*, 1962, 6, 222~235쪽.
46) R.L. Hamblin, "Leadership and Crises", *Sociometry*, 1958, 21, 322~325쪽.

업의 특성, 사회문화적 환경을 포함하는 상황으로 구성될 수 있다. 지도성의 상호작용 과정이론을 도시하면 다음과 같다.

〈그림 11—2〉 지도성의 상호작용 과정이론의 모형

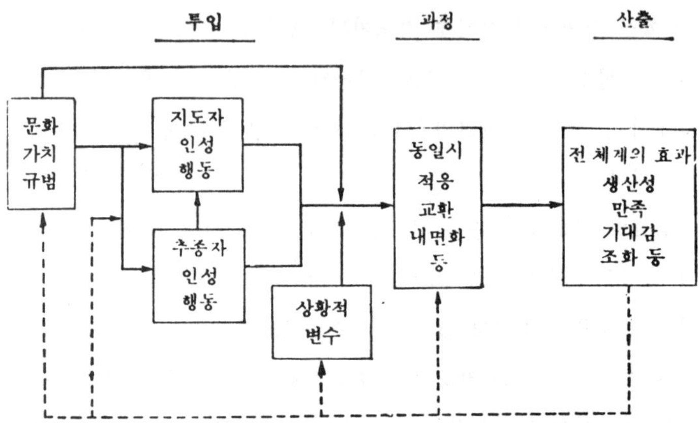

그런데 지금까지의 지도성 연구는 대부분 서양사회에서 이루어졌으며 서양사회 이념에 대한 긍정적 가치관을 근거로 하고 있다. 깁은 이러한 현상을 다음과 같이 설명하고 있다.

> 현재 우리 문화에서는 권위주의적 지도성을 부정적 가치로 평가하고 있는데 이는 권위주의적으로 조직된 문화에 오랫동안 이념적으로 반대하여온 전통과 권위주의적 지도유형과 권위주의적 정치체계 사이의 그릇된 동일시 현상에 기인한다(262 쪽).[47]

카트라이트와 잰더도 지도성에 대한 최근의 연구가 실제적이고 이념적인 중요성을 떠나서 과학적 인과관계에 관심을 쏟기 시작했다는 사실을 지적하면서 아직도 특정이념을 지지하는 연구가 많다고 본다. 그리고 이념을 변호하는 의도를 가지고 있는 사회과학자는 관련된 모든 사실을 못보게 만드는 맹점을 지니고 있다고 비판한다.[48] 이념은 사상

47) C.A. Gibb, 앞글.

48) D. Cartwright and A. Zander, "Leadership and Performance of Group Fun-

의 체계이지만 때때로 사회에의 부분적 소수의 특정한 이해나, 초자연적 계시나, 비실증적·비과학적 규범에 근거하여 이루어지기 쉽다. 그러므로 지도성의 당위와 과학적 인과관계 사이의 혼동은 지양되어야 한다. 우리는 다른 문화의 특성에 주의를 기울여야 하고 비교문화적 연구를 위한 개념틀과 방법론을 개발하여야 한다.

지금까지 지적한 지도성이론과 연구의 문제를 해결하는 지도성연구가 한국사회에서 이루어져야 한다고 보았기 때문에 힘의 차원과 정의 차원이 대인적 관계에서 강하게 교환되는 동양사회의 특성을 입증하는 두 요소이론(two factor theory of leadeship)을 정립하려 하였다. 그리고 특성이론의 본보기로서 브룸의 참여이론과 상황이론의 본보기인 피들러의 컨틴전시이론의 한국적 검증을 통하여 두 요소이론의 타당성을 보완하였다. 방법론적 측면에서는 복수방법론을 채택하였다. 실험통계적 분석, 관찰을 함께 사용하였으며 투영기법, 자기보고, 행동관찰을 통한 개념 타당성을 검증하였다.[49]

현상실험, 일반상황모형의 검증, 브룸과 피들러 모형의 검증 결과는 다음과 같다.

첫째, 현장실험은 지도성 차원의 특수한 조합이 집단효과와 관련되어 있음을 보이면서 지도자유형이 집단상호작용과 성과에 미치는 영향을 실험적으로 증명하는 연구였다. 높은 힘의 차원과 높은 정의 차원을 지니는 지도자가 이끄는 집단이 가장 효과적인 집단으로 나타났으며 낮은 힘의 차원과 높은 정의 차원, 그리고 높은 힘의 차원과 낮은 정의 차원을 지니는 지도자 사이에 효율의 차이가 많았다. 이는 어느 한 가지 차원이 대인관계에서 약하게 나타날 때 지도성 효과가 떨어지고 있

---

ctions: Introduction", In D. Cartwright and A. Zander(eds.), 앞책, 301~317 쪽.

49) 오세철, 「문화와 사회심리이론」, 박영사, 1982, 287~294 쪽.

음을 말한다. 또한 높은 힘과 높은 정의 결합인 지도자의 강한 지배적 행위와 애정적 행위는 부하로부터 복종과 애정을 동시에 유발시키는 상호작용도 발견할 수 있었다.

둘째, 일반상황모형의 검증에서는 집단규모, 과업구조, 집단구성의 특성 등의 상황적 변인이 네 가지 상이한 지도유형의 집단효과에 거의 영향을 주지 않음을 발견하였고 상황적 변화에도 불구하고 실험연구에서 밝혀진 결과와 동일한 결과를 얻을 수 있었다.

위의 두 가지 연구를 종합하여 보면 지도자와 추종자 사이의 상호작용 과정으로서의 두 요소(힘과 정) 이론이 한국사회에서 입증되고 있음을 말하여 주고 있으며 이는 한국 산업조직에서의 지도성 효과는 지도자가 보여주는 이상적 대인적 행위(높은 힘과 높은 정)와 동일시하거나 그를 내면화하는 과정 속에서 이루어지고 있음을 볼 수 있었다.

세째, 브룸의 참여모형에 대한 한국적 검증결과는 인성특성이 참여와 집단효과에 영향을 주지 않는 결과를 반복연구에서 제시한 토시의 결과[50]와 비슷하였으며 브룸의 모형이 입증되지 않았다.

네째, 피들러의 컨틴젼시 모형의 한국적 검증 결과는 LPC와 지도효과와의 관계가 상황적 유리성에 따라 결정되고 있다는 피들러의 이론[51]을 입증하지 않았다.

이상과 같이 나타난 연구의 결과를 볼 때 지도성에 대한 연구가 인간의 상호작용 밑바닥에 대한 연구와 관련되고 있음을 일깨워 준다. 따라서 우리는 물리적 또는 사회문화적 환경에 관련된 인간들의 상호의존

50) H. Tosi, "A Reaxamination of Personality as a Determinant of the Effects of Participation", *Personnel Psychology*, 1970, 23, 91~99쪽.

51) F.E. Fiedler, "Validation and Extension of The Contingency Model of Leadership Effectiveness: A Review of Empirical Findings". *Psychological Bulletin* 1971, 76, 128~148쪽.

성으로부터 나오는 광범위한 현상에 초점을 맞출 필요가 있는 것이다. 특히 동양사회에서의 인간상호작용의 문제가 대인적 행동의 교환에 있으며 진정한 사회심리학 이론으로서의 지도성이론이 인간·사회·문화의 상호작용적 효과라는 폭넓은 과정 속에서 새롭게 정립되어야 할 필요성이 있다고 본다.

11·4 구조체계와 심리사회체계의 연관성

이 절에서는 미시적 심리사회체계의 문제가 항상 구조체계와 연관되어 있음을 살피려고 한다. 사회와 조직 내에서 인간의 불평등을 결정하는 지위는 거시적 요인으로 이해되어 왔으며 그것은 구체적으로는 경제적 차원에서의 소득구조, 사회정치 차원에서의 직업구조, 문화적 차원에서의 교육구조를 포함하고 있다. 이와 같이 지위를 결정하는 구조들은 항상 균형관계에 놓여 있는 것은 아니다. 현실적으로는 그들 사이에 불균형이 이루어지는데 우리는 이를 지위불일치(status inconsistency)라고 부른다. 그러면 구조적 불균형상태인 지위불일치는 그 상태에 놓여 있는 사람에게 어떠한 심리적 영향을 미치는가?

일반적으로 지위불일치는 심리적 긴장을 유발한다고 알려져 있다.[52] 그런데 지위불일치가 일어나는 상황이 다양하게 존재하므로 어떤 유형의 지위일불치가 심리적 긴장과 연관성이 있는가를 구체적으로 살펴보는 것은 의의있는 일이다. 나는 이 현상을 비교문화적인 관점에서 연구하였는데 미국과 한국 사이에 큰 차이를 발견할 수 있었다. 즉 미국에서는 높은 직업구조, 높은 교육구조 속에 있으나 낮은 소득구조 속에

52) E.E. Sampson, "Status Congruence and Cognitive Consistency", *Sociometry*, 1963, 26, 146~162쪽.

있는 사람이 다른 어떤 상황에 있는 사람보다 지위불일치를 많이 느끼고 따라서 심리적 긴장을 강하게 경험하는 반면, 한국에서의 연구결과[53]는 높은 소득구조, 높은 직업구조 속에 있으나 낮은 교육구조 속에 있는 사람이 심리적 긴장을 가장 크게 경험한다고 나타난 것이다.

이상과 같은 결과는 동·서양 사회의 구조적 특징이 어떻게 심리사회체계와 작용하는가를 비교적으로 볼 수 있는 시사점을 마련해 주고 있다. 즉 서양사회는 경제적 구조(소득구조)가 가장 중요한 구조적 변수로 작용하기 때문에 그 구조 속에서 상대적으로 낮은 위치를 점하는 사람은 자연히 뒤쳐져 있다고 생각할 것이며, 동양사회는 교육구조가 가장 중요한 변수로 작용하기 때문에 다른 구조의 높은 위치에 있더라도 교육을 많이 받지 못하면 그만큼 지위가 낮다고 생각하는 심리적 작용을 하고 있다는 뜻이다. 이는 아마 동양사회가 교육구조를 통한 권력구조의 참여라는 전통적 사회구조와 의식의 특성을 지니고 있기 때문인 것으로 해석할 수 있다.

그러면 구조체계와 심리사회체계의 진정한 관계는 무엇인가? 첫번째 입장은 구조적 요인과 심리적 요인 사이에 교환관계가 있다는 상호작용 이론적 입장으로서 지위를 결정하는 요인들 사이의 상쇄작용을 통하여 심각한 구조적 문제가 발생하지 않는다는 이론을 내세우고 있다. 즉 지위를 결정하는 요인이 현대사회와 조직에서는 다양하게 나타나므로 이들 요인 사이에 상호작용을 통하여 지위불일치의 획일성이 무너지고 다원주의적 사회가 될 수 있다는 주장이다.

그러나 이러한 입장에 대해서 비판하는 사람들은 심리사회 체계를 결정하는 더 깊숙한 구조적 요인이 있음을 지적하고 있다. 아치발드는 미시적 상호작용에 미치는 구조적 요인의 중요성을 강조하면서 특히

53) 오세철, 「한국인의 사회심리」, 박영사, 1982.

계급구조가 초래하는 소외효과를 몇 가지 원칙으로 설명하고 있다.[54] 첫째는 분리의 일반화(detatchment generalization)로 계급, 지위, 권력구조가 다른 사람들은 서로를 피하게 만든다는 것이다. 두번째는 수단, 목적의 일반화(means-ends generalization)로서 계급, 지위, 권력구조가 다른 사람들이 상호작용할 때에는 개인적 차원에서 만나지 않고 좁은 역할 특수성의 차원에서 만나게 되므로 서로가 서로를 수단으로 이용하게 된다는 점이다. 세번째는 통제—목적성의 일반화(control purposiveness generalization)로서 권력, 지위, 계급이 높은 위치에 있는 사람들은 대체로 밑에 있는 사람들을 통제하고 영향력을 미치려고 하고 또 실제로 그렇게 된다는 것이다. 네번째는 감정의 일반화(feeling's generalization)로서 두 계층 사이에는 밑바닥에 항상 적대감이 깔려 있고 그렇기 때문에 그들 사이의 상호작용에서는 때때로 반동이 일어난다는 것이다.

위와 같은 네 가지 일반화를 통하여 인간과 인간 사이에는 대인적 위협(interpersonal threat)이 따르게 되고 결국 계급구조를 더욱 경직화시키는 심각한 영향을 미치게 된다고 그는 보았다.

54) W.P. Archibald, "Face-to-face: The Alienating Effects of Class, Status and Power Divisions", *American Sociological Review*, 1976, 41, 819~837쪽.

12. 관리체계의 문제

지금까지 우리는 현대사회와 조직의 문제를 환경체계, 이념체계, 구조체계, 지식 · 정보 · 기술체계, 그리고 심리사회체계의 입장에서 다루어 보았다. 또한 각각의 체계를 거시적 입장에서 다루어 현대 산업사회 전반의 문제를 보는 동시에 미시적 입장에서의 조직의 문제로 보는 자세를 견지하였으며 거시와 미시의 연관성뿐만 아니라 이념, 구조, 지식 · 정보, 심리사회의 연계성도 분석하였다.

마지막 장에서는 그 연계성을 현실적으로 다루는 체계로서의 관리체계(managerial system)의 문제를 살펴봄으로써 마무리를 지으려고 한다. 지금까지 관리 또는 행정이라는 말은 기능적 차원에서의 기법으로 사용되어 왔다. 그러나 이 문제 역시 기능의 관리기법이 아닌 체계의 구조적 문제로 파악해야 하며 그렇기 때문에 조직과 사회의 중요한 연결체계로서 존재하는 것이다. 나는 관리체계를 환경, 이념, 구조, 지식, 정보, 심리사회를 연결시키는 연결체계(linkage system)로 정의한다. 따라서 연결체계로서의 관리체계 역시 변동의 과정을 밟아야 한다. 그 방향은 지금까지 다루었던 체계들이 나아가는 방향, 즉 다양성과 신축성과 궤를 같이한다. 그러면 관리체계의 신축성의 방향은 무엇인가? 이를 의사결정체계, 동기부여체계 및 통제체계의 입장에서 간단히 살펴보기로 하자.

12·1 의사결정체계의 문제와 방향

현대사회의 조직에서 이루어지는 개인적 의사결정 또는 집단적 의사결정의 대부분은 모형에 의존하고 있다. 지금까지 사회와 조직은 보다 정교하고 합리적인 모형을 개발해 오는데 온갖 노력을 경주하여 왔다. 모형에 의한 의사결정의 양식에는 다음과 같은 것이 있다. 첫째, 과거의 모형에 의존하는 방법이다. 현대사회의 조직의 지도자나 구성원들이 가장 손쉽게 이용할 수 있는 의사결정의 수단은 과거의 전임자들이 해왔던 방법(역사적 자료, 제도적 장치, 법절차)을 그대로 답습하는 것이다. 흔히 관례대로 한다는 대답은 바로 과거를 모형으로 보는 의사결정방법이라고 볼 수 있다. 둘째, 현재의 모형에 의존하는 방법이다. 이는 사회와 조직이 현재 움직이는 활동체계를 표준으로 만들어 의사결정의 기준을 조직구성원들에게 제공하고 있는 경우를 말한다. 여기서는 물론 표준의 가변성을 항상 염두에 두고 있어야 하며 계속적인 모형의 수정이 요구되는 작업이 뒤따르게 된다. 세째, 가장 발전된 수학적 모형에 의존하는 방법이다. 계량과학에서 제공하는 의사결정 모형이 모두 여기에 속한다.

위와 같은 의사결정체계의 특징은 모형에 의존한다는 것이며 의사결정의 주체인 사람의 의사결정능력은 반영이 되지 않는다. 단지 최근에 와서 그 모형이 정교한 수학모형으로 대체되고 있다는 사실만 다를 뿐이다. 바로 이러한 문제, 즉 모형에만 의존하는 의사결정체계의 경직성이 대체로 합리성이라는 기본정신을 내세우면서 현대사회와 조직의 제도적 장치로 움직이고 있는 문제가 의사결정체계의 본질적 문제인 것이다. 이러한 경직된 의사결정체계를 이용하여 과연 불확성·복잡성·상호의존성을 지니는 환경체계와 상호작용하는 사회와 조직의 체계 내적 문제를 해결할 수 있겠는가? 또한 앞으로의 사회가 특정한 모형이 존재하는 사회가 될 것인가? 여기서 우리는 지금까지의 개인 및 조직의사결정 이론과 모형이 지니고 있는 기본적 한계를 인식하고 큰 방향전환을 해야 할 전기를 맞고 있는 것이다.

선택의 행위는 현대 서구문명의 중요한 부분의 하나로서 가능한 정보를 근거로 하여 세워놓은 목표를 달성할 수 있는 여러 가지 대안을 평가하는 행위이다. 서양 산업사회는 철학, 심리학, 경제학, 역사학, 사회학 등의 학문들이 바로 그러한 선택의 원칙을 가르쳐 왔고 실제로 정치가, 사업가, 교육자 들이 지적인 인간행위의 효과성과 가능성을 믿어왔다. 이러한 선택행위에는 몇 가지 연관된 생각이 깔려 있다.[1] 첫째, 목적은 이미 존재하고 있다는 생각이다. 즉 목적은 어떤 체계의 사전적 특성이며 목적을 통하여 관찰된 행위를 지적으로 만든다는 뜻이다. 이 목적은 여러 가지 용어로 사용되어 왔는데 가치, 욕구, 효용 등이 그것이다. 두번째는 일관성의 필요성을 강조하는 생각이다. 인간은 제한된 능력의 정보처리체계이기 때문에 그 조건 속에서 항상 일관된 행위를 해야 한다는 전제를 가지고 있는 것이다. 세번째는 합리성의 우선성에 대한 생각으로서 무엇이 올바른 행위인가는 결과를 목적에 체계적으로 연관시킴으로써 결정하는 절차를 강조하고 있다.

그러나 이러한 세 가지 기본적인 생각 자체에 근본적인 문제가 있다. 사회와 조직의 목적이 반드시 먼저 존재한다는 생각은 목적론적 결정론으로 비판할 수 있으며 인간의 일관성을 강조하는 생각은 이미 쓸모없는 가정에 불과하고 합리성을 우선시하는 것은 인간의 다른 두 가지 선택행위, 즉 직관(intuition)에 의한 결정, 전통과 신념에 의한 결정을

1) James G. March, "The Technology of Foolishness", H.J. Leavitt, L.R. Pondy and D. M. Boje(eds.), 앞책, 570~580쪽.

거부하고 있기 때문에 문제가 있는 것이다. 그러니까 지금까지 의사결정을 논하는 이론들, 즉 계량적 의사결정, 미시경제이론, 선택행위 이론들이 모두 목표가 미리 정해져 있다는 전제를 가지고 있기 때문에 인간목표를 다루는 데 충분치 못하다. 인간의 목표는 항상 변하기 때문에 인간과 그 발달에 관한 문제를 다루어야 하기 때문이다. 물론 이들 이론들은 자신의 방법을 정당화하고 있다. 첫째는 목표발달과 선택은 개념적으로나 행동적으로 독립되어 있다는 것이고 두번째는 선택의 모형은 결코 만족될 수 없고 모형으로부터의 이탈은 변화를 도입하는 문제에 적용한다는 것이며 세번째는 변화하는 목표에 대한 생각은 선택의 규범이론에서는 다루기가 어렵다는 것이다.

위의 세 가지 변명 가운데에서 세번째의 모형이 완전한 것이 아니라는 것이 솔직한 표현이며 설득력이 있다. 마취(March)는 두 가지의 선택행위의 이론을 비교하고 있는데 의도의 결과로서의 선택을 얘기하는 '어른들의 이론'과 흥미있는 인간으로 발전해가는 '어린이들의 이론' 중에서 어린이들의 선택행위를 받아들여야 한다고 주장한다.[2] 그는 이것을 '어리석음의 기술(technology of foolishness)'이라고 부른다. 이는 일관성을 향한 합리적 명령을 연기하는 것으로 볼 수 있다. 놀이성(playfulness)에 의한 선택은 대안적인 규칙의 가능성을 찾아보기 위하여 잠정적으로 기존하는 규칙을 이완시키는 것으로서 반지성, 비합리가 아닌 지성의 고도의 기법으로 본다.

모형을 넘어서는 의사결정이 직관, 지혜, 경험을 통하여 이루어지는 방향으로 전환된다는 뜻은 의사결정자 자신이 일반화된(또는 복수전문화된) 지식, 정보, 기술체계를 알고 있음을 전제로 한다. 마취(March)는 이를 위하여 다섯 가지의 제안을 하고 있다. 첫째, 목표는 가정(hypo-

2) 윗글.

theses)으로 다루라. 둘째, 영감을 현실적인 것으로 다루라. 세째, 위선은 잠정적인 것으로 다루라. 네째, 기억을 적으로 다루라. 다섯째, 경험을 이론으로 다루라.[3]

의사결정체계의 문제에 있어서 또하나의 쟁점은 참여에 대한 것이다. 참여의 매카니즘은 자본주의 사회에서나 사회주의 사회에서 모두 강조하고 있고 일반적인 이상적 의사결정체계로 보고 있다. 그러나 문제를 구체적인 현실차원에서 의사결정의 질과 종류가 다르게 나타나는

〈표 12—1〉 집단 및 개인문제를 위한 의사결정방법

개 인 문 제	집 단 문 제
개인문제(individual problem; IP)란 단 한 명의 직속부하에게만 잠정적인 영향을 주는 의사결정을 포함한다. 문제는 그 관리자의 책임 영역에 한정된다.	집단문제(group problem: GP)에서는 채택된 모든 결정사항은 직속부하 모두 또는 일부에 잠정적인 영향을 끼칠 것이다. 그 문제는 적어도 일부 부하직원의 책임과 또는 전문적인 지식의 영역과 상치된다.
의사결정 대안 AI. 당신은 바로 그 때에 당신이 얻을 수 있는 정보를 이용, 스스로 문제를 해결하거나 의사결정을 한다. AII. 당신은 부하직원으로부터 필요한 정보라면 무엇이든 획득해서 스스로 그 문제에 대한 해결책을 강구한다. 당신은 부하직원으로부터 정보를 얻을 때 그 문제가 무엇인지를 말해 줄 수도, 말하지 않을 수도 있다. 의사결정을 함에 있어 당신의 부하직원이	**의사결정 대안** AI. 당신은 바로 그 때에 당신이 얻을 수 있는 정보를 사용해서 스스로 문제를 해결하거나 의사결정을 한다. AII. 당신은 부하직원들로부터 필요한 정보는 어떤 것이든 획득해서 스스로 그 문제에 대한 해결책을 강구한다. 당신은 부하직원들로부터 정보를 얻을 때에 그 문제가 무엇인가를 말해 줄 수도 말하지 않을 수도 있다. 의사결정을 함에 있어 당신 부하직원들이 맡은

3) 윗글.

맡는 역할이란 대안을 내 놓거나 평가하는 것이 아니라 당신이 요구하는 특별한 정보를 제공하는 것이다.

CI. 당신은 관계된 부하직원에게 그 문제를 털어놓고, 그의 생각과 제안을 듣는다. 그런 다음 결정은 당신이 한다. 그 결정은 부하직원의 영향력을 받을 수도, 받지 않을 수도 있다.

GI. 당신은 부하직원들 중의 한 사람에게 그 문제를 털어놓고 같이 문제를 분석하고 자유롭고 개방된 분위기 속에서 정보나 의견을 교환한 다음, 서로가 만족할 만한 해결책에 도달한다. 당신네들은 공식적인 권위가 아니라 지식에 의존하여 각각 상대적인 공헌을 함으로써 그 문제의 해결에 같이 기여한다.

DI. 당신은 그 문제를 부하직원들 중 한 사람에게 그 문제를 위임하여 당신이 소유하고 있는 필요한 정보를 그에게 제공한다. 그러나 책임은 그 부하직원 스스로가 지도록 한다. 그 사람이 도달한 어떠한 해결안도 당신의 지원을 받을 것이다.

역할에 대안을 내놓거나 평가하는 것이 아니라 당신이 요구하는 특별한 정보를 제공하는 것이다.

CI. 당신은 관계된 부하직원들과 개별적으로 만나 문제를 털어놓고 그들을 집단으로 모음이 없이, 그들의 생각이나 제안을 듣는다. 그런 다음 의사결정은 당신이 혼자 한다. 그 결정은 부하직원들의 영향을 반박할 수도, 하지 않을 수도 있을 것이다.

CII. 당신은 집단회합에서 부하직원들에게 문제를 털어놓는다. 이 회합에서 당신은 부하직원들의 의견과 제안을 듣고, 그 다음에 의사결정은 당신이 하는데, 그 의사결정사항은 당신 부하직원들의 영향을 반박할 수도 안할 수도 있다

GII. 당신은 집단으로 모여있는 부하직원들에게 문제를 털어놓는다. 당신네들은 모두 대안들을 내놓고 평가해 가면서 해결안이 일치점에 도달하게끔 한다. 당신의 역할은 의장과 같아서, 토의를 조정하고 문제가 초점에서 빗나가지 않도록 하며, 주된 논점들이 토의되도록 힘쓴다. 당신은 당신이 내놓은 해결안이 채택 되도록 집단에 영향을 주려고 해서는 안되고 또한 전체집단의 지지를 받는 해결책은 어떠한 것이든지 받아들이고 수행할 준비가 되어 있어야 한다.

〈그림 12—1〉 개인 및 집단문제에 대한 결정과정 흐름표

A. 어떤 해결안은 다른 해결안보다도 더욱 합리적일 가능성이 있는가 등의 질에 대한 요망이 있는가?

B. 질이 높은 결정을 내리기 위해서 나는 충분한 정보를 가지고 있는가?

C. 그 문제는 구조화되어 있는가?

D. 부하직원에 의한 결정에 대한 수락이 효과적인 수행을 위해서 필수적인 사항인가?

E. 나 스스로 그 결정을 하게 된다면, 나의 부하직원들이 그것을 수락할 것이라는 것은 합리적으로 생각해서 확실한가?

F. 부하직원들은 이 문제를 해결함에 있어 달성되어야 할 조직목표에 대해서 모두 알고 있는가?

G. 부하직원들 사이에 각각 선호하는 해결안이 있어 갈등이 존재하는가? (이 질문은 개인문제와는 관련없음)

H. 부하직원들은 질이 높은 결정안을 내리기 위한 충분한 정보를 가지고 있는가?

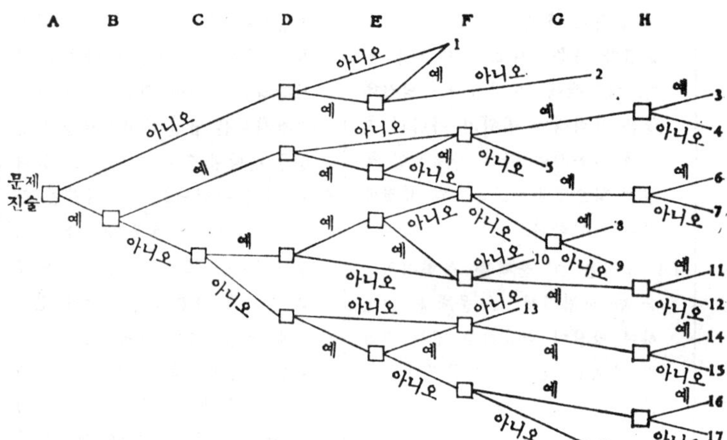

가능해의 집단은 집단문제(G) 및 개인문제(I) 각각에 따라 분류되어 나타나 있다.

번호	G	I
1.	AI, AII, CI, CII, GII	AI, D, AII, CI, GI
2.	GII	DI, GI
3.	AI, AII, CI, CII, GII	AI, DI, AII, CI, GI
4.	AI, AII, CI, CII, GII	AI, AII, CI, GI
5.	AI, AII, CI, CII	AI, AII, CI
6.	GII	DI, GI
7.	GII	GI
8.	CII	CI, GI
9.	CI, GII	CI, GI
10.	AII, CI, CII	AII, CI
11.	AII, CI, CII, GII	DI, AII, CI, GI
12.	AII, CI, CII, GII	AII, CI, GI
13.	CII	CI
14.	CII, GII	DI, CI, GI
15.	CII, GII	CI, GI
16.	GII	DI, GI
17.	GII	GI
18.	CII	CI, GI

데 어떠한 의사결정방법이 효과적일 수 있는가 하는 점이다. 이를 위하여 브룸과 예튼이 개발하여 놓은 모형을 소개하기로 한다.[4)]

이 모형은 일종의 규범적인 모형으로서 특정한 문제의 유형이 존재할 때 특정한 의사결정방법(또는 지도유형)이 존재한다는 모형이다. 물론 참여의 방법이 문제의 종류에 따라 달라진다는 상황적 논리를 적용한 것은 좋으나 결정론적인 처방을 하고 있는 것이 약점이라고 할 수 있겠다.

12·2 동기부여체계의 문제와 방향

동기부여체계의 문제는 이론적으로 심리학의 이론들과 연관되어 있다. 이미 나는 심리학 이론을 다룰 때 그 의미를 조직에 연관시켜 언급한 적이 있다. 이 절에서는 최근의 동기부여이론을 검토하면서 어떻게 내재적 동기부여(intrinsic motivation)와 외재적 동기부여(extrinsic motivation)가 결합할 수 있겠는가 하는 문제를 다루어 보려고 한다.

동기부여이론 가운데 가장 관심을 끌고 있는 것은 기대-가치이론(expectancy-value theory)이다. 이 이론들은 실제로 행동주의심리학에서 영향을 받은 것으로서 외재적 동기부여이론들이라고 볼 수 있다. 왜냐하면 만족이 일 자체와는 독립적으로 존재한다는 가정을 하고 있기 때문이다. 반면에 내재적 동기부여를 주장하는 사람들은 첫째, 행위에 내재하는 가치, 즉 조종, 탐구, 호기심 등, 둘째, 성취에 내재하는 가치(성취동기 등)의 중요성을 강조하고 있다. 기대-가치이론을 정리하면 다음 표와 같은데 스토는 이와 같은 기대-가치이론에 내재적 동기부여를 결합시킨 수정이론을 내세우고 있다.[5)]

4) Victor H. Vroom and Arthur G. Jago, "Decision Making as a Social Process: Normative and Descriptive Models of Leader Behavior", *Decision Sciences*, vol.5, 1974.
5) Barry M. Staw, "Intrinsic and Extrinsic Motivation", H. J. Leavitt, L. R. Pondy and D.M. Boje(eds.), 앞책, 23~61쪽.

〈표 12—2〉 기대-가치이론의 종합표[6)]

이론가	주요 동기부여개념		결과
Lewin et al. (1944)	바라는 결과를 성취하는 주관적 확률	×(밸런스) 바라는 결과의 가치	→힘
Tolman (1955)	바라는 결과를 성취하는 기대감	×주어진 결과에 대한 요구수준 ×주어진 결과의 수준	→성과벡터
Edwards (1955)	바라는 결과를 성취하는 주관적 확률	×바라는 결과의 효용	→행동선택
Rotter (1954)	바라는 강화를 성취하는 기대감	×강화의 가치	→행동잠재력
Atkinson (1966)	바라는 결과를 성취하는 확률	×바라는 결과를 성취하는 동기수준 ×바라는 결과의 인센티브수준	→결과적 동기부여
Vroom (1964)	바라는 결과를 성취하는 기대감	×(밸런스) 바라는 결과의 가치	→힘

$$M=IV_a+(P_1)(IV_b)+\left[\sum_{i=1}^{n}(P_{21})(EV_i)\right]$$

M=과업동기부여

IV_a=과업행동과 관련된 내재적 밸런스(valence)

IV_b=과업성취와 관련된 내재적 밸런스

EV_i=과업성취와 관련된 외재적 밸런스

P_1=어떤 사람의 행동이 과업성취를 가져올 것이라는 지각된 확률

P_{21}=어떤 사람의 과업성취가 외재적 밸런스를 가져올 것이라는 지각된 확률

그런데 내재적 동기부여와 외재적 동기부여 사이의 관계에 대한 이론과 연구결과들도 지금까지 대체로 역함수관계라는 것을 증명해 왔다. 자기지각이론(self-perception theory)에 의하면 어느 사람의 행위에 대한 정당화가 불충분할 때, 즉 내재적 동기 부여가 낮고(따분한 일) 동시에 외재적 부여도 낮은 경우(보수가 적거나 칭찬을 안하는 경우)에는 그 사람은 자기행위를 정당화하고 설명하기 위하여 활동의 내재적 특성을 재평가하려 한다는 것이다. 또한 반대로 내재적 동기부여가 높고 동시에

6) Abraham K. Korman, *The Psychology of Motivation*, Englewood Cliffs, N. J.: Prentice-Hall, 1974.

외재적 동기부여도 높을 경우 그 사람은 지나치게 정당화되기 때문에 오히려 내재적 동기부여요인을 낮게 평가하려는 경향이 있다고 본다. 이를 도시하면 다음과 같다.

〈표 12—3〉 자기지각이론의 개념적 틀

내재적 보상의 수준 \ 외재적 보상의 수준	낮 다	높 다
낮다	불충분한 정당화 (불안정한 지각)	외재적으로 동기부여된 행동의 지각
높다	내재적으로 동기부여된 행동의 지각	지나칠 정도로 충분한 정당화(불안정한 지각)

〈표 12—4〉 내재적 및 외재적 동기부여에 대한 자기 지각 분석

지각된 내재적 보상 \ 지각된 외재적 보상	낮 다	높 다
낮다	불충분한 정당화 (불안정한 상태)	외재적 동기부여의 지각
	움직임 ↓	↑ 움직임
높다	내재적 동기부여의 지각	지나치게 충분한 정당화 (불안정한 상태)

그러나 스토는 내재적 보상과 외재적 보상이 역함수의 관계를 가지는 경우는 정당화가 불충분한 정도나 지나치게 충분한 정도가 극단적일 경우에만 그렇게 나타나고 그렇지 않은 경우에는 강화이론(reinforcement theory)을 입증하는 연구결과를 발표함으로써 반드시 내재적 동기부여와 외재적 동기부여가 반대방향으로 작용하는 것은 아니라고 증명

하고 있다.[7]

〈표 12—5〉 자기지각과 강화매카니즘의 상대적 가능성

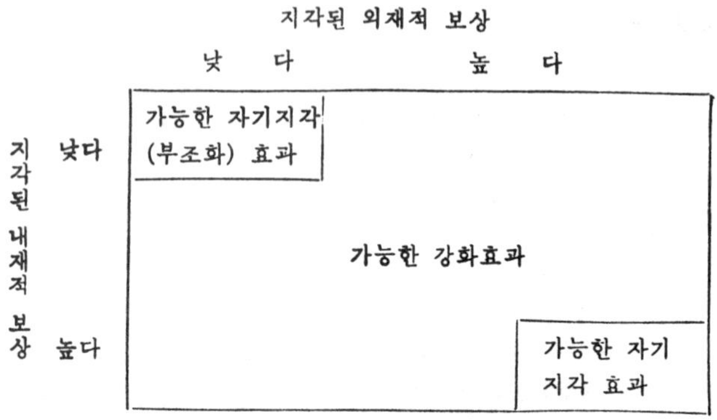

〈표 12—6〉 상황적 특성의 함수로서의 내재적 및 외재적 동기부여의 관계

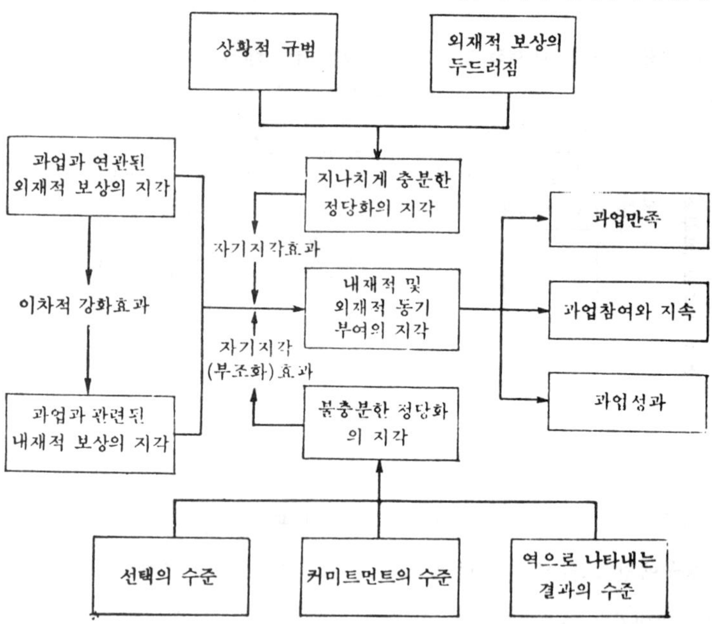

7) Barry M. Staw, 앞글, 50 쪽.

내재적 동기부여와 외재적 동기부여의 상호작용은 복잡하다. 이들의 관계를 잘 이해함으로써 우리는 동기부여체계를 신축적으로 운영할 수 있으리라고 본다. 끝으로 스토의 모형을 제시하면 앞쪽과 같다.[8]

12·3 통제체계와 변화관리체계의 문제와 방향

관리체계는 앞에서 설명한 의사결정체계와 동기부여체계 이외에 통제체계와 변화관리체계가 있다. 사회와 조직은 매일매일의 구성원행동을 통제하는 행위와 제도를 운영하고 있으며 환경변화에 적응하는 변화관리체계를 운영하고 있다. 통제체계의 문제는 구조체계와 심리사회체계에서 다룬 내용과 연관성이 있으며 관료체계 내에서의 비개인적 통제(impersonal control)를 의미하기도 한다. 현대 사회와 조직은 인간행동의 통제를 비개인적으로 할 수 있는 합리적·제도적 장치를 발전시켜 왔는데 그것은 법, 규칙, 절차의 형식으로 나타났다고 볼 수 있다. 미리 정해 놓은 이와 같은 규범과 형식을 기준으로 인간의 현실적 행동을 평가함으로써 규제하는 장치를 사용하고 있다. 그러나 문제는 비개인적 통제가 지니는 경직성 때문에 현대 사회와 조직의 구조체계 및 심리사회체계가 환경의 변동에 신축적으로 적응 못하게 되는 결과를 낳았다는 것이며 이것은 다시 순환적으로 통제체계의 경직성을 공고하게 만들었다는 점이다.

그러면 앞으로의 통제체계의 방향은 무엇인가? 의사결정체계의 방향이 합리성에 기반을 둔 모형들을 극복하고 지혜와 직관에 의존하는 것과 궤를 같이하여 통제체계는 비개인적 통제로부터 개인적인 대면통제(상호작용)로 전환될 수밖에 없다는 것이다. 이와 같은 대면적 통제

8) 윗글, 52쪽.

(face-to-face control)는 구조체계가 관료체계를 극복하는 신축적 민주체계로 나아가고 심리사회체계가 권위주의를 극복하는 평등적 상호작용체계로 나아갈 때 그 효과를 거둘 수 있다. 법, 규정, 절차의 극복은 그것을 무시하고 위반한다는 뜻에서가 아니라 부단히 그 제도적 경직성을 깨뜨려 나간다는 의미로 해석해야 할 것이다. 여기서 우리가 꼭 짚고 넘어가야 할 것은 구조체계의 경직성과 통제체계의 개인화가 잘못 만나면 사적 관료제(private bureaucracy)가 된다는 점이다. 즉 권력계층 사이에서는 개인적 상호작용이 원활히 움직이면서도 권력을 지니지 않은 계층에게는 비개인적으로 대하는 이중적 구조가 형성되어 구조의 양극성을 심화시킬 수 있다는 것이다.

다음으로 변화관리(management of change)의 문제와 방향은 무엇인가 보기로 하자. 1950년대와 1960년대는 변화관리의 도구가 부문화나 전략적 계획체계이었으나 환경의 복잡성과 모호성이 증대함에 따라 이와 같은 단순한 관리방법은 그 유효성을 상실하게 되었다. 현대 사회와 조직은 신축적이고 비공식적이며 다양한 변화관리를 요구하는 전환점을 맞고 있는 것이다.

피터스는 변화관리에 사용되는 전략도구를 다음과 같은 네 가지 유형으로 구분하는 모형을 제시하고 있다.[9)]

다음의 도표에서 보면 변화의 속도도 낮고 변화통제도 낮은 경우의 관리도구는 시간의 문제를 심각하게 고려하지 않기 때문에 변화된 구조, 변화된 행동 사이에 지연을 가져다 준다. 지나치게 평가된 도구는 관리자의 능력을 지나치게 믿기 때문에 변화를 처리할 수 없는 현실에 부딪치게 되며 과소평가된 도구는 조직전반의 문제를 소홀히 다루고 있는 약

9) Thomas J. Peters, "Symbols, Patterns and Settings: An Optimistic Case for Getting Things Done", H.J. Leavitt, L.R. Pondy and D.M. Boje(eds.), 앞책, 646~665 쪽.

〈표 12—7〉 변화관리 도구의 유형

변화방향의 통제 \ 단기적 변화의 속도	낮 다	높 다
높다	상징의 조종—a 활동의 유형—b 상호작용을 위한 세팅—c 1	단일요소에 초점을 맞추는 잠정적 팀의 구성 최고 경영자의 상호작용체계 지배적 가치 2
낮다	4 지나치게 평가된 접근 : · 복합적 계획체계 · 복수 프로젝트 팀 · 매트릭스 구조 과소평가된 접근 : · 하부체계의 팀 구성	3 변화를 위한 변화 · 구조 · 상급관리자

점을 지니고 있어서 그다지 효과적인 도구가 되지 못한다.

변화의 속도는 낮지만 변화통제가 높은 도구는 현실적으로 우리 사회와 조직이 사용하고 있는 방법으로서 첫째, 상징(symbol)으로서는 달력, 보고서, 아젠다, 물리적 세팅, 공공문서, 스탶조직 같은 것을 들 수 있으며, 둘째, 그 상징들의 체계적인 사용방법으로의 유형으로서는 적극적 강화(positive reinforcement), 적은 성공(small success)을 자주 그리고 꾸준히 이룩해 나가는 방법 등이 있으며, 세째, 상호작용을 위한 세팅으로는 모델링(보기를 들면 최고 경영자의 출석), 집단회의의 실시, 발표 및 의사결정양식의 사용, 질의응답방법, 데드라인관리, 세부지침의 사용 등을 포함시킬 수 있다. 이와 같은 도구들은 그때그때 신축적으로 사용될 수 있다.

변화의 속도도 빠르고 변화통제도 높히는 도구로서는 한 가지 문제만을 집중적으로 해결하는 잠정적 팀을 구성하는 방법, 고급 관리자의 상호작용체계(보기를 들면 비공식적 아침식사회의)의 사용, 그리고 조직문화를 결정하는 지배적 가치를 구축하는 방법(보기를 들어「시스템이 곧 해결 방법이다」라는 주제를 조직에 심어 놓는다)이 있을 수 있으며 마지막으로 변화를 위한 변화라는 상급관리자의 전면적 이동 같은 인사이동이나 구조개편을 들 수 있다.

결국, 통제나 변화관리의 체계는 인간의 상호작용체계를 신축적으로 활용하는 방향으로 움직이고 있다고 볼 수 있으며 단순한 제도와 절차, 총괄계획으로는 현대 사회와 조직이 당면한 관리문제를 해결할 수 없다는 것을 시사하고 있다.

이상과 같은 신축적인 조직체계의 방향을 구체적으로 설명한 도표는 부록을 참조하기 바란다.

참 고 문 헌

오세철, 「문화와 사회심리이론」, 박영사, 1982.

현상과 인식, 제 5 권, 제 3 호, 1681 년, 가을호, 교육특집 「구조적 반성을 통한 우리 나라 대학교육의 새로운 방향모색」, 1~75 쪽.

오세철, 「한국인의 사회심리」, 박영사, 1982.

장 삐아제 지음(오세철 옮김), 「현대 학문체계와 그 엇물림」, 연세대학교 출판부, 1980.

Adorno, T.W., Frenkl-Brunswick, E., Levinson, D.J. and Sanford, R.N. (eds.), *The Authoritarian Personality*, N.Y.: Norton, 1969.

Archibald, W.P., "Face-to-Face: The Alienating Effects of Class, Status, and Power Division", *American Sociological Review*, 1976, vol. 41, 819~837 쪽.

Ayers, Robert U., *Uncertain Futures: Challenges for Decision-makers*, New York: John Wiley, 1979.

Bales, R.N., *Interaction Process Analysis*, Reading, Mass.: Addison-Wesley, 1950.

Bandura, A., "Behavior Theory and the Models of Man", A. Wandersman, P.J. Poppen and P. Ricks(eds.), *Behaviorism and Humanism: Dialogue and Growth*, N.Y.: Pergamon Press, 1976, 361~379 쪽.

Blauner, R., *Alienation and Freedom*, Chicago: The Univ. of Chicago Press, 1964.

Barnes, J.A., *Who Should Know What?*, Penguin, 1979.

Bass, B.M., "Some Observations about a General Theory of Leadership and Interpersonal Behavior", In L. Petrullo and B.M. Bass, *Leadership and Interpersonal Behavior*, New York: Holt, Rinehart and Winston, 1961, 3~9 쪽.

Bell, Daniel, *The Cultural Contradictions of Capitalism*, New York: Basic Books, 1976.

Benes, Vaclav, "Background of Czechoslovak Democracy", Miloslav Rechgigle, Ir. (ed.), *Czechoslovakia Past Present*, vol. 1, 268 쪽.

Bennis, Warren G. and Slater, Philip E., *The Temporary Society*, New York: Harper & Row, 1969.

Bennis, W.G., "Organizational Developments and The Fate of Bureaucracy", W.E. Scott and L.L. Cummings(eds.), *Readings in Organizational Behavior and Haman Performance*, Rev. ed., Homewood, Ill.: Irwin, 1973, 327~339 쪽.

Berger, S.M. and Lambert, W.W., "Stimulus-Response Theory in Contemporary Social Psychology", in Lindzey, G. an Aronson, E.(eds.), *The Handbook of Social Psychology*, vol. I., Addison-Wesley, 1968, 81~178 쪽.

Bertalanffy, Ludwig von, *General System Theory: Foundations, Development, Applications*, Rev. ed., New York: George Braziller, 1968.

Blake, R.R. and Mouton, J.S., *The Managerial Grid*, Houston, Texas: Gulf Publishing Co., 1964.

Blasi, A., "Vico, and Developmental Psychology and Human Nature", *Social Research*, 1979, 겨울, 43, 672~687 쪽.

Blau, P.M., *Exchange and Power in Social Life*, New York: Wiley, 1964.

Blau, Peter M. and Schoenherr, R.A., *The Structure of Organizations*, New York: Basic Books, 1971.

Breines, W., "Community and Organization: The New Left and Michels' 'Iron Law'", *Social Problems*, 1980, 27, 419~429 쪽.

Brooks, Keith, "Freudianism is not a Basis for a Marxist Psychology", P. Brown (ed.), *Radical Psychology*, Harper Colophon Books, 1973, 328 쪽.

Brown, Bruce, *Marx, Freud and The Critique of Everyday Life: Toward a Permanent Cultural Revolution*, New York: Monthly Review Press, 1973.

Brown, R., *Social Psychology*, New York: The Free Press, 1965.

Campbell, D.T., "On the Conflicts between Bilological and Social Evolution and between Psychology and Moral Tradition", *American Psychologist*, 1975, 30, 1103~1126 쪽.

Campbell, John P., "On The Nature of Organizational Effectiveness", in *New Perspectives on Organizational Effectiveness*, eds. by Pauls. Goodman and J.M. Pennings, San Francisco: Jossey-Bass, 1977, 13~65 쪽.

Cartwright, D., "Influence, Leadership, Control", *Handbook of Organizations*, ed. by J.G. March, Chicago: Rand McNally, 1965.

Cartwrght, D. and Zander, A., "Leadeship and Performance of Group Functions: Introduction", In D. Cartwright and A. Zander(eds.), *Group Dynamics*, New York: Harper & Row, 1968, 301~317 쪽.

Child, I. L., "Personality in Culture", In E.F. Borgatta and W.W. Lambert (eds.), *Handbook of Personality Theory and Research*, Chicago, Ill.: Rand McNally, 1968, 82~83 쪽.

Clegg, S. *The Theory of Power and Organization*, London: Routledge and Kegan Paul, 1979.

Collins, B.E. and Raven, B.H., "Group Structure: Attraction, Coalitions, Communication and Power", *The Handbook of Social Psychology*, vol. IV., eds. by G. Lindzey and E. Aronson, Addison-Wesley, 1968, 102~204 쪽.

Collins, R. and Makowski, M., *The Discovery of Society*, New York: Random House, 1972.

Coleman, J.S., *Power and The Structure of Society*, New York: W.W. Norton, 1974.

Crowe, B.J., Bochner, S. and Clark, A.W., "The Effects of Subordinates' Behavior of Managerial Style", *Human Relations*, 1972, 25, 215~237 쪽.

Dagnenais, James J., *Models of Man: A Phenomenological Critique of Some Paradigms in The Human Sciences*, The Hague: Martinus Nijhoff, 1972.

Dahl, R.A., "The Concept of Power", *Behavioral Science*, 1957, 2, 201~218 쪽.

Deluca, Anthony J., *Freud and Future Religious Experience*, Totawa, N.J.: Littlefield, Adams & Co., 1977.

Deutch, M. and Gerad, H.B., "A Study of Normative and Informational Social Influences upon Individual Judgment", *Journal of Abnormal and Social Psychology*, 1955, 51, 629~636 쪽.

DeVos, G.A. and Hippler, A.A., "Cultural Psychology: Comparative Studies of Human Behavior", in G. Lindzey and E. Aronson(eds.), *The Handbook of Social Psychology*, vol. 4, Addison-Wesley, 1969, 323~417 쪽.

DeVos, George A., "Apprenticeship and Paternalism", In Ezra F. Vogel(ed.), *Modern Japanese Organization and Decision-making*, Berkeley: Univ. of California Press, 1975, 210~227 쪽.

Dicks, H.V., "Observation on Contemporary Russian Behavior", *Human Relations*, 1952, 5, 111~175 쪽.

Djodan, Mr. S., "The Revolution of the Economic System of Yugoslavia and the Economic Position of Croatia", *Journal of Croatian Studies*, No. 13, 1972, 3 쪽.

Doktor, K., "Research on Behavior and Opinions of Workers in a Polish Factory", *The Polish Sociological Bulletin*, 1962, No. 3~4, 113~116 쪽.

Dunphy, D.C., *The Primary Group: a Handbook for Analysis and Field Research*, New York: Appleton-Century-Crofts, 1972.

Eisenstadt, S.N. with Curelau, M., *The Form of Sociology—Paradigms and Crises*, New York: John Wiley, 1976.

Etzioni-Halevy, Eva, *Social Change: The Advent and Maturation of Modern Society*, London: Routledge & Kegan Paul, 1981.

Fromm, Erich, *Beyond the Chains of Illusion: My Encounter with Marx and Freud*, New York: Simon and Schuster, 1962.

Fromm, E., *Escape from Freedom*, New York: Holt, Rinehart & Winston, 1964.

Fromm, Erich, *To Have or To Be?*, New York: Harper & Row, 1976.

French, J.R.P. and Raven, B., "The Bases of Social Power", In *Group Dynamics*, eds. by D. Cartwright and A. Zander, New York: Harper & Row, 1968.

Fiedler, F.E., *A Theory of Leadership Effectiveness*, New York: McGraw-Hill, 1967.

Fiedler, F.E., "Validation and Extension of The Contingency Model of Leadership Effectiveness: A Review of Empirical Findings", *Psychological Bulletin* 1971, 76, 128~148 쪽.

Fiszman, J.R., "Poland: The Persuit of Legitimacy", I. Volgyes(ed.), *Political Socialization in Europe: A Comparative Framework*, New York: Praeger, 1975.

Fleishman, E.A., "The Measurement of Leadership Studies in Industry", *Journal of Applied Psychology*, 1953, 37, 153~158 쪽.

Friedrichs, R.W., "Dialectical Sociology: toward a resolution of the current crisis in western sociology", *British Journal of Sociology*, 1972, 23, 263~274 쪽.

Gibb, C.A., "Leadership", In G. Linzey and E. Aronson(eds.), *The Handbook of Social Psychology*, vol. 4., Addison-Wesley, 1969, 205~282 쪽.

Giddens, Anthony, *Central Problems in Social Theory: Action, Structure and Contradiction in Social Analysis*, Berkeley: Univ. of California Press, 1979.

Giorgi, A., "Vico and Humanistic Psychology", *Social Research*, 1979, 겨울, 43, 727~738 쪽.

Gorer, G. and Rickman, J., *The People of Great Russia: A Psychological Study*, New York: Norton, 1962.

Gouldner, Alvin W., *Patterns of Industrial Bureaucracy*, Clecoe, Ill.: Free Pres

1954.

Habermas, J., *Knowledge and Human Interests* (trans., J.J. Shapiro), London: Heinemann, 1972.

Hackman, J.R., Oldham, G., Janson, R. and Pundy, K., "A New Strategy, for Job Enrichment", in H.J. Leavitt, L.R. Pondy and P.M. Boje (eds.), *Readings in Managerial Psychology*, 3rd ed., The Univ. of Chicago Press, 1980, 82쪽.

Hajda, Jan, "The Role of Intelligentsia in the Development of the Czechoslovak Society", Miloslav Rechgigle (ed.), *The Czechoslovak Contribution to World Culture*, Hague: Mouton, 1964, 308쪽.

Hall, Richard H., "The Concept of Bureaucracy: An Empirical Assessment", *American Journal of Sociology*, 1963, 69, 32~40쪽.

Hamblin, R.L., "Leadership and Crises", *Sociometry*, 1958, 21, 322~25쪽.

Hitt, W.D., "Two Models of Man", *American Psychologist*, 1969, 24, 651~658쪽.

Hinings, C.R., Hickson, D.J., Pennings, J.M. and Schneck, R.E., "Structural Conditions of Intraorganizational Power". *Administrative Science Quarterly*, 1974, 19, 22~44쪽.

Hollander, E.P., "Competance and Conformity in the Acceptance of Influence", *Journal of Abnormal and Social Psychology*, 1960, 61, 365~369쪽.

Homans, G.C., *Social Behavior: Its Elementary Forms*, Harcourt Brace Javanovich, Rev. ed., 1974.

Hsu, Francis L.K., *Americans and Chinese: Reflections on Two Cultures and Their People*, New York: Doubleday Natural History Press, 1970.

Hulin, C.L. and Blood, M.R., "Job Enlargements, Individual Differences and Worker Responses", *Psychological Bulletin*, 1968, 69, 41~55쪽.

Inkeles, Alex and Bauer, Raymond, *Soviet Citizen: Daily Life in Totalitarian Society*, New York: Athenum, 1968.

Jahoda, M., *Freud and The Dilemmas of Psychology*, New York: Basic Books, 1977.

Janowitz, Morris, "Sociological Theory and Social Control", *American Journal of Sociology*, 1975, 81~108쪽.

Jarkovich, Ray, "A Core Typology of Organizational Environments, *Administrative Science Quarterly*, 1974, 19, 380~394쪽.

Jorephson, Eric and Josephson, Mary, "Alienation: Contemporary Sociological Approaches", In Frank Johnson(ed.), *Alienation: Concept, Term and Meaning*, New York: Seiminar Press, 1973, 34~39 쪽.

Kahn, R.L., "Productivity and Job Satisfaction", *Personel Psychology*, 1960, 13, 275~287 쪽.

Katz, Daniel and Kahn, Robert L., *The Social Psychology of Organizations*, New York: John Wiley, 1966(Rev. 1978), 275~287 쪽.

Kelley, H.H., "Interpersonal Accommodation", *American Psychologist*, 1968, 23, 399~410 쪽.

Kelman, H., "Processes of Opinion Change", *Public Opinion Quarterly*, 1961, 25, 57~78 쪽.

Kiesler, C.A. and Kiesler, S.B., *Conformity*, Addison-Wesley, 1970.

King, A. Yeo-Chi, "A Voluntarist Model of Organization: The Maoist Version and its Critique", *British Journal of Sociology*, 1977, 28, 363~374 쪽.

Kohn, Hans, *Political Ideologies of The Twentieth Century*(3rd ed.), Harper Torch Books, 1966.

Korbel, Josef, *Twentieth Century Czechoslovakia: The Meaning of Its History*, New York: Columbia Univ. Press, 1977.

Korman, Abraham K., *The Psychology of Motivation*, Englewood Cliffs, N.J.: Prentice-Hall, 1974.

Korten, P.C., "Situational Determinants of Leadership Structure", *The Journal of Conflict Resolution*, 1962, 6, 222~235 쪽.

Kercji, Jaroslav, *Social Change and Stratification in Postwar Czechoslovakia*, New York: Columbia Univ. Press, 1972.

Kroeber, A.L. and Kluckhohn, C., "Culture: a Critical Review Concepts and Definitions", *Papers Peabody Mus.*, 1952, 47, No. 1, 186 쪽.

Kusin, Vladimir V., *Political Grouping in the Czechoslovak Reform Movement*, New York: Columbia Univ. Press, 1972.

Laing, R.D., *The Devided Self*, Pantheon Books, 1969.

Laing, R.D., Phillipson, H. and Lee, A.R., *Interpersonal Perception: A Theory and a Method of Research*, London: Tavistock Publications, 1966, V.(Foreword).

Lammers, C.J. and Hickson, D.J., "Are Organizations Culture-Bound?", in *Organizations Alike and Unlike*, eds., C.J. Hickson, London: Koultedge and Kegan Paul, 1979, 402~419 쪽.

Lane, D., "Structural Social Change in Poland", Lane, D. and Kolankiewicz, G. (eds.), *Social Groups in Polish Society*, London: Macmillan, 1973, 1~28쪽.

Lane, D., "The Role of Social Groups", D. Lane and Kolankiewicz (eds.), *Social Groups in Polish Society*, London: Macmillan, 1973, 302~326쪽.

Laski, H.J., "The Dangers of Obedience", *Harper's Magazine*, 1929, 159, 1~10쪽.

Lasswell, H.P. and Kaplan, A., *Power and Society*, New Haven; Yale Univ. Press, 1950.

LeVine, R.A. and LeVine, B.B., *Nyansongo*, New York: Wiley, 1966.

LeVine, R.A., *Culture, Behavior and Personality*, Chicago, Ill.: Aldine Publishing Co., 1973.

Lochman, Jan Milic, *Church in a Marxist Society: A Czechoslovak View*, London: Scm Press, 1970.

Lowin, A., "Participative Decision-making: a Model, Literature Critique, and Prescriptions for Research", *Organizational Behavior and Human Performance*, 1968, 3, 68~106쪽.

Machotka, Otakar, "The Character of Czech Scholarship: A Contribution to the Sociology of Knowledge", Miloslav Rechgigle (ed.), *The Czechoslovak Contribution to World Culture*, The Hague: Mouton, 1964, 299쪽.

Makcenzie, David, "The Background: Yugoslavia Since 1964", George W. Simmonds (ed.), *Nationalism in the USSR and Eastern Europe: in the Era of Breznev and Kosygin*, Detroit, Michigan: Univ. of Detroit Press, 1977, 452쪽.

Makejko, A., "Work and Management in Poland (Chapter 20)", *R. Dubin (ed.)*, *Handbook of Work, Organization and Society*, Chicago: Rand McNally, 1976, 901~947쪽.

March, James G., "The Technology of Foolishness", H.J. Leavitt, L.R. Pondy, and D.M. Boje (eds.), *Readings in Managerial Psychology*, 3rd ed., The Univ. of Chicago Press, 1980, 570~580쪽.

March, J.G. and Simon, H., *Organizations*, New York: Wiley, 1958.

Marcuse, Herbert, *One-Dimensional Man: Studies in the Ideology of Advanced Industrial Society*, Boston: Beacon Press, 1964.

Marx, Karl, *Capital*, Vol. 1, (ed. by F. Engels), New York: International Publishers, 1967.

Maslow, A.H., *Motivation and Personality*, 2nd ed., New York: Harper & Row,

1970.

Maslow, A.H., "The Authoritarian Character Structure", *Journal of Social Psychology*, 1943, 18, 401~411 쪽.

Maccoby, Michael, *The Gamesman*, New York: Simon & Schuster, 1976.

Mischel Walter, "The Self as The Person: A Cognitive Social Learning View", Abraham Wandesman, Paul J. Poppen & David Ricks (eds.), *Humanism and Behaviorism: Dialogue and Growth*, New York: Pergamon Press, 1976, 145~170 쪽.

Mudroch, Vaclar, The Age of John Hus Join Recent Czechoslovak Historical Literature (1948~1961) in Miloslav Rechgigle, Jr. (ed.), *Czechoslovakia Past and Present*, vol. 1, *Political, International, Social and Economic Aspects*, The Hague: Monton, 1968, 581~582 쪽.

Nord, Walter R., "The Failure of Current Applied Behavioral Science: A Marxian Perspective", *The Journal of Applied Behavioral Science*, 1974, 10, 557~578 쪽.

Palacky, Joseph F. Zacek, "A Marxist Portrait", Miloslav Rechigigle, Jr. (ed.), *Czechoslovakia Past and Present*, The Hague: Mouton, 1968, 60~61 쪽.

Parsons, T., "On The Concept of Influence", *Public Opinion Quarterly*, 1963, 27, 37~62 쪽.

Pepinsky, P.N., "Social Perceptions that Prove The Rule", In I.A. Berg and B. M. Bass (eds.), *Conformity and Deviation*, New York: Harper, 1961, 24~34 쪽.

Peters, Thomas, "Symbols, Patterns and Settings: An Optimistic Case for Getting Things Done", H.J. Leavitt, L.R. Pondy, and D.M. Boje (eds.), *Readings in Managerial Psychology*, 3rd. ed., 1980, The Univ. of Chicago Press, 646~665 쪽.

Piaget, Jean, *Structuralism*, Harper Torch Book, 1971.

Pipes, Richard, *Russia under The Old Regime*, London: Weidenfield and Nicolson, 1974.

Povolny, Frantisek, "Student and Post-January Development", *Nova mysl*, No. 4, (April 1969), 432~442 쪽.

Pym, Denis, "In Quest-industrial Man", N. Armistead (ed.), *Reconstructing Social Psychology*, Penguin, 1974, 221~228 쪽.

Reddin, W.J., *The Managerial Effectiveness,* New York: McGraw-Hill, 1970.

Reich, Willelm, *Reich Speaks of Freud,* eds. by M. Higgins and C.M. Raphael, New York: Farrar Straus and Giroux, 1967.

Reich, Wilhelm, *God, Ether and Devil / Cosmic Superimposition,* New York: Farrar, Straus and Giroux, 1973.

Reich. Wilhelm, *The Mass Psychology of Fascism,* Penguin, 1975.

Rex, *Sociology and the Demystification of The Modern World,* London: Routledge and Kegan Paul, 1974.

Roazen, Paul, *Brother Animal: The Story of Freud and Tausk,* Penguin, 1973.

Robinson, Daniel N., *An Intellectual History of Psychology,* New York: Macmillan, 1976.

Rohlen, Thomas P., "The Company Work Group", In E.F. Vogel (ed.), *Modern Japanese Organization and Decision-Making,* Berkeley: Univ. of California Press, 1975, 210~227 쪽.

Rosenwald, G.C., "Small Groups and The Family in Society", *Social Research,* 1975, 42, 247~283 쪽.

Ruditsa, Bogdan, "Nationalism in Croatia Since 1964", George W. Simmonds (eds.), *Nationalism in the USSR and Eastern Europe: in the era of Breznev and Kosygin,* Detroit, Michigan: Univ. of Detroit Press, 1977, 461 쪽.

Salansik, G.R. and Pfeffer, J., "Social Information Processing Approach to Job Attitudes and Task Design", *Administrative Science Quarterly,* 1978, 23, 224~253 쪽.

Sampson, E.E., "Status Congruence and Cognitive Consistency", *Sociometry,* 1963, 26, 146~162 쪽.

Sanford, F.H., *Authoritarianism and Leadership,* Philadelphia: Institute for Research in Human Relations, 1950.

Schatzman, Morton, *Soul Murder: Persecution in The Family,* New York: The New American Libiary, 1974.

Scheff, Thomas J., "Scizophrenia as Ideology", P. Brown (ed.), *Radical Psychlogy,* Harper Colophon Books, 1973, 46~59 쪽.

Schoenfeld, E., "Authoritarian Management: A Reviving Concept", *Personnel,* 1958, 36, 82~90 쪽.

Schutz, W.C., *The Interpersonal Underworld: a Reprint Edition of FIRO,* Palo Alto., Calif.: Science & Behavior Books, 1966.

Scott, W.E. Jr., "Activation Theory and Task Design", *Organizational Behavior and Human Performance*, 1966, 1, 3~30쪽.

Scott, W. Richard, *Organizations: Rational, Natural and Open Systems*, Englewood Cliffs, N.J.: Prentice-Hall, 1981,

Seeman, Melvin, "On The Meaning of Alienation", *American Sociological Review*, 1959, 24, 783~791쪽.

Seeman, Melvin, "Alienation and Engagement", In A. Campbell and P. Canverse(eds.), *The Human Meaning of Social Change*, New York: Russell Sage Basic Books, 1972, 468~471쪽.

Sedgwik, Peter and R.D. Laing, Self, Symptom and Society, R. Boyers(ed.), *Laing and Anti-Psychiatry: Salmagundi Specials*, Penguin, 1972, 45~46쪽.

Shayegan, D., "The Challenge of Today and Cultural Identity", *East Asian Cultural Studies*, vol. XVI, 1977, 31~44쪽.

Skinner, B.F., *Beyond Freedom and Dignity*, New York: Knopf, 1971.

Skinner, B.F., *About Behoviorism*, New York: Knopf, 1974.

Skinner, B.F., *Particulers of My Life*, New York: Knopf, 1976.

Skinner, B.F., *Reflections on Behaviorism and Society*, Englewood Cliffs, N.J.: Prentice-Hall, 1978.

Skinner, B.F., The Shaping of A Behaviorist, N.Y.: Knopf, 1979.

Skvor, Jiri, Humanistic and Democratic Thought in Czech Literature, Miloslav Rechgigle, Jr.(ed.), *The Czechoslovak Contribution to World Culture*, The Hauge: Mouton, 1964, 30쪽.

Smith, M. Brewster, *Humanizing Social Psychology*, San Francisco: Jossey-Bass, 1974.

Spiro, Melford E. *Kibbutz: Venture in Utopia*, Argumented ed., Cambridge, Massachusetts: Harvard Univ. Press, 1970.

Spiro, Melford E., "An Overview and a Suggested Reorientation", In Francis L.K. Hsu(ed.), *Psychological Anthropology*, New ed., Cambridge, Massachusetts: Schenkman Publishing Co., 1972, 573~607쪽.

Staw, Barry M., "Intrinsic and Extrinsic Motivation", H.J. Leavitt, L.R. Pondy and D.M. Boje(eds.), *Readings in Managerial Psychology*, 3rd. ed., The Univ. of Chicago Press, 1980, 23~61쪽.

Steers, R.M. "Problems in the Measurement of Organizational Effectiveness", *Administrative Science Quarterly*, 1975, vol. 20, 546~558쪽.

Szcepanski J., *Polish Society*, New York: Random House, 1970.

Sztompka, P., *System Function*, New York: Academic Press, 1974.

Taylor, I., Walton, P. and Young, J., *The New Criminology: for a Social Theory of Deviance*, London: Routledge and Kegan Paul, 1973.

Tedeschi, J.T., Schlenker, B.R. and Bonoma, T.V., "Cognitive Dissonance: Private Ratiocination or Public Spectacle?", *American Psychlogist*, 1971, vol. 26, 685～695 쪽.

Thibaut, J.W. and Kelley, H.H., *The Social Psychology of Groups*, New York: Wiley, 1959.

Thompson, V.A., "Bureaucracy and Bureaupathology", in Hinton, B.L. and Reitz, H.J. (eds.), *Groups and Organizations: Integrated Readings in The Analysis of Social Behavior*, Balmont, Calfornia: Wadsworth Publishing Co., 1971, 463～475 쪽.

Tosi, H., "A Reexamination of Personality as a Determinant of The Effects of Participation", *Personnel Psychlogy*, 1970, 23, 91～99 쪽.

Trist, Eric, "Toward a Post-industral Culture", Robert Dubin (ed.), *Handbook of Work, Organization and Society*, Chicago: Rand McNally, 1976, 1011～1033 쪽.

Udy, Stanley H. Jr., "Bureaucracy and Rationality in Weber's Organization Theory", *American Sociological Review*, 1959, 24, 791～795 쪽.

Ulc, Otto, "Czechoslovakia: From the winter of discontent to the despair of Husak's Autumn", Ivan Volgyes (ed.), *Political Socialization in Eastern Europe: A Comparative Framework*, New York: Praeger, 1975, 62 쪽.

Urry, J., *Reference Group and the Theory of Revolution*, London: Routledge and Kegan Paul, 1973.

Vroom, Victor H. and Jago, Arthur G., "Decision Making as a Social Process: Normative and Desciptive Models of Leader Behavior", *Decision Sciences*, vol. 5, 1974.

Wagatsuma, Hiroshi, "Status and Role Behavior in Changing Japan: Psycho-cultural Continuities", In G.A. DeVos (ed.) *Socialization For Achievement*, Berkeley: Univ. of California Press, 1973, 10～60 쪽.

Wallace, Anthony F.C., *Culture and Personality*, 2nd ed., New York: Random House, 1970.

Wallace, W.L., *Sociological Theory: An Introduction*, Chicago: Aldine Publishing

Co., 1969.

Wagner, H.R., "Displacement of Scope: A Problem of the Relationship between Small-Scale and Large-Scale Sociological Theories", *American Journal of Sociology*, 1964, 69, 574쪽.

Wandersman, A., Poppen, P.J. and Ricks, D. (eds.), *Humanism and Behaviorism: Dialogue and Growth*, New York: Pergamon Press, 1976.

Wann T.W. (ed.), *Behaviorism and Phenomenology: Contrasting Bases for Modern Psychology*, Chicago, Ill.: The Univ. of Chicago Press, 1964.

Weber, M., *The Theory of Social anl Economic Organization*, trans. by A.M. Handerson and T. Parsons, New York: The Free Press, 1964.

Weber, Max, *Economy and Society*, Vol. Ⅲ. eds. by G. Roth and C. Wittich, New York: Bedminster Press, 1968.

Weisskopf, Walter A., *The Psychology of Economics*, Chicago, Ill.: The Univ. of Chicago Press, 1955.

Wiener, A., *Magnificient Myth: Patterns of Control in Post-Industrial Society*, New York: Pergamon Press, 1978.

Winter, Gibson, *Elements for a Social Ethic: Scientific Perspectives on Social Process*, New York: Macmillan Co., 1968.

Whyte, Martin King, "Buraucracy and Modernization in China: The Maoist Critique", *American Sociological Review*, 1973, 39, 833~853쪽.

Yukl, G., "Toward a Behavioral Theory of Leadership", *Organizational Behavior and Human Performance*, 1971, 6, 414~440쪽.

Yinger, J.M., "Presidential Address: Countercultures and Social Change, *American Sociological Review*, 1977, 42, 833~853쪽.

〈부　　록〉

組織시스템	경영자의 주요 관리 과업	환경 시스템	시간 관념	견해	일반과정	의사결정 기법
전략적	조직과 환경간의 관계를 고려하여 조직 설계를 한다	개방	장기	만족	비계획	판단
조정적	내부 활동을 통합한다					
운영적	목표를 효율적으로 달성한다	폐쇄	단기	적정	계획	계산

組織과 經營을 컨틴전시 理論의 관점에서 분류한 개념적 모형*

	조직 시스템의 특성	
	폐쇄·안정적·기계적	개방·적응·유기적
환경 시스템		
일반적 특성	안정적	소용돌이치는 환경
예측성	확실하고 결정적	불확실하고 비결정적
환경이 조직에 영향을 미치는 정도	낮다	높다
조직이 관련 환경에 대해 갖고 있는 통제의 기능	강력하다	약하다
기술	동적	정적
투입물	동질적	이질적
환경과 조직과의 경계	비교적 폐쇄적이다 소수의 참여자에 제한 (판매 구매 등) 고정적이며 명확하다	비교적 개방적이다 다수의 참여자가 환경과 관계를 갖는다 다양하며 명확하지 않다

* F. E. Kast, & J. E. Rosenzweig(ed.), *Contingency Views of Organization and Management*, Science Research Associates, 1973, 315~318 쪽.

환경에 적응하기 위해 조직이 취하는 수단	일상적이며 표준화된 절차	비일상적이며 신축성있는 구성을 한다
조직 상호간의 관계	소수의 조직이 명확하며 고정적인 관계를 갖는다	많은 다양한 조직이 변화가 심한 관계를 맺는다
전반적 조직 시스템 경계	비교적 폐쇄적	비교적 개방적
조직이 갖는 목적의 구조적 특성	조직은 단일한 목적을 극대화시키고자 한다	조직은 계속적으로 복수의 목적과 바라는 바를 조정해 나아가면서 추구·적응·학습하는 시스템이다
행위의 예측 가능성 의사결정 과정	비교적 확실하고 결정적·정형적 의사결정이 가능하며 계산적이다	불확실하며 비결정적 비정형적이며 판단적이다
조직이 강조하는 것	과업의 수행	문제해결
조직의 목적과 가치		
일반적 조직목적	효율적인 과업달성의 유지와 안정	유효한 문제해결·혁신·성장
조직 내의 일반적 가치 판단기준	효율성 예측성 안전성 모험회피(risk-aversion)	유효성·적응성·민감성 위험화 경향(risk-taking)
이념적 지향	일차적이며 2원적	다차원적이며 상대주의적이다
목적 설정	단일하며 명확하다	복합적이며, 여러 제약을 만족시키려는 요구에 의해서 설정
목적설정에 대한 조직의 참여양식	본질적으로 관리 계층의 계급적 순위에 의한다 (top-down)	광범위한 참여(bottom up as well as top down)
참여자가 조직의 수단에 지향할 것인가 아니면 목적에 지향할 것인가?	수단(procedures)에 강조	목적(objectives)에 강조
수	적다	많다
안정성	안정적이다	변화한다(오랜 시간에 걸쳐)

신축성	비신축적이다	신축적이다
명확성	명확하다	일반적이다 (때로는 애매하기도 하다)
특정성	높다	낮다
기술 시스템		
과업의 일반적 성격	반복적 일상적	다양하며 비일상적
변환과정에의 투입물	동질적	이질적
변환과정의 산출물	표준화되며 일정하다	표준화되지 않으며 다양하다
지식	전문적(한정된 분야)	일반화되어 있다 (광범위한 분야)
설비	특정한 용도	일반적 용도
방법적 특성	정형적 연산적(algorithmic)	비정형적 휴리스틱(heuristic)
변화의 경향	안정적	역동적
다양성	낮다	높다
과업의 상호의존성	낮다	높다
과업의 경직성	높다	낮다
시간적 특성	단기적	장기적
조직 구성원에 미치는 영향	과업과 기술에 의해서 구성원의 역할 관계는 명확하게 한정된다 개인의 욕구나 능력에 적합시키기 어렵다 과업 수행상 제한된 자유재량	기술에 의해서 얽매인다기보다는 기술이란 도구의 성격을 갖는다 과업수행상 상당한 자유재량이 주어진다
구조 시스템		
조직의 형식화 경향	높다	낮다
조직내 행동의 구분과 특수화 정도	가능에 의해서 고도로 특수화된다	일반적이며 행동간에 중복이 있다
과업과 그 기능의 특수	높다	낮다

화		
절차와 준거규칙	많고 구체적이다 대체로 공식적이며 명문화되어 있다	적고 일반적이다 대체로 비공식적이며 명문화되어 있지 않다
서열수준의 수	많다	적다
권한의 원천	직책으로부터 온다	지식 정도에 기반을 둔다
책임	직책이나 역할관계에서 파생된다	개인 구성원 각자가 책임을 진다
개인·그룹·부서활동간의 상호 의존성	낮다	높다
심리사회 시스템		
개인간의 관계	공식적	비공식적
지위 구조	공식적 서열 관계에 의해서 명확히 형성된다	비교적 산만하며 전문 기술이나 전문 직업적 기준에 의존한다
역할의 정의	상세하며 고정적이다	일반적이며 과업에 따라 역동적 변화가 가능하다
동기부여 요인	외면적 보수에 치중 안정성과 비교적 낮은 수준의 만족을 기대 X 이론의 관점	내면적 보수에 치중 존경과 자아실현을 강조 Y 이론의 관점
상호작용과 영향력	상사→부하	상사 부하간 상호작용 영향
행사의 양식	서열적이다	수평적이며 대각선의 형태
영향력의 분배양식	협소하며 서열의 상층에 주어진다	광범위에 걸치며 평등주의적인 분배
개인의 자율성	엄격히 통제되고 구조화된다	비교적 자유롭고 자율적
조직이 개인에게 주는 영향의 기본 원리	소득과 경제적 안정성의 조종	좀더 높은 수준의 동기와 내면화된 욕구에 적응시키는 힘 개인의 목적과 조직의 복

		적을 결합
개인이 조직에 몰입하는 정도	낮다	높다
권력 시스템	중앙 집권적	권력의 평등화
개인간의 협력 정도	낮다	높다
조직 구성원의 시야	편협하며 제한되어 있다	폭이 넓으며 체계적이다
조직에 참여하는 구성원의 통제	외부에서 규제한다	자기 스스로 규제한다
리더십 유형	전제적 과업 지향적 모든 것을 확실히 하고자 한다	민주적 관계 지향적 불명확한 것도 관대히 넘긴다
개인의 성향	일부에 편중하며 제도적인 것에 얽매이는 경향	전반적인 시야를 갖고 환경에 부단히 관심을 쏟는다
조직 구성원이 조직에 참여하는 정도	낮다 가치 또는 목적 등이 갈등을 일으킨다	높다 가치와 목적을 함께 나눈다
조직 구성원의 불확실성 정도	낮다	높다
관리 시스템		
일반적 성격	서열적 구조 통제・권한 그리고 의사소통 등이 상호 독립적이며 정적인 요소의 결합	망 조직 상호 의존적이며 역동적인 요소들의 결합을 통한 통제・권한・협력
경영 직책상의 특수성	높다	낮다
문제해결	연산적 (Algorithmic) 체계적이며 최적화 모형	휴리스틱 (Heuristic) disjointed incrementalism 만족 (satisfing) 모형
의사결정기법	전제적・정형적・계산적	참여적・비정형적・판단적
정보의 흐름	양적 자료	질적 자료
의사소통의 내용	결정사항 및 지시사항	제안 및 정보

계획과정	반복적이고 고정되어 있으며 구체적이다	유동적이며 신축성 있고 일반적이다
계획의 영역	단기적	장기적
계획의 유형	계획이 일단 세워지면 좀처럼 변화하지 않는다 특정한 정책	계획이 세워져도 1회 적용이다 일반적 정책
통제구조	서열적·특정적·단기적 조직 구성원에 대한 외부로부터의 통제	상호 보완적·일반적·장기적 조직 구성원 스스로 자기 통제
통제과정	비인격적 수단을 통한 통제(규칙·규정)	개인 상호간의 접촉에 의한 통제(제안·설득)
직책에 수반하는 권한	많다	적다
전문 지식에 수반하는 권한	적다	많다
권한의 형식성 정도	높다	낮다
전문화의 정도	낮다	높다
개인적 차이가 발생했을 때의 반응	인정되지 않으며 견디어낸다	인정되고 평가된다
갈등해소방안	상관에 의해서 해결 (명문화된 조항에 의거) 표면화되지 않도록 절충되고 제거된다	그룹에 의해서 해결 (상황 윤리) 대결을 통해서 표출시킨다
경영자 개발	기존 조직에 맞도록 방침을 결정하고 트레이닝한다	개인의 성장을 통한 조직의 조정

사항 찾아보기

| ㄴ |

| ㄷ |

[ㅈ]

[ㅊ]

인명 찾아보기

조직행동 — 인간 · 조직의 이론과 문제

1982年 9月 5日 初版發行
2006年 3月 15日 重版發行

著 者 오 세 철
發行人 安 鍾 萬
發行處 (株) 博 英 社
서울特別市 鍾路區 平洞 13-31番地
電話 (733)6771 FAX (736)4818
登錄 1959. 3. 11. 제300-1959-1호(倫)

www.pakyoungsa.co.kr e-mail: pys@pakyoungsa.co.kr

정 가 23,000원 ISBN 89-7189-443-1